暨南大学高水平大学建设经费资助丛书

暨南史学丛书

中外文化交流与港澳史探赜

叶农　著

中国社会科学出版社

图书在版编目（CIP）数据

中外文化交流与港澳史探赜／叶农著．—北京：中国社会科学出版社，2019.5
ISBN 978－7－5203－4241－4

Ⅰ．①中…　Ⅱ．①叶…　Ⅲ．①中外关系—文化交流—文化史②香港—地方史③澳门—地方史　Ⅳ．①G125②K296.58③K296.59

中国版本图书馆CIP数据核字(2019)第058668号

出 版 人　赵剑英
责任编辑　刘　芳
责任校对　闫　萃
责任印制　李寡寡

出　　版　中国社会科学出版社
社　　址　北京鼓楼西大街甲158号
邮　　编　100720
网　　址　http://www.csspw.cn
发 行 部　010－84083685
门 市 部　010－84029450
经　　销　新华书店及其他书店

印　　刷　北京明恒达印务有限公司
装　　订　廊坊市广阳区广增装订厂
版　　次　2019年5月第1版
印　　次　2019年5月第1次印刷

开　　本　710×1000　1/16
印　　张　20
插　　页　2
字　　数　302千字
定　　价　80.00元

目　　录

序　　言

从16世纪开始，以葡萄牙人为代表的欧洲人开辟了一条通往东方的航线，将以欧洲文明为特色的“西洋”与以中华文化为特色的“东洋”，通过这个海上丝绸之路，联系了起来；与此同时也开始了一个崭新的时代——大航海时代。这个时代的最大特色应该是东西方通过海上丝绸之路连接了起来，从此东西方开始了文化交流，共创了一个东西交流的新局面！

自葡萄牙人于16世纪中叶入居澳门以来，澳门成为东西文化交流的窗口。自鸦片战争之后，香港被割让给了英国，从此香港又继澳门之后，成为另外一个东西文化交流的窗口。

作为东西两洋文化交流的桥梁与窗口，澳门与香港地区一直发挥着巨大的作用，产生了深远的影响。对于澳门与香港而言，亦形成了各具特色的文化体系。近年来，学术界一直在努力构建“澳门学”与“香港学”的学科体系。

以“澳门学”为例，明中叶以来，澳门在走向中国、连接世界的大航海浪潮以及全球化进程中扮演了极为重要的角色，创造了影响近代世界进程的极为辉煌的大历史。它不仅是16—19世纪远东地区最繁盛的贸易中转口岸，吸引了亚洲、欧洲及美洲数十个国家的商贾、教士及移民停留与居住，更是东西方各种宗教、文化碰撞之地，成为几百年间西学东渐和东学西传的桥梁。以澳门—长崎、澳门—果亚、澳门—马尼拉三条航线建构起来的国际贸易场景图，其描绘的是，澳门成为中国对外开放的重要港口以及西学东渐、东学西传的重要枢纽，成为近代中西方文明接触、交流和融合的重要平台，成为异质文明相互交融并产生新型文明的重要基地。

这个基地上演了一场人类文明大碰撞、大融合，以至孕育出新文明的壮丽情景：不同种族、不同信仰、不同文化、不同习俗的民众以其各自的方式，各美其美，美美共生，由此诞生了既不同于中华文明，又迥异于西方文明的多元、包容、和谐的"澳门文化"，亦即葡萄牙学者潘日明（Benjamim Videira Pires）所称的"结合两不同文化而创造的第三文化"。

澳门中西文化的相互接触、交融，乃至尊重，可以概括为文明的"互动相生"模式。这种"互动相生"的文明形态的存在和发展，为"澳门学"创立人类文明传播与发展的新范式提供了学术上的可能。因此研究"澳门学"，既可以揭示人类文明传播与发展的新模式，又能开辟人类文明和谐相处的崭新旅程，为今天世界解决各种民族冲突提供重要的启示。

"澳门学"作为一种独立的学问，以澳门深厚的历史及其研究为基础，建构以澳门历史和社会现实为核心内容，同时又能丰富世界历史认知的知识系统，揭示出人类文明进程中的澳门模式及其学术范式，从而为人类文明的发展乃至和平的进程提供有价值的参照。

自"澳门学"概念提出以来，学术界积极挖掘"澳门学"内涵，凸显澳门文化的形成、形态及效应在人类文明进程中的地位和作用，澳门学作为一门地域性的、独具内涵的学科已具雏形。

自2010年以来，学术界先后召开了四次"澳门学"国际学术研讨会，第一届于2010年在澳门大学举办，主题为"澳门学研究的学理化与国际化"；第二届于2011年在葡萄牙里斯本科技大学举办，主题为"澳门学文献调查和澳门学实证研究"；第三届于2012年在北京外国语大学举办，主题为"全球视野下的知识建构与学术成长：以澳门学为例"；第四届于2015年在澳门大学举办，主题为"文献基础与学科建设"；第五届于2017年在广州暨南大学举办，主题为"全球视野下的知识建构与学术成长：以澳门学为例"；分别就澳门学的学理化与国际化、文献调查和澳门学实证研究、澳门学知识建构与学术成长、文献基础与学科建设等议题展开了讨论，大大地推动了澳门学研究工作。

自香港地区被英国割占后，香港成为中国沿海另外一个重要的贸易中转口岸，以此为基础，香港亦成为中国近代以来的西学东渐与东学西传的桥梁，逐渐取代了澳门的角色与地位。1984 年 8 月，香港《经济导报》社编辑部主任陈可焜发表《香港热·香港经济研究·香港学》一文，提出了建立“香港学”这门新兴学科的主张，中国内地、香港以及海外研究者积极回应与广泛支持，发表了一系列相关研究著作。

由此可见，一个学术研究的场景图显现出来：透过中西交流，可以研究“澳门学”与“香港学”；反之，透过“澳门学”与“香港学”，又可以将研究领域，扩展到中外文化交流的新领域。

笔者自 20 世纪 90 年代投身港澳历史文化研究以来，即遵循这个场景图，从澳门历史文化出发，逐渐扩展到天主教在华传播史、海外汉学等领域；从香港历史文化出发，逐渐扩展到基督教在华传播史；又从港澳历史文化研究出发，扩展到明清史、中外关系史、历史文献学等领域。由于这个研究的领域很广，需要研究的问题繁多，虽然穷尽一人之力，“皓首穷经”，难以涉猎所有的领域，并在每个领域都取得辉煌的成果。故笔者只能在宗教、汉学、港澳历史文化等领域，做一定的涉猎。

二十余年来，孜孜以求，一直在这片园地上耕耘，虽然已经尽了个人之最大努力，但与付出的辛勤汗水相比，所取得的成果还是相当有限。因此，此次论文集的出版，将二十余年以来相关研究的部分论文集结起来，并分两个部分编排：全集共收录论文 16 篇，分为上下两编：上编共收录论文 10 篇；下编共收录论文 6 篇。

限于学识，文中存在着的各种问题，甚至是常识问题，虽然尽力将其消除，但错误就像秋天的落叶一样，总扫总有，越扫越有，故笔者愿意承担此文责。在此，亦系抛砖引玉，就正于大方之家。望各位君子，不吝赐教！

叶　农

丁酉年二月初三日

二〇一七年二月二十八日

广州暨南苑

上编　中外文化交流

20 世纪上半叶广州华人浸信自立教会的兴起与发展

在 19 世纪 40 年代以后，基督教中的一个重要宗派——浸信宗，由美国传教士传入了广州。① 从此，广州成为浸信会在中国传教的重要基地。尤其是在 20 世纪初中国基督教自立运动的影响下，广州浸信会的发展出现了新的局面，即华人自立浸信会兴起并发展。

目前，学术界对浸信会已经取得了一批研究成果，如 Kenneth Scott Latourette 著 *A History of Christian Missions in China*，吴立乐编《浸会在华布道百年史略》，刘粤声编《广州基督教概况、两广浸信会史略》，中华续行委办会调查特委会编《中华归主：中国基督教事业统计（一九〇一—一九二〇）》，徐松石编《华人浸信会史录》，Margaret M. Coughlin 著 *Strangers in the House*：*J. Lewis Shuck and Issachar Ro-*

---

① 基督教浸信宗传入广州始于 1844 年。美国浸信会传教士罗孝全（I. J. Roberts）于 5 月 15 日来到广州传教，开始了浸信会在广州活动的历史（参见吴义雄《在宗教与世俗之间：基督教新教传教士在华南沿海的早期活动研究》，广东教育出版社 2000 年版，第 159 页）。而美国浸信会的另一名传教士弗吉尼亚州里士满（Richmond，Verginia）第一浸信会的叔未士夫妇（Rev. Jehu Lewis Shuck，1812—1863；叔何显理，Henrietta Hall Shuck，1817—1844）亦于 1845 年 4 月初从香港来广州传教（参见 Margaret M. Coughlin，*Strangers in the House*：*J. Lewis Shuck and Issachar Roberts*：*First American Baptist Missionaries to China*，University of Virginia，Ph. D.，June，1972，p. 90；吴义雄《在宗教与世俗之间》，第 161 页）。从此开始了浸信会在广州的发展，但到 19 世纪末，浸信会在广州的传教工作是由美国传教士主导的。如欧阳佐翔指出："当时中国基督教会，尚处萌芽时期，教堂的兴建、传道人的薪金、堂务的经费等，大多仰给外国的差会，致使教会甚至一般会友被人视为洋奴。"参见欧阳佐翔《前贤景行录》，浸信会出版社 1984 年版，第 81 页。

berts, *First American Baptist Missionaries to China*, Theron Brown 编 *The Canton Baptist Memorial*, *Being a Historical Discours Belivered before the Baptist Church in Canton*, *Mass.*, *at the Celebration of Their Fiftieth Anniversary*，等等。但是，专门研究华人自立教会的研究成果，特别是研究这些教会教徒与牧师的成果，并不多见。

本书将通过现存的广州7个华人浸信自立教会教徒的名册，来探讨一下广州华人自立运动的历史背景、发展过程、华人教会的建立、发展及其教友的一些情况来解决上述的问题。

一　广州华人自立教会兴起的历史背景与原因

广州在20世纪初兴起华人自立运动是与中国教会自立运动紧密联系和分不开的。中国教会自立运动是中国教会发展史，特别是基督教教会发展史上的头等大事。[①] 中国教会自立运动萌芽始于19世纪60年代。李金强教授指出："中国教会的自立运动，早于1862年，厦门闽南长老会，在该会传教士主导下，首先成立'漳泉大会'，实行自养自治，为中国教会自立运动的先声。"[②]

在20世纪前20年里，中国教会自立运动蓬勃发展，出现了由以前以美国传教士传教为主，转而以华人教牧人员承接传教，自立教会纷纷出现的新局面。这种局面的出现是有以下原因的。

第一，在19世纪中后期，基督教来华传教，因为在很大程度上，外国传教士凭借了不平等条约给予的特权，因此这种侵华"洋教"（foreign church）遭到中国人的普遍反对，民教冲突不断，教案频繁发生。面对群情激愤，华人基督教友意识到教会必须改变19世纪以来由以外国传教士掌握的差会为主进行传教的局面，进而掀起了一场颇有声势的中国教会自立运动。李金强教授说：

① 参见李金强《自立与关怀：香港浸信教会百年史，1901—2001》，香港商务印书馆2002年版，第39页。

② 同上。

> 华人教友遂觉醒教会须要“改头换面”，脱去“洋教”外衣，由此促成20世纪上半叶中国教会自立运动的产生。此一运动目标乃要求脱离西差会或教士的管治与供养，传教主权，实行三自，进而联合各教会，而最终达成建立具有与中国文化结合的本色化自立教会。①

中华续行委办会调查特委会（Special Committee on Survey and Occupation China Continuation Commitee）主席罗炳生（E. C. Lobenstine）在《中华归主》序言中指出：

> 一位颇有名气的中国青年最近在《教务杂志》上发表议论说：“传教士的工作虽然很有成绩，但没有成功地在中国基督教中建立起对教会工作的主人翁感。”他的话是对的，他指出了一种确实存在的可悲事实。今后几年的当务之急就是在中国教友中树立对教会的主人翁感，使教会真正成为中国的教会。②

而在该报告“第十章　中国教会　第二节　自立的中国教会”中亦指出：

> 在中国许多地方，几乎在每一个大宗派里都有一种健康的自养、自治、自传运动在进展中……中国人要求一个洗去了洋教污名的教会，这个愿望促使若干中国基督徒组织与各宣教会所建立的教会组织毫无关系的教会……③

第二，浸信宗派的特色所致。浸信宗派特色是“强调宗教自由与宽容

① 参见李金强《自立与关怀：香港浸信教会百年史，1901—2001》，第39页。

② 中华续行委办会调查特委会编《中华归主：中国基督教事业统计（一九〇一——一九二〇）》第1册，中国社会科学出版社1987年版，“导言”，第10页。

③ 参见中华续行委办会调查特委会编《中华归主：中国基督教事业统计（一九〇一——一九二〇）》第2册，第817页。

等信条……以‘信而受浸’、‘教友平等’及‘独立自治的地方教会’”①，故该会的教徒均受此影响，有了自立、自治的意识、要求与传统。

另据《两广浸信会联会会刊》所载的《两广浸信会的信仰、组织与精神》一文介绍：

> 体制组织：浸信会的体制既然是根据新约圣经的教义，所以每个会友都有其独立自主的向神崇拜，和对教会服务的义务。教会尊重每一个会友（不分阶级、性别）的意见，每一个会友对教会都有直接应负的责任，是一个最民主的，最富集体的教会……
>
> 独立精神：浸信会在两广是素以自立精神求教会的发展，每一个会友都奉献其资财，时间，才能为教会作宣传福音，服务人群；并在事业上也充分显出其独立自主的精神……②

二　广州华人教会的自立运动历程

进入20世纪，受到中国教会自立运动的影响，广州掀起了一场基督教会自立运动。1903年至1933年，广州城内出现了一批华人自立教会，见表1。

表1　广州华人自立浸信会一览

教会名称	成立时间	教会名称	成立时间
慈爱浸信会	1903	东石浸信自立教会	1919. 1. 1
兴华浸信自立会	1904. 1. 23	洪桥浸信会	1920
救世自立浸信会	1905	惠爱八约浸信会	1923. 1. 1
东山浸信会	1909. 5. 2	堑口浸信会	1926. 6. 6
沙河浸信会	1911. 1. 9	东山赖神会	1933. 8. 12

① 参见李金强《自立与关怀：香港浸信教会百年史，1901—2001》，第14页。

② 参见广东省档案馆藏第92卷宗第1目录第281号档案《两广浸信会联会会刊》1951年第6卷第1期（1951年1月15日），第2—3页。

其实，广州早在1873年12月1日就在潮音街就成立了第一个华人自立教会——华人宣道堂。但华人宣道会未能持久，它是后来的广州兴华浸信自立会的前身。

根据广东省档案馆所藏《广州兴华浸信自立会会友名册》,① 兴华自立会在1904年自建教会以前的教徒有17名，约占总人数1236名的1.4%。其中，男性有13位，女性有4位；他们的年龄，40岁以下的有4人，41岁至60岁有8人，60岁以上有3人，未知者2人。他们的籍贯有：番禺4人，台山3人，新会3人，宝安、从化、东莞、肇庆、南海、高要、三水各1人。他们的职业有：商界4人，医护人员5人，教育界人士4人，传道与学界各2人，政界人士1人。他们中有9人受过教育，占总人数的52.9%，受教育的水平很高。其中，受过初等教育有3人；受过中等教育者有3人；受过高等教育者有3人，最高学位有医学博士，参见表2。

表2　　兴华会1904年前教友登记②

姓名	性别	年龄(岁)	籍贯	入会时间	施浸牧师	职业	学历	荐人
王素波	女		番禺	前清	冯活泉	学界		
朱广炽	男	64	台山		显臣	商界		一号浸信会
李济良	男	67	新会	1875	纪好弼	教育兼医务传道	医学博士	八约教会
朱昌瑞	男	71	台山	1882	邓庚	商界		金山大埠教会
杨国文	男	18	番禺	1898	冯活泉	牙医		
杨丽容	女	48	高要	1899	冯景谦	传道	东山神学毕业	肇庆教会
张惠文	男	43	三水	1900	冯活泉	医界	医科	八约教会
钟慕廉	女	42	新会	1902	冯活泉	教育		八约教会
陈树芬	男	51	东莞	1902	冯活泉	商界		

① 参见广东省档案馆藏第92卷宗第1目录第267、268号档案《广州兴华浸信自立会会友名册》。

② 据《广州兴华浸信自立会会友名册》编制。

续表

姓名	性别	年龄(岁)	籍贯	入会时间	施浸牧师	职业	学历	荐人
姚日辉	男		宝安	1903	湛罗弼	中医	医学	清远教会
杨元熙	男	36	肇庆	1903	冯活泉	政界	土木工程科硕士	八约教会
邝乐生	男	44	从化	1903	鲁子珍	教育	师范	从化教会
施伯声	男	46	新会	1903	冯活泉	西医	医科	
林德鉴	男	54	台山	1903	李济良	商界	读书 8 年	美浸信教会
何月仙	女	33	南海	1903	胡达臣	学界	培贤学校毕业	
杨俊民	男	42	番禺	1903	冯活泉	印务	陆军速成	八约教会
杨国荃	男	38	番禺	1904	冯活泉	教育	大学	

华人宣道堂先后只有 3 位华人牧师：杨庆、黄梅、冯活泉。这与 1835 年至 1900 年在两广活动的浸信会美国传教士人数达到 39 位相比,[①] 华人牧师只相当于美国牧师的 7.4% 左右。

1925 年至 1938 年广州被日军占领之前，是这些华人自立会的发展时期。而在抗战时期，这些教会有的停止了活动，但仍有一些在坚持活动。

三　广州华人自立教会的建立与其教友研究

根据目前已有的资料和所掌握的档案，我们将分别研究这 10 个华人自立教会的情况，特别是教友的情况。

一　慈爱浸信会

该会始创于 1903 年。由美国传教士湛罗弼牧师出资购买十三甫烂屋两间为布道基址，取名慈爱福音堂，美南传道部聘请李惠亭驻堂

① 参见吴立乐编《浸信会在华布道百年略史：1836—1936》，浸信会出版社 1970 年版，第 33—34 页。

宣道。由于湛罗弼牧师在沙面开办了美华书局，而将该堂作为职工宿舍，故至1906年宿舍迁出之前，它并不是完全的传教场所。而湛师母亦在此设立女校。1909年，举行教会成立典礼。1910年，李惠亭被中西牧师按立为牧师。薛子恩、李林氏、张灿文为会役。浸信会有女会役，由慈爱会开始。同年，湛师母在堂开办两广孤儿院，李林氏任副院长。不久迁往东山。1914年开始兴建新教堂，次年建成。至抗战前，先后担任牧师的有李惠亭、区有光、曾维新、黄秀文、刘竹林、刘斡持、袁庆农、朱瑞元、徐廷璋。①

从广东省档案馆藏《广州慈爱浸信教会会友名册》② 来看，该名册共收录了269人。从入会时间来看，1900年至1945年入会的教徒有142人，其中，1938年10月至1945年，有16人。由此可见，在抗战时期，它是坚持活动的。从性别来看，男性有172人，女性有96人，未标明者1人。男性占63.9%。从年龄来看，年龄在18岁及以下的青少年，有38人；19岁至40岁的青壮年，有153人；41岁至60岁的中年人，有28人；61岁及以上老年人，有12人，未知者有38人。其中19岁至60岁者，有181人，占总数的67.3%。亦呈现出中间大两头小的情况。

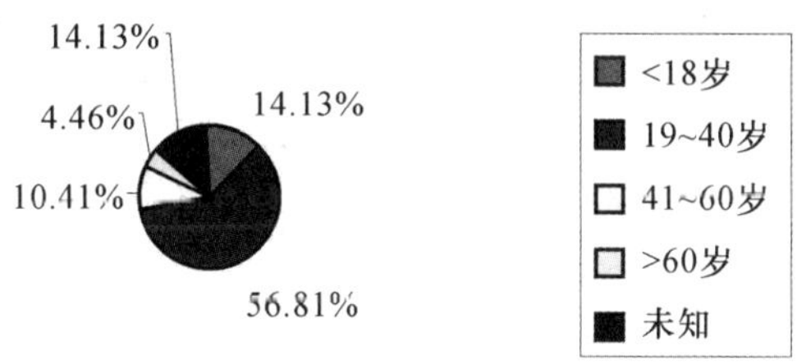

图1　广州慈爱浸信教会教徒年龄比例

① 参见刘粤声编《广州基督教概况，两广浸信会史略》，香港浸信教会1997年版，第36—37、234页。

② 参见广东省档案馆藏第92卷宗第1目录第263号档案《广州慈爱浸信教会会友名册》。

从其职业来看，其中以工人与服务业从业人员为主，参见表3。

表3　　慈爱会教友职业分析①

职业	人数	职业	人数
工人	100	传道、牧师	7
商贩	30	医护人员	6
家庭主妇	29	工程师、技工	6
服务业	28	教师	5
学生	12	会计	2

从其教徒的受教育程度来看，受过初中及以下的初等教育者，有13人；中等教育，有14人；大学等高等教育，有5人；私塾，有1人，受各级教育者，总数为33人，占教友总数的12.3%。可见，该会是以广大劳工为主的教会。

从其籍贯来看，教徒主要来自广东的高要、南海、番禺、清远等地，其中高要有55人，占总人数的20.4%，参见表4。

表4　　慈爱会教友籍贯分析②

地区	籍贯	人数	籍贯	人数	籍贯	人数
广东省	高要	55	鹤山	8	高明	2
	南海	38	台山	7	东莞	2
	番禺	28	开平	4	英德	1
	清远	15	增城	4	河源	1
	顺德	15	肇庆	4	新兴	1
	中山	15	花县	3	黄黎岗	1
	新会	13	汕头	2	梅县	1
	从化	9	合浦	2	恩平	1
	云浮	9	四会	2	三水	1
其他	福建	2	四川	1	广西梧州	1

① 据《广州慈爱浸信教会会友名册》编制。

② 同上。

其牧师情况参见表 5。

表 5　　慈爱会牧师及施浸人数一览①

姓名	施浸人数	姓名	施浸人数	姓名	施浸人数
廖其生	66	曾维新	9	王威林*	1
刘粤声	47	湛罗弼*	7	唐穗田	1
庞荣琦	24	黄秀文	5	唐马太	1
李惠亭	23	钟子良	4	孙天增	1
廖琼彬	15	林保罗	4	梁根*	1
胡达臣	14	徐庭璋	3	嘉理慰*	1
陈霞露	10	威林士*	2	黄贯森	1
张立才	9	赵士璋	1	黄观海	1

注：* 为外籍牧师。

二　兴华浸信自立会

该会是最早的华人自立教会，前身是华人宣道堂。后来，经过努力，在广州水母湾购买了一处房屋，成立了一座教堂。吴立乐说："宣道堂未能持久，但它那自立的精神却激发了好些教徒，努力使宣道堂复兴，在一九零三年达到了目的，组织了兴华自立浸会。组织的那天是十二月十九日，到一九零四年一月二十三日始举行成立的典礼。还公举冯活泉为牧师。"②

《中华归主》曾将其作为中国教会自立运动的典型："广州兴华浸信自理会（Hing-hwa Baptist Independent Church）这个教会建立于1903 年。单单教堂的建筑就值约一万元。另有男校、女校、幼儿园和阅览室。出版月刊一种。目前教友约五百五十人，每年捐款达一千五

① 据《广州慈爱浸信教会会友名册》编制。

② 参见吴立乐编《浸信会在华布道百年略史：1836—1936》，第 15 页。

百元。”①

根据广东省档案馆藏《广州兴华浸信自立会会友名册》②，收录教徒1236名，至1966年编制这份教徒名册时，该会牧师有如下这些（见表6）：

表6　　兴华会1904年至1945年牧师及施浸人数一览③

姓名	施浸人数	姓名	施浸人数	姓名	施浸人数
梅国芳	321	李锦纶	18	张立才	1
朱永康	91	廖琼彬	8	湛罗弼*	1
李济良	55	徐廷璋	5	因大信*	1
张文照	46	庞荣琦	4	杨元勋	1
周伯琴	42	杨海峰	3	徐松石	1
李子腾	39	唐穗田	3	唐马太	1
周丽琴	37	杜心余*	3	时乐士*	1
余益山	32	吴泽荣	2	梅荣春	1
余益山	32	卢便雅悯*	2	廖其生	1
纪好弼*	29	刘粤声	2	李惠亭	1
冯活泉	24	高鉴伦	2	嘉理慰*	1
林保罗	20	冯景谦	2	邓庚	1
曾维新	19	钟子良	1		

注：带*者，为外籍牧师。

其标明在1904年至1945年入会的有389人，约占总人数的31.5%。根据此表，在这一时期的389名信教者中，男性249名，约占64%；年龄在18岁及以下的青少年有132人，19岁至40岁之间的青壮年有201人，年龄在41岁至60岁之间的中壮年有41人，61

① 参见中华续行委办会调查特委会编《中华归主：中国基督教事业统计（一九〇一——一九二〇）》第2册，第818页。

② 参见广东省档案馆藏第92卷宗第1目录第267—268号档案《广州兴华浸信自立会会友名册》。

③ 据《广州兴华浸信自立会会友名册》编制。

岁以上者有5人。未标明者有10人。19岁至60岁之间的青壮年人为主，总数达242人，占62.2%。

从入会时间来看，1904年至1925年，入会的教徒有133人，约占34.2%；1926年至1938年，入会的教徒有229人，约占58.9%；1938年至1945年，抗战期间入会的教徒有27人，约占6.9%。从此可见，其在抗战时期仍然坚持活动。从其教徒的籍贯来看，绝大部分是广东籍的。在广东籍中，以台山、新会、开平、南海、中山、高要、鹤山为主。其中，台山人数最多，占总数389人的67.6%，参见表7。

表7　　兴华会1904年至1945年入会教友籍贯①

	籍贯	人数	籍贯	人数	籍贯	人数
广东省	台山	263	恩平	5	合浦	2
	新会	118	佛山	5	河源	2
	番禺	102	梅县	5	茂名	2
	开平	98	高明	4	平远	2
	南海	54	惠阳	4	钦州	2
	中山	52	罗定	4	新丰	2
	高要	48	普宁	4	兴华	2
	鹤山	40	新兴	4	九江	1
	顺德	32	阳江	4	宝安	1
	三水	22	潮州	3	博罗	1
	从化	19	广宁	3	大埔	1
	东莞	18	花县	3	广州	1
	清远	12	江苏	3	连县	1
	肇庆	10	揭阳	3	龙门	1
	翁源	7	四会	3	文昌	1
	福建	6	阳春	3	新宁	1
	郁南	6	英德	3	湛江	1
	云浮	6	汕头	2		
	增城	6	防城	2		

① 据《广州兴华浸信自立会会友名册》编制。

续表

	籍贯	人数	籍贯	人数	籍贯	人数
外省	广西	22	福建	6	浙江	4
	湖南	2	湖南	2	直隶	1
其他	美国	4	外洋	1		

这些教徒的职业，以学生、商贩、家庭主妇、教育、医护人员为主。人数最多的为学生，占总数389人的52.2%，参见表8。

表8　　兴华会1904年至1945年入会教友职业一览①

职业	人数	职业	人数	职业	人数
学生	207	工人	16	业务	2
商贩	34	政界（政府、党务）	8	司法界（司法、律师）	2
家庭主妇	32	传教	7	职员	2
教育	22	工程技术人员	4		
医护人员	18	军界	2		

这些教友的受教育水平，标明受过教育者有273人，约占总人数389人的70.2%。其中，受过初中及以下初等教育者有140人，受过中等教育者有86人，受过高等教育者有47人，最高学位为商科硕士。

三　救世自立浸信会

该会成立于1905年。创始人为罗开泰先生。其成立华人自立教会的志愿极其迫切。回应者有冯活泉、冯景廉等。罗开泰在1892年邀请志同道合的热心教徒，在自己所设的泰安药房开会，筹划设立自立教会。先后多次开会讨论。至1895年便已略具雏形。他离世以后，他的哲嗣罗香轮继续他的志愿，至1900年与教友们花费5300元买了

① 据《广州兴华浸信自立会会友名册》编制。

永汉双门底下街的一座长老会的福音堂作为会址，并有张耀岐被立为执事，而以罗香轮为牧师，1905年举行成立庆典，教会定名为“耶稣救世教会”。教友有200多人。1920年开办救世书楼，专售《圣经》及助道书籍。1926年春停办。在抗战前，一直筹划复办。[①]

四　东山浸信会

该会肇基于广州五仙西。清同治九年（1870），传教士购得五仙西铺屋，改作寄庐，开设男女学校及福音堂。后随着教会的发展，原址不够使用，故从1905年开始，转移到广州东山发展。1906年至1907年，相继建成了神道学校、培道女校。1908年，相继建成培正学校、恤孤院、培贤妇孺学校、慕光学校。清宣统元年（1909），于东山寺贝通津9号建成新堂，并于当年5月2日成立“东山浸信教会”，按立余瑞云为牧师。当时的教徒由八约、兴华、慈爱、英德、从化、三江、梧州、石塘等处教会荐入的教友约70人组成。后因教徒日增，遂于民国十六年（1927）将旧堂扩建成钢筋混凝土结构的两层楼房，占地1000平方米，设有1300个座位。[②]

据广东省档案馆藏《广州东山浸信教会会友名册》,[③] 共收录2739人。从性别来看，男性有859人，女性有1866人，未标明者有14人。其中，男性占总数的31.36%，女性占68.13%。从年龄来看，标明者中，18岁及以下者，有881人；19岁至40岁青壮年，有1152人；41岁至60岁中年人，有304人；61岁以上老年人有122人。19岁至60岁者，共有1456人，占总数的53.16%。

从入会日期来看，东山浸信会成立之前，即1909年以前入会的教徒有13人，1909年至1925年自立运动高潮时入会的教徒有666

① 参见吴立乐编《浸信会在华布道百年略史：1836—1936》，第24页；刘粤声《广州基督教概况，两广浸信会史略》，第47页。

② 参见广东省地方史志编纂委员会编《广东省志·宗教志》第五章“堂点”，广东人民出版社2002年版，第380页；刘粤声编《广州基督教概况，两广浸信会史略》，第31—32、219—220页。

③ 参见广东省档案馆藏第92卷宗第1目录第270—272号档案《广州东山浸信教会会友名册》。

人，在1926年至1938年自立运动发展时期入会的教徒有1360人，这两个时期入会的教徒有2026人，占总人数的73.97%。1939年至1945年的抗战期间，有41人入会，这说明在抗战时期，东山浸信会并没有停止活动。

从该会教徒受教育的程度来看，标明受过教育者共有1119人，其中，受过高等教育者有128人，受过中等教育者有503人，受过初等教育者有488人，最高学历为硕士，受教育者占总人数的40.85%。标明文盲者有5人。这些均说明东山会教徒的素质是相当高的。

从该会教徒的职业来看，教友主要的职业有学生、家庭妇女、教育界、医药、医护人员及工人，参见表9。

表9　　东山浸信会教友职业一览①

名称	人数	名称	人数	名称	人数	名称	人数
学生	889	商人	95	工程界及技术人员	11	运输界	2
家庭妇女	415	传教人员	41	农业界	6	建筑界	2
教育界	152	包厨、理发、保姆等服务业	17	店职员、会员	5	艺术界	1
医药、医护	131	军警界	17	金融业从业人员	4	邮政	1
工人	127	小生产者、小贩、工匠	13	华侨	2	盐务	1
工业界	103	政界	13	会计	2	运输界	2

该会教徒的籍贯主要是广东省的台山、新会、番禺、鹤山、开平等，其他省份中，广西省籍的教徒亦相当多，参见表10。

① 据《广州东山浸信教会会友名册》编制。

表 10　　　东山浸信会教友籍贯一览①

地区	籍贯	人数	籍贯	人数	籍贯	人数	籍贯	人数	籍贯	人数	籍贯	人数
广东省	台山	468	东莞	61	新丰	11	云浮	5	丰顺	2	九江	1
	新会	319	恩平	40	高明	10	肇庆	5	广州	2	茂名	1
	番禺	207	三水	34	惠阳	10	潮安	4	和平	2	韶州	1
	鹤山	151	从化	33	博罗	8	德庆	4	蕉岭	2	翁源	1
	开平	124	增城	32	梅县	8	汕头	4	连州	2	新安	1
	南海	123	花县	29	阳江	8	佛山	3	曲江	2	新宁	1
	高要	121	惠州	19	宝安	7	高州	3	吴川	2	信宜	1
	清远	121	广宁	17	揭阳	7	兴宁	3	五华	2		
	中山	116	罗定	16	河源	6	英德	3	澳门	1		
	顺德	112	四会	15	连县	6	郁南	3	潮阳	1		
	新兴	64	龙门	14	连平	5	湛江	3	江门	1		
其他省份	广西	125	浙江	7	湖北	3	四川	2	直隶	1		
	江苏	18	湖南	5	江西	2	安徽	2	云南	1		
	福建	10	贵州	4	山东	2	上海	2	辽宁	1		
	海南	10	北京	4	陕西	2	西康	1	直隶	1		
国外	美国	21										

在该会担任施浸的牧师亦相当多。其中，以刘粤声、唐马太、廖琼彬、庞荣琦、余瑞云施浸人数最多，参见表 11。

表 11　　　东山浸信教会牧师及施浸人数一览②

姓名	施浸人数	姓名	施浸人数	姓名	施浸人数	姓名	施浸人数	姓名	施浸人数
刘粤声	787	梁根*	3	陈辑五	1	林明德	1	Rev. J. H. Giffin*	1
唐马太	521	钟子良	3	德打咾仑*	1	鲁子珍	1	白得胜*	1

① 据《广州东山浸信教会会友名册》编制。

② 同上。

续表

姓名	施浸人数	姓名	施浸人数	姓名	施浸人数	姓名	施浸人数	姓名	施浸人数
廖琼彬	419	陈濯非	2	董景安	1	麦蕙莱	1	傅伦德	1
庞荣琦	304	万应远	2	冯活泉	1	潘启圣	1	关树华	1
余瑞云	284	杨海峰	2	冯景谦	1	普天德	1	黄焕兴	1
李子腾	78	张文照	2	冯威	1	山德士*	1	理力善	1
陈辑伍	24	黄秀文	2	冯一本	1	士文*	1	柳荫芳	1
唐穗田	23	嘉理慰*	2	胡达臣	1	韦琳信	1	梅国芳	1
曾维新	14	时乐士*	2	汲平	1	徐廷璋	1	汪预备	1
张立才	9	吴泽荣	2	李济良	1	禤良材	1	希祝虔*	1
朱永康	5	赵仕璋	2	李守仁	1	余遂云	1	徐国宜	1
白箴士*	4	曹德选	1	力约翰*	1	余益山	1	张允文	1
许修安	4	陈法言	1	梁凤祥	1	朱玉娟	1		

注：*为外籍牧师。

五　沙河浸信会

清光绪三十四年（1908），士文牧师在广州沙河镇租得沙河一间房屋为讲道所，1910年农历十二月初九日成立教会，华人刘耀廷任会役。他筹谋于沙河自建会堂，几经搬迁，民国七年（1918）6月建成新堂，18日举行开幕典礼，并成立劝学会。[①]

据广东省档案馆藏《广州沙河浸信教会会友名册》，[②]共收录227人。从性别来看，男性有146人，女性有71人，未标明者，有11人。其中，男性占总人数的64.3%。从年龄来看，18岁及以下者有30人；19岁至40岁青壮年，有103人，41岁至60岁中年人有31人，61岁以上老年人有17人。19岁至60岁者，有134人，占59%。

从入会日期来看，1909年至1938年，有169人。1909年至1938

① 参见广东省地方史志编纂委员会编《广东省志·宗教志》第五章“堂点”，第381页；刘粤声编《广州基督教概况》，第42、235—236页。

② 参见广东省档案馆藏第92卷宗第1目录第264号档案《广州沙河浸信教会会友名册》。

年入会的人数占总人数的 74.4%。1938 年至 1945 年，没有人入会，该会可能停止了活动。从其教徒受教育的程度来看，受过初等教育者有 7 人，受过中等教育者有 11 人，总数为 18 人，占总人数的 7.9%。从其教友的职业来看，其教徒主要是农民、行商、工人、军界、家庭主妇等人士，参见表 12。

表 12　　　　沙河浸信会教友职业一览①

职业	人数	职业	人数	职业	人数
农民	32	学生	6	教育	2
行商	27	牧师、传道	5	学者	1
工人	22	医生	4	木工	1
军界	15	警察	3	工程师	1
家庭主妇	10	退休	2	公务	1

该会教徒主要来自番禺和惠州，参见表 13。

表 13　　　　沙河会教友籍贯一览②

地区	籍贯	人数	籍贯	人数	籍贯	人数
广东省	番禺	109	中山	2	梅录	1
	惠州	15	增城	1	龙门	1
	新会	6	英德	1	开平	1
	清远	6	兴宁	1	嘉应	1
	高州	6	新兴	1	化州	1
	从化	6	吴川	1	鹤山	1
	花县	5	翁源	1	佛冈	1
	汉化	4	广州	1	东莞	1
	南海	3	始兴	1	大埔	1

① 据《广州沙河浸信教会会友名册》编制。

② 同上。

续表

地区	籍贯	人数	籍贯	人数	籍贯	人数
	高要	3	韶州	1	连平	1
	罗定	2	琼山	1		
其他	江苏	2	湖南	2	安徽	2
	直隶	1	浙江	1	四川	1
	辽宁	1	湖北	1	河南	1
	河北	1				

而沙河会的牧师情况参见表14。

表14　　沙河浸信会牧师及施浸人数一览①

姓名	施浸人数	姓名	施浸人数	姓名	施浸人数
许修安	24	梁根*	4	李守仁	2
徐廷璋	16	张立才	3	黄观海	2
胡达臣	5	曾维新	3	张文照	1
山德士*	4	廖琼彬	3	唐马太	1
庞荣琦	4	谢伟衡	2	黄秀文	1

注：*为外籍牧师。

六　东石浸信自立教会

该会创始于1912年，发起者为张新基。初借南关二马路东石角街口罗孝全所置废屋为传道场所，兼设赠医施药善事。此为东石教会的基址。1919年1月1日，正式成立东石浸信自立教会。取名为“东石”的原因，据咏奇指出：“取义以‘圣道东来，奠基盘石’，同时亦可忆及在东石角基址时之情形。”②

该会由杨海峰、曾维新、湛罗弼、力约翰、钟子良、李锦纶等牧

① 据《广州沙河浸信教会会友名册》编制。

② 参见广东省档案馆藏《东石浸信教会三十周年纪念特刊》，第16—17页。

师主持，由梧州会役陈乐庭、香港会役邝卓庭、兴华会役张新基为会役。当时有教友56人。1922年，募款22000余元，在东关白云路购地，用于兴建新堂。1925年3月开工，10月完工。其时教徒人数达到238人。1932年，又募款2万余元，用于兴建新堂。1933年1月动工，10月建成。教徒人数达到561人。1935年，教徒达到690人。1926年创办培正女分校，1927年又接办培德女校。1938年，日军占领广州后，该会教徒四散，该会的活动仅限于施粥等救济活动，经费也主要靠避难港澳的教徒汇款接济。但太平洋战争爆发后，这类接济亦告断绝。宗教活动很少进行。①

据广东省档案馆收藏的《东石浸信会人名册》②，教徒共有378人。从性别来看，男性有167人，女性有204人，未标明者有7人。其中，女性占总人数的54%。从年龄来看，未标明者有29人，18岁及以下者有82人，19岁至40岁者有135人，41岁至60岁者有86人，61岁及以上者有46人。其中，从19岁至60岁的教徒达221人，占总人数的58.5%。从入会时间来看，1903年至1945年有169人。

从其籍贯来看，其教徒主要来自广东番禺、恩平、新会、台山、高要等地，参见表15。

表15　　　　东石会教友籍贯③

地区	籍贯	人数	籍贯	人数	籍贯	人数
广东省	番禺	40	三水	5	阳江	1
	恩平	38	广宁	4	五华	1
	新会	33	东莞	4	钦州	1
	台山	33	兴宁	3	罗岗	1

① 参见广东省地方史志编纂委员会编《广东省志·宗教志》第五章“堂点”，第383页；刘粤声编《广州基督教概况，两广浸信会史略》，第39、236—238页；《东石浸信教会三十周年纪念特刊》。

② 参见广东省档案馆藏第92卷宗第1目录第266号档案《东石浸信会人名册》。

③ 据《东石浸信会人名册》编制。

续表

地区	籍贯	人数	籍贯	人数	籍贯	人数
广东省	高要	32	河源	3	龙门	1
	南海	24	肇庆	2	蕉岭	1
	中山	19	英德	2	花县	1
	增城	16	新丰	2	高明	1
	顺德	15	翁源	2	佛山	1
	开平	12	清远	2	从化	1
	龙门	10	梅县	2	潮州	1
	惠州	9	高州	2	菠萝	1
	新兴	7	苍梧	2	白坭	1
	惠阳	6	宝安	2		
	鹤山	6	云浮	1		
其他	广西	5	福建	2	安徽	1
	浙江	1				
境外	古巴国	1				

从其职业来看，以学生、教育、工人、商贩、医护人员为主体，参见表16。

表16　　东石会教友职业一览①

职业	人数	职业	人数	职业	人数
学生	85	传道	10	军界	2
教育	27	政界	6	司法	1
工人	25	家庭妇女	6	警界	1
商贩	23	服务业	3	建筑	1
医护人员	13	农民	2	会计	1

牧师情况见表17。

① 据《东石浸信会人名册》编制。

表17 东石会牧师及施浸人数一览①

姓名	施浸人数	姓名	施浸人数	姓名	施浸人数
唐穗田	55	李子腾	4	朱永年	1
张立才	52	徐廷璋	3	赵仕璋	1
庞荣琦	41	刘粤声	3	张文照	1
希祝虔*	40	廖其生	3	余瑞云	1
钟子良	28	嘉理慰*	3	谢伟衡	1
黎丰穗	22	冯活泉	3	潘启佑	1
林保罗	7	杨海峰	2	梅国芳	1
白箴士*	6	唐丰穗	2	赖鸿恩*	1
唐马太	5	梁　根*	2	黄贾森	1
陈濯非	5	黄秀文	2	胡达臣	1
曾维新	4	黄观海	2	唐化日	1

注：* 为外籍牧师。

七　洪桥浸信会

1911年，纪好弼牧师派传道学堂学生陈濯非在小北直街赁一小屋为谈道所。后迁往天平街。1912年，山德士牧师提议改迁洪桥，换名为宣道堂。1918年购买到隔壁的大屋，作为教堂。1920年，成立教会，取名"盘石"。1921年山德士与因大信倡议建造新堂。1922年1月5日开幕。先后担任牧师的有李守仁、余玉田、曾维新、陈濯非等。

八　惠爱八约浸信会

该会的前身是"广东二号浸信会"②。1889年11月23日，该会的一批教徒余德宽、欧阳康、冯景谦、廖德山等人与义务牧师李济良倡设培正学校，次日，又再集18人在五仙西福音堂讨论，募捐60余元，推举冯景谦、冯泽源、李济良、廖德山、杨海峰、李贤士筹办该

① 据《东石浸信会人名册》编制。

② 参见刘粤声编《广州基督教概况，两广浸信会史略》，第9页。

校。1890 年，租赁德政街民屋为校舍，培正书院开学，这是浸信会有正式男校之始。1920 年开始筹建新教堂，曾获美国传道部为纪念好弼牧师在华工作而拨款 40000 余元。1923 年 1 月 1 日，位于惠爱街的新教堂启用。①

从广东省档案馆收藏的《八约浸信教会教友人名册》② 来看，该名册共收录教徒 531 人，其中男性有 151 人，女性有 302 人，未标明者有 78 人。其中，女性占总数的 56.9%。其年龄结构，标明年龄者有 207 人，其中 18 岁及以下的青少年有 44 人，19 岁至 40 岁的青壮年有 82 人，41 岁至 60 岁的中年人有 63 人，61 岁及以上的老年人有 18 人。在这个结构中，19 岁至 60 岁的中间段人数有 145 人，占标明者 207 人的 70%。故呈现出中间大、两头小的较合理的年龄结构。

从受浸时间来看，标明受浸日期的 221 人中，1900 年前受浸者有 1 人，1906 年至 1938 年受浸者有 18 人，1938 年至 1945 年受浸者有 67 人。由此可见，在抗战期间，该会还在坚持活动。

从其职业来看，标明职业者有 87 人，主要职业是工人与职员、医务人员等，参见表 18。

表 18　　惠爱八约教友职业一览③

职业	人数	职业	人数	职业	人数
工人与职员	42	学生	16	商人	5
医务人员	13	教师	7	牧师	4

从其籍贯来看，教友主要是广东籍人士，其中番禺、新会、台山、南海、顺德为主要地区，番禺的人数最多，占总人数的 6.8%，参见表 19。

① 参见刘粤声编《广州基督教概况，两广浸信会史略》，第 33、217—219 页。

② 参见广东省档案馆藏第 92 卷宗第 1 目录第 262 号档案《八约浸信教会教友人名册》。

③ 据《八约浸信教会教友人名册》编制。

表19　　惠爱八约教友籍贯分析①

地区	籍贯	人数	籍贯	人数	籍贯	人数	籍贯	人数
广东省	番禺	36	恩平	5	南雄	2	高明	1
	新会	24	三水	5	英德	2	信宜	1
	台山	23	鹤山	4	西南	2	茂名	1
	南海	22	清远	4	汕头	2	连平	1
	顺德	20	花县	4	增城	1	曲江	1
	东莞	13	合浦	3	肇庆	1	四会	1
	中山	7	云浮	3	琼州	1	从化	1
	高要	6	新兴	2	揭阳	1		
	开平	6	惠阳	2	梅县	1		
其他	湖南	3	广西南宁	1	福建	1	山东	1

从名册来看，其牧师有以下这些，参见表20。

表20　　惠爱八约会牧师及施浸人数②

姓名	施浸人数	姓名	施浸人数	姓名	施浸人数
谢伟衡	96	刘粤声	6	张允文	1
胡达臣	65	唐穗田	4	余瑞云	1
张立才	11	廖琼彬	2	杨柱业	1
黄焕兴	9	李子腾	2	杨海峰	1
林声振	7	周　良	1	许定安	1
曾维新	6	赵仕璋	1		

① 据《八约浸信教会教友人名册》编制。

② 同上。

九 东山赖神会

该会创始于1925年。最初为江门赖神会所开设的一个基址。初为租赁民房为堂所，后购买了东山庙前西街地段数十井，建筑新堂。1935年8月12日，耗资20000余元建成了新教堂，并于当日成立了教会。牧师为廖琼彬，教徒有123名。

余元建成了新教堂，并于当日成立了教会。牧师为廖琼彬，信教有123名。

江门赖神自立浸信会，由美国纽约赖神书馆支持建立。而后者的发起人是李泽海。李泽海，字锐泉，为顺德沙头乡人，聪敏好学，且有辩才，尤精国技。1888年，侨居美国，在华侨中间行医自行传道，逐渐联络起来一些基督徒。1908年，冼锡鸿由纽约返国，赖神书馆，即将在江门组织赖神教会的任务委托给他。冼锡鸿回国后，便联络李树三、锺盘、张春荣、李先等人积极筹备，于1913年10月7日举行献堂礼，于1913年10月8日成立江门赖神自立浸信会，立李子腾为第一任牧师。会堂在江门象溪坊。①

据广东省档案馆藏《广州东山赖神浸信教会会友名册》，② 收录131人。男性有54人，女性有74人，未标明者有5人。其中，女性占56.5%。从年龄来看，18岁及以下，有12人；19岁至40岁的青壮年，有38人；41岁至60岁的中年人，有21人；61岁及以上的老年人，有24人。其中19岁至60岁者，有59人，占总人数131人的45%。

该会教徒受过高等教育者有7人，受过中等教育者有24人，受过初等教育者有31人。共61人，占总人数的46.6%。从受浸日期来看，1900年至1945年入会者有42人。特别是1938年至1945年，只有1人入会，可见在广州日占时期，该会基本上停止了活动。

---

① 参见刘粤声编《广州基督教概况，两广浸信会史略》，第48、247—248页；吴立乐编《浸会在华布道百年略史：1836—1936》，第23页。

② 参见广东省档案馆藏第92卷宗第1目录第269号档案《广州东山赖神浸信教会会友名册》。

从教徒的职业来看，教徒主要是家庭主妇、学生、商人和赋闲，参见表21。

表 21　　赖神会教友职业一览①

职业	人数	职业	人数	职业	人数
家庭主妇	20	工人	8	传道	4
学生	10	农民	4	医生	2
商人	9	教育	4	华侨	1
赋闲	8	工匠	3	航海	1

从教友的籍贯来看，教友主要来自广东的新会、鹤山、台山、中山等，参见表22。

表 22　　赖神会教友籍贯②

地区	籍贯	人数	籍贯	人数	籍贯	人数
广东省	新会	30	开平	3	花县	1
	鹤山	24	三水	2	广州	1
	台山	11	惠阳	2	番禺	1
	中山	9	增城	1	大埔	1
	高要	7	清远	1	宝安	1
	顺德	4	南海	1		
其他	广西	1	北京	1	上海	1
	山东	1				

其牧师的情况参见表23。

① 据《广州东山赖神浸信教会会友名册》编制。

② 同上。

表 23　　赖神会牧师及施浸人数一览①

姓名	施浸人数	姓名	施浸人数	姓名	施浸人数
钟子良	1	王瑞尧	2	黄源	6
赞臣*	1	刘粤声	2	胡达臣	4
余瑞云	1	林明德	1	冯活泉	2
杨海峰	1	廖琼彬	58	才来*	1
吴泽荣	2	李子腾	7	保牧师*	

注：*为外籍牧师。

十　堑口浸信会

19 世纪 80 年代，美国人威灵女士在广州的河南创办一所缘道女校。但该校并无礼拜堂，附近亦无浸信会。学生礼拜需前往惠爱八约、东石、兴华、龙溪三约等教堂，很不方便。后约翰夫人捐款在广州堑口南洲局前购买破屋一间，作为福音堂。后在缘道书舍校址的旁边购买一处房屋，于 1926 年 6 月 6 日建成一新堂，并举行教会成立典礼。牧师先后有梁廷生、庞荣琦、黎丰穗等。②

总之，通过上述的分析，我们可以看到，从 20 世纪开始至 20 世纪中叶，在自立运动的影响下，广州出现了 10 个华人自立教会，培养了一批华人牧师。从上引的名册来看，华人牧师共有 78 位，③ 而在广州这些华人自立会中外籍牧师只有 23 位，④ 华人牧师是外籍的

① 据《广州东山赖神浸信教会会友名册》编制。

② 参见刘粤声编《广州基督教概况，两广浸信会史略》，第 45、245—246 页。

③ 这些华人牧师是白得胜、曹德选、陈法言、陈辑五、陈霞露、陈濯非、邓庚、董景安、冯活泉、冯景谦、冯威、冯一本、傅伦德、高鉴伦、关树华、胡达臣、黄观海、黄焕兴、黄杰生、黄秀文、黄源、黎丰穗、李惠亭、李济良、李锦纶、李守仁、李子腾、梁凤祥、廖其生、廖琼彬、林保罗、林明德、林声振、刘粤声、柳荫芳、鲁子珍、麦蕙莱、梅国芳、梅荣春、潘启圣、潘启佑、庞荣琦、普天德、孙天增、唐丰穗、唐化日、唐马太、唐穗田、万应远、汪预备、王瑞尧、韦琳信、吴泽荣、谢伟衡、徐国宜、徐松石、徐廷璋、许定安、许修安、禤良材、杨海峰、杨元勋、杨柱亚、余瑞云、余遂云、余益山、曾维新、张立才、张文照、张允文、赵仕璋、钟子良、周丽琴、周良、朱永康、朱永年、朱玉娟。

④ 这些外籍牧师是 Rev. J. H. Giffin、白得胜、白箴士、白箴士、保牧师、才来、德打咾仑、杜心余、纪好弼、嘉理慰、赖鸿恩、力约翰、梁根、卢便雅悯、山德士、时乐士、士文、王威林、威林士、希祝虔、因大信、赞臣、湛罗弼。

3. 39 倍。而与当时来华的外籍浸信会牧师 196 位来比较,[①] 华人牧师亦相当于其 39. 8% 。可见华人自立运动所取得的成就。

结　论

进入 20 世纪后，受到中国基督教自立运动的影响，广州出现了一批华人自立浸信教会。这种局面的出现，是由于华人基督教友意识到教会必须改变 19 世纪以来由以外国传教士掌握的差会为主进行传教的局面和浸信宗派的本身特色。广州华人教会的自立运动开始甚早，1873 年就出现了第一所华人自立教会——华人宣道堂。在这场自立运动中，有 10 个自立教会成立了。通过现存的其中一些教会的档案资料，我们可以看到它们是如何建立和发展的，以及教友的构成。

鸣谢：撰写过程中，曾获得暨南大学汤开建教授的指导及香港浸联会游伟业博士、香港浸信会刘少康牧师的协助！

原载《暨南学报》2006 年第 1 期

① 参见吴立乐编《浸信会在华布道百年略史：1836—1936》，第 35—36 页。

明清时期广州与西洋钟表贸易

作为计时工具的计时器，中国自古就有圭表、日晷、漏壶等装置及少量自制的机械式计时器。但是使用近代机械装置作为计时器，则是在明末意大利籍耶稣会传教士罗明坚（Michel Ruggieri）、利玛窦（Matteo Ricci）等人将西洋钟表传入中国之后。

明清时期西洋钟表传入中国之后，在中国的影响很大，受到了热烈的欢迎，多数被称为“自鸣钟”。[①] 关于广州与西洋钟表的学术研究成果，目前主要有陆燕贞主编《清宫钟表珍藏》（香港麒麟书业有限公司、北京紫禁城出版社 1995 年版）、廖频编《清宫钟表集萃：北京故宫珍藏》（外文出版社 2002 年版）、Catherine Pagani 的 *Eastern Magnificence and European Ingenuity*：*Clocks of Late Imperial China*（The University of Michigan Press，2004）、白乐嘉（J. M. Braga）的 *A Seller of "Sing-Song"*：*A Chapter in the Foreign Trade of China and Macao*（*The Journal of Oriental Studies*，Vol. 6，1961 - 1964，No. 1 - 2，University of Hong Kong）等。但这些研究仍然是不深入的，有待学术界的深入研究。广州是中国一个重要的西洋钟表业中心，自西洋钟表传入起，广州就与西洋钟表结下了不解之缘。这主要表现在广州不仅是西洋钟表传入中国之地，也是西洋钟表贸易基地。

---

① 西洋钟表，最早是从澳门传入的。在中国文献中最早的记录参见明王临亨撰《粤剑编》卷三《志外夷》：“自然漏，以铜为之，于正午时下一筹，后每更一时，筹从中一响，十二时乃已。其他传神及画花木鸟兽，无不逼真，塑像与生人无异。”

一　作为来华天主教会打开传教局面的工具来到广州

为了能打开中国大门，进入中国内地传教，天主教会有意或无意将中国人所不知的西洋钟表作为礼品。其中，最早输入和最为成功的是耶稣会。

当时，该会正准备来中国传教，需要想办法进入，而送一些钟表作为礼品，是一个好办法。这种方法被称为“自鸣钟外交”。但在耶稣会远东传教历程中，自鸣钟外交开始于日本。早在耶稣会士进入中国之前，钟表就成为耶稣会打开日本传教局面的外交工具。而在中国实施“自鸣钟外交”，则始于罗明坚、利玛窦。据《利玛窦中国札记》载，1580 年 12 月，罗明坚在随葡萄牙人商人赴广州参加一年两度的集市贸易时，曾将钟表作为礼品，送给了在广州的中国官员，[①]取得了很好的效果：

> 甚至在供暹罗使团前来向天子朝贡时所专用的馆邸中还给他留了一个住处……该省的军事首脑也是他的朋友，罗明坚送给他一块表；这是一种用许多小金属齿轮安装成套的计时工具。这位官员被称为总兵（Zumpin），也就是将军，在神父有机会访问他时，他也对神父特别礼遇。这些与官员们的早期友谊，对于发展对基督教的友好态度是很有价值的。[②]

因此，广州是中国最早输入西洋钟表的地方，而罗明坚应该是最早将西洋钟表输入广州的人。罗明坚还于 1581 年 11 月 12 日建议：

---

① ［法］裴化行（R. P. Henri Bernard）《天主教十六世纪在华传教志》下编第 1 章，亦记载了 1581 年春，罗明坚进广州送一机械表给总兵黄应甲（萧浚华译，商务印书馆 1936 年版，第 190 页）。

② 参见［意］利玛窦、金尼阁《利玛窦中国札记》第 2 卷第 2 章，何高济等译，中华书局 1983 年版，第 145—146、174 页。

> 广州一些官吏告诉我，如以伟大公父——教宗的使节名义去北京，很容易成功。他们还说，最好的礼物应一架装潢豪华且体积大的，每小时皆报时，将置放在皇宫中，可以听很远；再送一只小型的，就如多年前奥尔西尼枢机（Card. Fulvio Orsini）赠送给教宗的那种类型，上有把手，每点钟报时，或类似的皆可。①

另外，明末时西洋钟表进入中国，除澳门、广州是基地之外，广东省肇庆府亦是西洋钟表的输入地，而且是最早制造钟表的地方。《利玛窦中国札记》与《在华耶稣会士列传及书目·罗明坚传》对此均有记载。

而利玛窦更是主动利用钟表作为传教的辅助手段。“其学术既为华人所器重，所制之地图复为华人羡赏，玛窦遂进而制造天体仪与地球仪，并制造计时之日规以赠中国大吏。”② 与此同时，西班牙耶稣会士桑托斯来广州时也带了“一只精美的钟，是靠齿轮运动而不靠重力来计时的”③。

其他的教会，在整个明末，目前还没有史料可以证明在广州执行过“自鸣钟外交”。而到了清代则有西班牙方济各会曾成功地间接执行过此政策。1672年，西班牙方济各会士从澳门偷渡进入广州，试图前往山东。广东总督尚之信闻讯后，将他们拘捕并要遣返澳门。正当会士们提心吊胆时，尚之信有西洋钟表坏了，一直没有修理。当尚之信得知卞芳世神父（Francisco Peris de la Concepción）会修理钟表时，便转变态度，将会士请到尚府住下。卞神父很快修好了钟表，尚之信因此对传教士有了好感。“见此情形，总督非常高兴，为了留住我们，他答应把他的宫殿的一街之

---

① 参见［意］利玛窦《利玛窦书信集》下册附录三“罗明坚神父致卖尔古里亚诺神父书”，罗渔译，光启出版社、辅仁大学出版社1986年版，第434页。

② ［法］费赖之：《在华耶稣会士列传及书目》上册，冯承钧译，中华书局1995年版，第32页。

③ 参见［意］利玛窦、金尼阁《利玛窦中国札记》，第184页。

隔的一栋住宅送给了我们，让我们在那里起一座教堂。”① 这次修理钟表，是间接的“自鸣钟外交”，虽与耶稣会不同，收效则有异曲同工之妙。

二　西洋钟表作为礼物来到广州

西洋钟表是在明末作为礼品输入中国的。而将其作为礼品带入中国者，首先应该是明代来华的欧洲外交使团，而最早来华的欧洲使团当属明正德年间来华的葡萄牙使团。西洋钟表应该是其礼品之一，但从目前的中文、葡文史料来看，尚未找到这类记载。而澳葡政府给中国政府官员送方物，最早应是康熙二十一年（1682），杜臻巡视澳门，澳葡政府进方物，当中就有“自鸣钟二，大者高六七寸，小者半之”②。

继葡萄牙人之后，应该是荷兰人将钟表带到了广州。在清代，荷兰人以入贡的名义，多次将钟表带来广州。据《粤海关志》等载，有以下几次：

1. 康熙六年（1667）。“……康熙六年，荷兰违例，从福建入境……其贡物：大尚马、珊瑚珠、照身镜、琥珀、丁香、檀香、冰片、鸟枪、火石、哆啰绒、哔叽缎、织金毡、自鸣钟，凡十三种，皆无定数。”③

2. 康熙二十五年（1686）。“康熙二十五年六月，国王耀汉连氏甘勃氏遣使宾先吧芝，表献方物：哆啰绒十匹，乌羽缎四匹，倭缎一匹，哔叽缎二十匹，织金花缎五匹……自鸣钟一座，琉璃灯一架……”④

3. 乾隆五十九年（1794）。“是（乾隆五十九）年贡使到京，贡

---

① 转引自崔维孝《明清之际西班牙方济会在华传教研究（1579—1732）》，中华书局2006年版，第812页。

② 参见（清）杜臻《粤闽巡视纪略》卷2，文渊阁四库全书本。

③ 参见（清）梁廷枏总纂，袁钟仁校注《粤海关志》卷22《贡舶二》，广东人民出版社2002年版，第440—441页。

④ 参见（清）梁廷枏总纂，袁钟仁校注《粤海关志》，第443—444页。

万尤如意八音乐钟一对、时刻报喜各式金表四对、镶嵌金小盒一对、镶嵌带版四副……”① 而且他们所贡之两只大钟是在 Beale 于广州开设的钟表店购买的。②

荷兰人之后，应该还有英国人。《粤海关志》载：“乾隆五十八年（1793 年），入贡方物有天文、地理、音乐、大表等凡二十九种。”③

三　广州与西洋钟表贸易

明末以来，广州一直是西洋钟表的贸易基地。据萧令裕撰《粤东市舶论》称：“往夷货之来，有税，有钞，有进口、出口之规，有分头匹头之算，箱包漆木，动辄规例之收，呢羽、钟表咸入彤廷之贡，此取之在上者也……国家富有四海，并非需此税银，与其以茶叶、大黄易呢羽、钟表无用之物，不如助筹得足食，利赖闾阎。”④

将西洋钟表作为商品首次输入中国的人，应该是葡萄牙商人。早在16世纪，葡萄牙商人在参加“广州交易会”时，曾携带钟表来广州销售：

> 葡萄牙人携来中国出售的货物如下：最畅销、最大量，利润最高，最保险的是八雷阿尔银元。在中国价值 5 个多托斯滕（toestões）。他们并非只喜欢这种银子，什么银子都要。分成小块，然后按照他们的方式花用，对此前有所述。葡萄牙人贩来葡萄酒，有葡萄牙的，也有印度的。还有深受欢迎的机械油。中国绝对没有，也不会生产的天鹅绒和红呢……有许多绵羊和羊毛。

---

① 参见（清）梁廷枏总纂，袁钟仁校注《粤海关志》，第 445—446 页。

② Catherine Pagani, *Eastern Magnificence and European Ingenuity: Clocks of Late Imperial China*, The University of Michigan Press, 2001, p. 117.

③ 参见（清）梁廷枏总纂，袁钟仁校注《粤海关志》，第 454 页。

④ 参见（清）萧令裕撰《粤东市舶论》，（清）王锡祺辑《小方壶斋舆地丛钞再补编》第 9 帙，广文书局 1964 年影印本。

还有镜子，象牙及各色水晶及玻璃饰物。自鸣钟及此类的奇货最受青睐。①

徐萨斯（Carlos Augosto Montalto de Jesus）著《历史上的澳门》记载了明代后期广州交易会上葡商输入的商品："一支王家舰队每年从里斯本起航，通常满载着羊毛织品、大红布料、水晶和玻璃制品，英国制造的时钟，佛兰得造的产品，还有葡萄牙出产的酒。"②

虽然西洋钟表已经成为广州外贸中的一种商品，但可能由于其昂贵的价格，到清乾隆之前，还没有成为主要的商品。据李侍尧、尤拔世编定的《乾隆二十四年粤海关征收各项归公银两更定则例》载，该年以前被列入洋货的商品为琐鞋喇羽缎、羽缎、哔叽缎、小绒、番斜绒、洋席、洋布、洋花被面、洋酒、洋手帕、翠鸟毛、孔雀尾、洋棉花等，③ 未列自鸣钟，可见在此之前，钟表还不是广州外贸中的主要商品。但从康熙为了满足其个人对西洋钟表的好奇心，从各种渠道收集了大量的高档西洋钟表来看，当时西洋钟表贸易规模应该不小。康熙收藏的西洋钟表数量之多，品质之高，曾让俄国公使感到吃惊。据参观过康熙藏品的马国贤（Matteo Ripa）记载：

一天，我奉命给俄公使和他的一些随员展示一下陛下的钟表收藏。一踏进房间，这么多数量和品种的钟表展示在他的目前。他开始怀疑这些东西是赝品，我请他亲手拿几件看看。他照办后，吃惊地发现，它们都是极品。当我告诉他，现在看到的所有钟表都是准备拿来送礼的，陛下拥有的钟表数量远不止这些时，

① Hitinerário Loureiro, Arie Pose Rui Manuel, *Viagem ou navegação para as indias Orientais ou portuguesas*, Lisboa: Comissão Nacional para as comemorações dos descobrimentos portugusês, 1997, p. 134.

② 参见［葡］徐萨斯《历史上的澳门》，黄鸿钊译，澳门基金会1995年版，第40页。

③ 参见［清］李侍尧、尤拔世编《乾隆二十四年粤海关征收各项归公银两更定则例》，北京故宫博物院藏本。

他更是惊讶不已。①

这些名贵的西洋钟表其中有许多应该是从广州市场上购买的。外国商船亦将其载至澳门，在广州市场上销售。康熙五十五年（1716）八月初十日，广东巡抚杨琳奏称："今七月内，又到英吉利洋舡一只，所载系黑铅、紫檀、棉花……自鸣钟、小玻璃器皿、玻璃镜、丁香、降香等项货物。"②

到了乾隆时期，在广州外贸活动中，钟表贸易越来越重要，进入中国的西洋钟表也越来越多。中国大量进口西洋钟表的原因，主要是清政府的大力提倡。由于此时清朝国力达到鼎盛，西洋钟表在乾隆朝是进口最多的时候。白乐嘉称："乾隆皇帝对钟表表现得更为热情，因为他下令每年订购价值高达3万两到6万两（12000—25000英镑）的顶级钟表。这样，到十八世纪中叶，东印度公司每年从伦敦购买价值2万英镑或更多的钟表带往广州。"③ 据来华访问的马戛尔尼（George Macartney）称：乾隆皇帝"拥有价值至少两百万英国货币的各式玩具、珠宝、玻璃制品、音乐自动机，还有多种多样的装置，像显微镜、钟、表等等，都是伦敦制造的"④。

此外，乾隆喜爱从欧洲进口的西洋钟表，认为质量更好，并肯为此花大价钱。如在乾隆十四年二月五日曾传谕两广总督硕色："从前进过钟表、洋漆器皿，亦非洋做，如进钟表、洋漆器皿、金银丝缎、毡毯等件，务要是洋做者方可。"⑤ 而对采办的钟表要求亦非常苛刻，

---

① 参见［意］马国贤《清廷十三年——马国贤在华回忆录》，李天纲译，上海古籍出版社2004年版，第104页。

② 参见《广东巡抚杨琳奏报西洋人严嘉乐等随船到澳门并年内到澳门船只数目折》，载中国第一历史档案馆、澳门基金会、暨南大学古籍所合编《明清时期澳门问题档案文献汇编》第1册第64号档案，人民出版社1999年版。

③ J. M. Braga, "A Seller of 'Sing-Song'", *The Journal of Oriental Studies*, H. K. U. Press, Vol. 6, 1967, p. 69.

④ Catherine Pagani, *Eastern Magnificence and European Ingenuity: Clocks of Late Imperial China*, 2004, p. 77.

⑤ 转引自杨伯达《清乾隆五十九年广东贡物一瞥》，《故宫博物院院刊》1986年第3期，第3页。

并对不能将头等钟表进贡的官员进行处罚。[①] 因此，各地采办官员都不敢掉以轻心，竭力搜罗奇钟异表，以满足乾隆帝的欲望。

上有所好，下必效之，皇帝有钟表嗜好，必然引起中国上层社会的效仿，在上层社会中掀起了一股“自鸣钟热”。据昭梿撰《啸亭杂录》载：“近日泰西氏所造……制造奇邪，来自粤东，士大夫争购，家置一座，以为玩具，纯皇帝（即乾隆）恶其淫巧，尝禁其入贡，然未能禁绝也。”[②] 正如 1793—1794 年来华的马戛尔尼所说：“中国人的民族感情总无法否认和抵抗舒适方便的实际感觉。如同钟表和布匹一样，将来英国马车也将在中国是一大宗商品。”

而且西洋钟表亦从奢侈品转为实用品。这是从清初就开始的。顺治皇帝就已经以钟表计时了。雍正八年（1730）成书的《庭训格言》记录：“明朝末年，西洋人始至中国，作验时之日晷。初制一二时，明朝皇帝目以为宝而珍重之。顺治十年间，世祖皇帝得一小自鸣钟以验时刻，不离左右。”[③] 康熙皇帝每日亦用自鸣钟计时安排自己的时间。康熙五十年，他作《咏自鸣钟》一首：“法自西洋始，巧心授受知。轮行随刻转，表指按分移。绛帻休催晓，金钟预报时。清晨勤政务，数问奏章迟。”[④] 清人沈初称：“诸臣趋值，各配表于带，以验晷刻。于文襄相国，于上晚膳前，应交奏片，必置表砚侧，视以起草，虑迟说也。”[⑤]

到乾隆朝，自鸣钟已经由稀罕的舶来品变得不稀罕了，使用者已

---

① 如乾隆十六年（1751）七月初六日，乾隆帝将 4 件自认为是二等的小洋钟表转交造办处查问来源。后查明是粤海关监督唐英所进，乾隆接着又查问是贡品还是采办品，并说若是作为贡品进贡也就罢了，若是采办的便要追究其责任。最终问明系采办，唐英因未能按例拣选头等物品进贡而赔补银两 75 两 1 钱 6 分。为此乾隆特谕：“嗣后务必著采买此西洋上好大钟……并京内稀奇对象，买此恭进，不可存心少费钱粮。”参见中国第一历史档案馆藏《内务府造办处各成活计清档》，胶卷号 94。

② 参见（清）昭梿撰《啸亭杂录》卷 3，中华书局 1980 年版，第 468 页。

③ 参见（清）雍正皇帝御纂《圣祖仁皇帝庭训格言》（1 卷），《四库提要著录丛书》编纂委员会编纂《四库提要著录丛书》，北京出版社 2011 年版，子部 001 册，第 329 页。

④ 参见《清圣祖御制文四集》卷 32，载故宫博物院编《故宫珍本丛刊》第 547 册，海南出版社 2000 年版，第 386 页。

⑤ 参见（清）沈初《西清笔记》（乾隆乙卯本）卷 2，收入《顺功堂丛书》，载《丛书集成初编》第 2966 册，中华书店 1985 年版，第 14 页。

经从达官贵人普及奴仆下人。清赵翼称："傅文忠公家所在有钟表，甚至傔从无不各悬一表于身。"① 清丁柔克则说："今则商贾、奴隶，无不有表，且有多者。"②

中国社会对西洋钟表的大量需求与进口，促进了广州钟表贸易的发展。钟表成为广州外贸中一项重要的进口商品。据乾隆五十六年（1791）粤海关的行文称，当年由粤海关进口的大小自鸣钟、时辰表及嵌表鼻烟盒等项共1025件，可见数量之多。③ 因此，粤海关对钟表征收进口税，亦成为粤海关的一项重要工作，在其公布的税则中，均列明了钟表的税率，见表1。

表1　粤海关各类钟表税则一览

种类	品名	税率
各色金银器	金推钟、小金亭镶标	每个1两6钱
	挂推钟、金亭挂、金标、金亭座	每座1两6钱
各色法蓝器	自鸣钟	每个4两
	洋法蓝标	每个8钱
各色铜器	大自鸣钟	每个10两
	中自鸣钟	每个5两
	小自鸣钟、大吊驼钟	每个1两
	大铜标、吊驼标、时辰标	每个4钱
诸色镶嵌器	镶时辰标	每座4两
	乘金镶钻石花标、钟	每架3两
	玛瑙镶金推钟	每个1两6钱
	玻璃影画时辰钟	每个1两
	镀金镶标玻璃圆手镜、镶玛瑙金标、镶花石金标、镀金铜柱桌标、镶水晶石架标	每面、每个8钱

资料来源：根据（清）梁廷枏总纂，袁钟仁校注《粤海关志》卷9《税则二编》制。

① 参见（清）赵翼《檐曝杂记》卷2《钟表》，顾延龙主编《续修四库全书》第1138册，上海古籍出版社2002年版，第317页。

② 参见（清）丁柔克《柳狐》卷1《表》，中华书局2002年版，第36页。

③ 转引自关雪玲《乾隆时期的钟表改造》，《故宫博物院院刊》2002年第2期，第88页。

甚至在广州独口通商前，其他海关征收钟表的税率，亦是参考粤海关的税率来定，可见当时广州是中国钟表进口的重要基地，参见表2。

表2　　粤海关与浙海关钟表税率比照①

品名	粤海关税率	浙海关所定税率
银标钟	每个8钱	每座1两6钱
大铜标	每个4钱	每座8钱
洋法琅自鸣钟	每个4两	每座8两
银小自鸣钟	每个1两	每座2两
玻璃影画时辰钟	每个1两	每座2两
吊驼标	每个4钱	每座8钱
大吊驼钟	每个1两	每座2两
玻璃时辰标盖	每个5厘	每座1分
自鸣钟	每个1两	每座2两
大自鸣钟	每个10两	每座20两
中自鸣钟	每个5两	每座10两
金标	每个8钱	每座1两6钱

巨大的需求亦促进了一系列的欧洲国家参与到对华钟表贸易，当时最重要的对华钟表贸易中心是伦敦、日内瓦、纳沙泰尔和汝拉。

英国在17世纪后期，控制了世界的钟表生产。英国钟表在17世纪后半叶开始进入中国市场，而在18世纪，已经控制了中国市场，故在此时，被贩运和作为贡物输入中国的钟表，多数是英国生产的。连《粤海关志》亦称："其土产则有大小绒哔叽、羽纱、紫檀、火石，及所制玻璃镜、时辰钟表等物，精巧绝伦。"②

① 本表据《闽浙总督喀尔吉善奏为更定浙海关洋船税例事折》附件一《闽浙总督喀尔吉善奏呈浙海关应照粤海关例更定征收洋税条款清折》、附件三《闽浙总督喀尔吉善奏呈浙海关应照粤海关酌量更定拟征税银清折（首尾缺）》编制（中国第一历史档案馆编：《清宫粤港澳商贸档案全集》第2册，第1299—1342、1343—1539页）。

② 参见（清）梁廷枏总纂，袁钟仁校注《粤海关志》，第454页。

特别是英国东印度公司及其雇员亦积极输入钟表，用于换取中国货品。白乐嘉说："绝大部分昂贵的'自鸣钟'，被英国东印度公司从伦敦运到了广州。但是除开该公司输入该货物外，很明显，一些较便宜的钟表，是掌握在英国船只的官员与大班手里，甚至士兵们也参与了此项贸易。这些昂贵的商品，体积又小，又不占船只的载货空间。在中国，他们用自己的货品，交换诸如陶器、屏风、漆器、扇子、箱子、绘画、刺绣的披肩与挂毯，象牙、玉器及其他的雕制品等中国制品。这些制品都能在欧洲找到买主。绝大部分这些私人贸易是在广州进行的，但有一些受限制的贸易是在黄埔与澳门进行。"①

在所有的英国生产厂商中，最有名的一位是詹姆斯·考克斯（James Cox），他与广州的钟表业曾经结下了不解之缘。早在1766年，考克斯就开始了对华钟表贸易，当时他生产的一对精美的钟，被东印度公司作为礼物送给了乾隆皇帝。在之后的15年里，他生产的许多钟通过其他的代理商被送到了中国。1778年，考克斯因给中国行商赊账太多而宣告破产。当时垄断对东方贸易的英国东印度公司作为其债权人，要求其他儿子詹姆斯·亨利·考克斯（James Henry Cox）前来广州，进行为期3年的出售自鸣钟的工作。其子于1781年1月27日来到广州，以独立商人的身份，根据东印度公司的许可，在广州开设了一家名为"詹姆斯及儿子"（James Cox and Son）的商店，出售钟表和自鸣钟。东印度公司的许可为3年，但该店一直运作到1788年，它亦是后来著名的英商怡和公司的前身（Jardine，Matheson & Co.）。首位驻广州的美国领事山茂召（Major Samuel Shaw）说他是"一位英国绅士，其父亲开设过一间驰名的钟表馆，他销售过许多各类的钟表与珠宝，是许多这类商品输华的承销人"②。

1787年，该店改名为考克斯和比尔公司（Company of Cox and Beale）；1792年，改名为考克斯·比尔·劳伦特（Cox，Beale and

---

① J. M. Braga，"A Seller of '*Sing-Song*'"，*The Journal of Oriental Studies*，H. K. U. Press，Vol. 6，1967，p. 70.

② Samuel Shaw，Josiah Quincy，eds.，*The Journals of Major Samuel Shaw*，*The First American Consul at Canton*，Taipei：Ch'eng-Wen，1968，p. 245.

Laurent)。在以后，它又多次改名。尽管考克斯已经死于1791年且该店也多次改名，但该店生产的钟表仍然是对华贸易的重要商品。1793年，马戛尔尼使团来华时，马戛尔尼就将其生产的一座音乐钟送给乾隆皇帝作为礼物。① 英国对华钟表贸易维持了很长的时间，到鸦片战争之前，钟表仍然是对华贸易商品的组成部分。据龙思泰（Anders Ljungstedt）说，“1832年到达中国的挂英国旗的船只总计达74艘……这些船只运到中国来的有……钟表、铅、铁……”②

继英国之后，是瑞士的钟表逐渐占据了中国的钟表市场。在1750年至1785年间，汝拉（Swiss Jura）的钟表生产者进入了中国市场，并在19世纪控制了中国市场。在瑞士的生产者中，下列这些很有名，即皮埃尔·雅克德罗［Pierre Jacquet-Drot（1721－1790）］及其子亨利·路易［Henri-Louis（1752—1791）］和让-弗雷德里克莱施特［Jean-Frédéric Leschot（1746—1824）］。③ 而贸易商中，查尔斯·康斯特·雷贝特格［Charles de Constant de Rebecque（1762—1853）］很有名。他曾在澳门与广州两地活动，出售钟表，而且他很了解中国人对钟表的欣赏习惯。据帕加尼（Pagani）称：“在大约1750至1785年，汝拉的钟表制造商进入了中国市场。这个市场是它们能在19世纪取得垄断地位的市场……他在1789年至1793年进行了来广州的第三次旅行……康斯特对经商有强烈的兴趣，对中国人的习惯是一位良好的观察者。他自己以进口商与出口商的身份进行着各类机械产品的贸易……对于他自己的业务来说，他精于销售他希望的钟表。至少有两次在与其家族的通信中，他提到钟表要一对对地出售，而且两者要完全一模一样的，以至于一眼看上去，都无法分辨。”④

由于中国是当时世界最大的西洋钟表消费市场，大量的西方商业

① Catherine Pagani, *Eastern Magnificence and European Ingenuity: Clocks of Late Imperial China*, 2004, pp. 100－112.

② 参见［瑞典］龙思泰《澳门早期史》，吴义雄等译，东方出版社1997年版，第312页。

③ Catherine Pagani, *Eastern Magnificence and European Ingenuity: Clocks of Late Imperial China*, pp. 114－121.

④ Ibid., p. 114.

公司、商人及外国商船的船长们均涌入广州，输入西洋钟表，在18世纪的中后期，还曾经导致广州市场上西洋钟表过剩，价格下跌。许多西方经营商损失惨重。“由于机械装置的贸易增加了，商人获得了大量这类钟表的订单，不久‘自鸣钟’就充斥了［广州］的市场，以至于许多钟表要以低于其制造成本的价格出售。对于‘詹姆斯·考克斯及儿子’及其他一些希望从此贸易中获利的公司来说，这导致了它们蒙受重大损失。1794—1795年，荷兰的伊萨克·德胜（Isaac Titsingh）使团翻译若瑟夫·吉涅（Joseph de Guignes）报告说，钟表要打折出售。例如，一只值120古银币的金表，只能以其价值的零头22两白银出售。让行情变得更糟糕的是一批私商亦来竞争，占有了一些市场份额。这些竞争者包括东印度公司驶入中国的帆船船长们。他们获得的免费载货空间多达56吨，并在他们的船只上载货贸易。他们意识到中国人感兴趣的货物只是‘报时钟表与八音盒’。”①

在鸦片战争前，清宫中的西洋钟表多数采购自广州。首先，清朝皇帝要求广州的官员采购。特别喜爱钟表的乾隆皇帝就曾多次要求广州的官员采办西洋钟表。乾隆二十二年十二月十一日，传旨两广总督李侍尧、粤海关监督李永标：“此次所进镀金洋景表亭一座甚好！嗣后，似此样好看者多觅几件；再有大而好者，亦觅几件，不必惜费。”② 而据粤海关监督李永标亦称：“上谕向年粤海关办贡外，尚有交养心殿余银。今即著于此项银两内，买办洋物一次。其洋檀、哔叽、银线及广做器具俱不用，惟办钟表及西洋金珠、奇异陈设，并金线缎、银线缎或新样器物皆可，不必惜费，亦不令养心殿照例核减，可放心办理。于端午前进到。”③

乾隆二十三年正月就曾谕粤海关采购钟表：“买办洋钟表、西洋

① Catherine Pagani, *Eastern Magnificence and European Ingenuity: Clocks of Late Imperial China*, 2004, p. 108.

② 转引自杨伯达《清乾隆五十九年广东贡物一瞥》，《故宫博物院院刊》1986年第3期，第3—4页。

③ 参见《寄谕管理海关事务李侍尧等着令粤海关采购洋货供奉内廷》（乾隆二十三年正月初四日，《军机处寄信档》），载中国第一历史档案馆编《清宫粤港澳商贸档案全集》第3册，第1679页。

金珠、奇异陈设或新式器物……皆不可惜费。”①

其次，广东的地方官员们多以此作为进呈的礼品。广东督抚、海关监督每年都呈献钟表。乾隆四十三年（1778）二月初二，原粤海关监督德魁之子海存将家中所存自鸣钟等项陈设共105件进呈给乾隆。其中钟表计有：洋厢水法自行人物自鸣报时乐钟一对，洋厢料石行驼自鸣乐钟一对，紫檀木厢玻璃罩镀金铜人时钟一对，紫檀木嵌石雕花活动人物自鸣钟时刻吊钟两对，紫檀木嵌铜雕花自鸣时刻鹰熊乐钟二对，洋花梨木厢铜花自鸣时刻乐钟一对，紫檀木雕洋花自鸣报时醒钟两对……紫檀木时刻吊钟一件，洋铜架小自鸣钟一件，洋铜架小自鸣钟一件，洋铜架吊表一件，各式样表十六对。② 乾隆四十九年（1784），两广总督、粤海关监督等累计进贡钟表共130件。③

乾隆五十九年（1794）广东进贡的物品中，有纺织品、钟表、洋磁和鼻烟四种洋货。其中钟表有：洋珐琅八音表两对、珐琅嵌表八音盒一对、洋表两对。④ 联系到乾隆五十九年已是盛世之末，政治经济日趋衰败，广东的贡物从次数和数量来说，尚是平平的一年，故广东所贡钟表应该也是平平的一年，如果是大庆盛典之年，进贡还将更多。

而广东督抚、粤海关监督每年呈献的钟表，都是令十三行洋商代为垫付采办。如乾隆五十年，十三行洋商就曾采购钟表，进呈给宫中。据两广总督舒常奏称：

> 悉查洋商等向来采办木料、玻璃、钟表等物。昨处该商等呈称：仰沐皇恩，开设洋行，获利丰裕。感激天恩，未能仰报万

---

① 《寄谕管理海关事务李侍尧等着令粤海关采购洋货供奉内廷》（乾隆二十三年正月初四日，《军机处寄信档》），载中国第一历史档案馆编《清宫粤港澳商贸档案全集》第3册，第1679页。

② 参见《内务府造办处记事录》，鞠德源《清代耶稣会士与西洋奇器》上，《故宫博物院院刊》1986年第2期，第14页。

③ 转引自关雪玲《乾隆时期的钟表改造》，《故宫博物院院刊》2002年第2期，第88页。

④ 转引自杨伯达《清乾隆五十九年广东贡物一瞥》，《故宫博物院院刊》1986年第3期，第8页。

> 一。愿将海关衙门每年发价采办官物，照常购办，无庸给发价值等情呈请代奏……①

除开钟表制成品外，行商还需采办钟表零部件，供清宫制造钟表。广州因此成为清宫养心殿造办处做钟处进口做钟零部件的采购地。采购的方法，一般是由造办处开单，交给粤海关照单采购。如乾隆四十三年就曾要求粤海关采购做钟发条：

> ……初一日接得郎中保成押帖内开七月十五日为汪达洪新估座钟一座，需用法条二条，水法安设自行人自行虎座钟换用法条六条，请旨向粤海关监督图明阿处传等因，写折单交太监厄勒里转奏。奉旨准向图明阿处照发去尺寸造办送来。钦此。于十二月十五日将粤海关送到座钟法条四条呈进讫。②

由于"官价"远低于钟表的市价，其差额需行商垫赔。再加上每贡一件，各级官员均要向各行索取十件，宫廷的钟表采买成为行商的沉重负担，一些行商因此破产。据马士称，1795 年行商石琼官"无法找到现款缴付关税，于是他的处境被海关监督和总督发觉，为了答复他们的要求，他将他的资产表列出：……钟、表、千里镜等等，222650 两［白银］……可以见到私人贸易的钟、表等价值甚巨。这些东西，除了可能是收藏家的嗜好对象外，但在行商处必须把它看作是一种贿赂的专款，因为其中多数，无疑最后是作为礼物送给官员及其属员的。"③

---

① 参见《两广总督舒常具明洋商情愿无尝采购物品敬献事折》（乾隆五十年，《军机处寄信档》），中国第一历史档案馆编《清宫粤港澳商贸档案全集》第 5 册，第 2892—2893 页。

② 参见《西洋人汪达洪新做座钟自行人自行虎需用法条奉旨准向粤海关监督图明阿处传办》，中国第一历史档案馆编《清中前期西洋天主教在华活动档案史料》下篇第 528 号，中华书局 2003 年版，第 445 页。

③ 参见［美］马士（Hosea Ballou Morse）《东印度公司对华贸易编年史》第 1 册，区宗华译，中山大学出版社 1991 年版，第 576 页。

行商还被官员们要求设立一个被外商称为“公所基金”[1] 的基金会。它是一种对行商征收的“自愿”的外贸税，由行商按3%的比例缴纳。缴纳的对象是除毛绒、洋布和铁以外的其他商品。后来，征收比例增加到进口货物总值的6%。所收款项仅有小部分用来偿还债务，其余均被北京及广州当局用于支付各种开销。如1793年，粤海关监督命令给皇帝购买钟、表和其他机械品，数目为白银100000两。[2]

所有这些，均可以看出行商因进贡钟表受到了沉重的盘剥。这点，乾隆皇帝亦承认。乾隆五十五年十二月，他下旨：“从前广东巡抚及粤海关监督每年呈进贡品，俱令洋商采办物件，赔垫价值，积习相沿，商人遂形苦累。上年钦派尚书福康安前往查办，将巴延三等分别治罪，明降谕旨，严饬该督、抚等，嗣后不准呈进钟表、洋货等物；并严禁地方官向商人垫买物件，以杜弊端。今粤海关监督穆腾额奏称：该商等感戴恩施，代为呈贡物件。但粤省洋商，究非两淮可比。此次例进物件，业已到京，姑准留用外，嗣后不准该商等再行呈进贡物，俾商力益得宽裕。至粤海关监督向不进呈贡物，自德魁由如意馆出任监督，备物进呈，李质颖等遂相沿办理。但念该监督每年养廉不过二千五百两，办公及家用外，未必能多有余赀，不可与三处织造及盐政养廉丰厚者比。嗣后该监督亦不准备物呈进。至该督、抚及监督等，不得因洋商现已停止进贡，复藉端令垫买物件，致滋扰累，以示朕体恤远商之至意。若日久废弛，故智复萌，必重治其罪。”[3]

从以上这些都可以看出，广州西洋钟表贸易规模之大，对全国的影响之大。

原载《广东社会科学》2008年第2期

---

① S. Couling, *The Encyclopaedia Sinica*, Shanghai, 1917, p. 132.

② J. M. Braga, “A Seller of ‘*Sing-Song*’”, *The Journal of Oriental Studies*, H. K. U. Press, 1967, Vol. 6, p. 80.

③ 参见（清）梁廷枏总纂，袁钟仁校注《粤海关志》，第494页。

明清时期天主教著作插图版画与传教

明清时期，天主教第三次传入中国。来华传教士们采用了种种办法来传播天主教。这些办法包括语言等非物质的方法和图书、图画等物质方法。由于语言文字的阻隔，来华的异域传教士与绝大多数的普通中国民众无法沟通，单纯依靠语言文字传教必然会给传教事业带来极大的不便。因此，传教士要想在中国传播福音，还必须有其他更多能够表现天主教教义的物质载体，这些载体包括宗教画、雕像、圣骨、音乐和为举行宗教仪式所用的其他圣器等。西洋宗教画，比较而言，具有其他一些物质载体所无法比拟的优势，为各个传教会传教士所重视，成为传教的重要工具，并为天主教在中国传播过程中发挥了重大作用。

关于宗教画在传教中的作用、来华传教士画家的研究，学术界相当重视，已经有了许多研究成果。① 在宗教画中，学者们最为注重的

① 目前的研究成果主要有：张奉箴《明末清初天主教的五位画家》（《辅仁学志》复刊第一号，1968 年），徐新《明清中西美术交流和郎世宁画派》（《东西方文化交流：国际学术研讨会论文选》，澳门基金会 1994 年版），沈定平《传教士马国贤在清宫廷的绘画活动及其与康熙皇帝关系述论》（《清史研究》1998 年第 1 期），鞠德源等《清宫廷画家郎世宁年谱——兼在华耶稣会士史事稽年》（《故宫博物院院刊》1988 年第 2 期），［日］小野忠重《利玛窦与明末版画》（《新美术》1999 年第 3 期），胡光华《传教士与明清中西绘画的接触与传通》（《美术观察》1999 年第 10—11 期），周正平《明清之际西洋绘画在中国衰退的缘由》（《复旦学报》2000 年第 3 期），汤开建《明清之际天主教艺术传入中国内地考略》（《暨南学报》2001 年第 3 期），莫小也《17—18 世纪传教士与西画东渐》（中国美术学院出版社 2002 年版），叶农《明清之际西画东来与传教士》（《美术研究》2004 年第 2 期）、《天主教传教士来华与明清之际西画东来》（《文化杂志》2004 年第 50 期）、《明清时期西画东来与天主教传教士：以意大利籍传教士为例》（《没有神像的万神殿：从贝利尼博物馆藏品展重新解读文艺复兴时期的文化》，岭南美术出版社 2005 年版），等等。

是西洋绘画，成果也主要是对绘画的研究。对宗教画的重要一支——传教士著作中的插图版画，却着墨不多，难免成为学术研究中的遗憾。在此，想对明清传教士天主教著作中的插图版画与传教关系作一些探讨。

一

明清时期天主教传教士来华后，发现传教工作，特别是通过语言传教，遇到了许多困难。① 他们需要借助物质的传教手段。宗教画是一个很好的选择。由于宗教画能够通过艺术魅力来打动观众，它就具备了无可比拟的优势，一直是传教的重要手段。其实，在书籍中安排插图，是明清之际的传教士们传教与传播其他知识的常用手段。在他们译述的天文、历算、地理、历史、生物、医学等书籍中，有不少精美的插图，以帮助传播相关专业知识。如李之藻就曾在《浑盖通宪图说》中强调“其说具一图，图兼数法”的特征。② 而且这与中国实用性书籍往往配有精美插图，是同一个道理。“如此说来，真正对中国人的文化趣味造成冲击的，不是以图像配合知识传授，而是以图像为中心而展开的‘叙事’。”③

在油画、水彩画、版画等众多的种类中，版画，特别是插图版画，是最佳选择。如（1584 年 1 月 25 日）意大利籍耶稣会士罗明坚（Michel Ruggieri）神父在准备贡礼时曾致信耶稣会总长：“在前信中曾希望神父寄来一座钟表，一手掌高，内有摆，外面镀金，将作为进贡，献给中国皇帝，以便求得准许，在中国传播福音……因此谨神父

① “明末，当西方传教士初来中国时，为了传播天主福音，他们努力研习中国的语言、书法和风俗习惯，依儒附儒，同时又以身作则，以他们圣洁的生活为榜样，以图赢得人们的好感。然而，对于每个初来乍到的传教士而言，要在中国传教，首先碰到的困难就是语言，这一点初来传教士都看得很清楚……”参见汤开建、陈青松《明清之际天主教的传播与西洋宗教画的关系》，《安徽师范大学学报》2005 年第 6 期，第 662 页。

② 李之藻：《浑盖通宪图说自序》，载朱维铮编《利玛窦中文著译集》，复旦大学出版社 2001 年版，第 318 页。

③ 陈平原：《晚清教会读物的图像叙事》，《学术研究》2003 年第 11 期，第 113 页。

速觅一架钟表，一些铜版印的精美圣母与救主的圣像，这是中国官吏们所希望的。”①

而法国籍耶稣会士卜文气（Louis Porquet）神父亦说：“我们不能没有官员的保护，然而只有不时给他们送点礼品才能赢得其欢欣，因此，我们通常只给官员们送欧洲珍奇物品。下面是我们喜欢的一些东西：表、望远镜、显微镜、眼镜、各类镜子、着色或雕刻的远景画、小巧精巧的艺术品、华丽的时装、制图仪器盒等等。”② 这里所谓雕刻的远景画，即版画。

由此可见，传教士们对版画是很重视的。而选择版画，亦有其重要的时代背景。

首先，欧洲经过文艺复兴，西方的铜版画达到了很高的水平。15世纪晚期的佛罗伦萨，是欧洲铜版画的发源地，经过意大利籍画家、雕刻家波拉约奥洛·曼特尼亚（Anclrea Mantegna）、德国籍画家丢勒（Albrecht Durer）的努力，在技术上取得重大突破，铜版画线条细如发丝，景物纤毫毕现，深受欧洲市民的欢迎。进入16世纪后，经过荷兰画家伦勃朗（Rembrandt Harmensz Van Rijn）的努力，欧洲铜版画达到一个更高的境界。

欧洲人大约在14世纪末开始采用版画技艺印刷宗教宣传画，在15世纪中期，随着铅合金的活字排版印刷术的发明，作为书籍插图的版画就被纳入活字印刷的轨道。15世纪后期，在威尼斯印刷的《神曲》插图本，被认为是欧洲的第一部插图本。③ 至16世纪末，以铜版画来表现基督教题材的作品相当成熟，纳达尔（Jerome Nadal，S. J.）的《福音史事图解》所达到的水平就是极好的例证。因此，当耶稣会士16世纪晚期来华后，运用他们所熟知的艺术手段来传教，对他们来说，应该是驾轻就熟。

其次，明清时期中国有优秀的传统木刻插图版画，可资天主教传

---

① 参见［意］利玛窦《利玛窦书信集》下册，罗泽译，四川人民出版社1999年版，第457页。

② 参见［法］杜赫德编《耶稣会士中国书简集》第2卷，郑德弟等译，大象出版社2001年版，第210页。

③ 参见薛冰《插图本》，江苏古籍出版社2002年版，第99页。

教士们利用。

中国古代木刻版画始于唐朝五代，发展于两宋金元，盛于明末清初，衰于清末民国。远在唐初7世纪中叶，唐玄奘法师以回锋纸印《普贤菩萨像》布施四方。嗣后在唐肃宗至德二年（757）四川成都府卞家刻印了《陀罗尼轮经咒图》，是现时国内木刻版画的最早刻本。五代时期的木刻版画已渐趋成熟。两宋、金、元是我国木刻版画的兴盛时期。版画已从唐五代的宗教画发展到经、史、子、集诸书的插图。不少医药书、历史地理书、星相占卜书、琴棋书画谱、百科日用书、平话小说书、地志图经等书籍中有不少精致典雅、艺术质量很高的版画插图。

明代木刻版画事业兴旺发达，明万历、天启、崇祯年间是中国版画高度发展的黄金时期。版画量多质好，并出现了彩色套印版画。当时南京、北京等地刻印的经、史、子、集诸书，大都附有木刻插图。而地方志、戏曲小说、宗谱中的版画插图，比比皆是。至明代后期，雕刻印刷版画成了一门艺术，出现了以安徽徽州、金陵、武林（杭州）、福建建安（建阳）为中心的版画流派。明代版画艺术之所以取得辉煌成就，其主要原因之一，是木刻家能和当时的画家们紧密合作，画家们创作了许多优秀画稿。

清代版画众多，顺治、康熙、雍正、乾隆、嘉庆五朝，上承明代版画遗风，刻印了许多版画精品，仍是中国版画的黄金时代。道光年间版画，渐见衰落，咸丰、同治、光绪、宣统时期，中国木刻版画更趋衰落。刻印拙劣粗率，不为人们称道。[①]

当天主教传教士第三次来华传教时，正值中国传统木刻插图版画艺术处于鼎盛时期，当已有刻印铜版画经验的传教士们看到这些精美版画时，必然会顺理成章地利用它们。

再次，在中国的其他宗教亦有利用木刻版画传教的传统，天主教传教士受到了启发与借鉴了其经验。

佛教是中国古代拥有最多信众、流传最为广泛的宗教。佛教版画，则是佛教艺术殿堂中一颗璀璨夺目的明珠。自隋、唐至清季，王

① 参见刘昕主编《中国古版画·前言》，湖南美术出版社1999年版。

朝更迭如走马，世事兴废若转轮，佛教版画却因植根于广大信众之中，焕发出经久不衰的生命力。在这段漫长的历史时期内，佛画家运丹青于尺幅，木刻家操刀笔于枣梨，创造出了难以数计的、精美绝伦的佛教版画艺术品，成为前人留给我们的一份珍贵的历史文化财富。中国的佛教徒们曾经成功地利用木刻版画。中国佛教版画发端于隋唐，现存唐咸通九年（868）刊印的《金刚般若波罗蜜经》扉页画是被公认最早的雕版印刷品。五代十国、宋、辽、金、西夏时期，佛教版画获得发展，处于兴盛时期。元代，是佛教版画承上启下的时期。

明万历至崇祯年间，是中国古版画史上的黄金时代，种种题材版画全面兴盛，借助于这股东风，佛教版画也进入其发展史上的巅峰期，不仅数量众多，题材丰富，表现手法多样，其绘镌之精丽巧湛，亦达无以复加的化境。

清前期，佛教版画亦相当兴旺；嘉庆以后，清朝由盛而衰，佛教版画亦见颓势；至民初，逐渐走上衰退之途。①

以耶稣会为首的天主教传教士来华后，开始时与佛教是有相当密切的关系的，像意大利籍耶稣会士利玛窦还自称是“西僧”。虽然随着对中国佛教了解的不断深入，传教士们改变了对佛教的看法，耶稣会还制定了“驱佛补佛”的政策，但是双方还是会相互学习，相互取长补短。而利玛窦虽然对中国绘画评价不高，但对中国的版画技术还是很赞赏的。柯毅霖（Gianni Criveller）说：“利玛窦虽对中国绘画评价不高，但很欣赏木版雕刻技术。意欲以欧洲艺术的美来激发人们对孕育了如此杰作的宗教的好感，利玛窦满腔热忱地投入到将西方宗教艺术传播到中国文人学士和皇宫中去的工作。”②

当传教士看到佛教版画有如此大的影响力，势必借鉴佛教的做法，在天主教出版的书籍中，安排插图版画，借此打动读者，扩大影响，帮助传教。“西洋传教士深知中土人士爱好绘画，故以此为西教

① 参见周心慧《中国古代佛教版画史综论》，《中国古代版刻版画史论集》，学苑出版社 1998 年版，第 109—212 页。

② 参见［意］柯毅霖《晚明基督论》，王志成等译，四川人民出版社 1999 年版，第 245—246 页。

宣传之具，与汉、魏、晋、南北朝时之西域及印度僧人，携来佛画，以为佛教宣传之工具者，全为一辙。”① 而英国美术史家苏立文说：“耶稣会士带来的油画虽然更受人赞赏，可是最终还是书籍插图和雕版印刷品的影响更广一些，因为这些东西更便于广泛流传，也便于大量复制或被中国的木版雕刻师改作。”②

最后，是由于在华传教的实际需要。由于中国对宣传天主教教义的绘画需求甚多，仅靠国内少量临摹与海外的输入，远远不能满足需要。虽然明清时期有一大批传教士来华，但要从西方输入有插图版画的图书，仍然是一件不容易的事。由于范礼安（Alexandre Valignani）曾成功地协助欧洲版画印刷机输入日本。③ 因此，在华的耶稣会士们，亦曾想将欧洲的版画印刷机输入中国，以大量印制插图版画。但是后来，范礼安的去世，使在华耶稣会士输入印刷机的希望变得很渺茫了。故他们必须另寻一种新的印刷方法。

二

天主教版画传入中国，始于明朝中后期。明代中后期，在华传教士向中国人展示的西来画像，其实多数为欧洲的铜版画。日本学者小野忠重说：

> 值得注意的是，舶来品中包括了版画，那些版刻已经有大量的重版与改版，就如日欧交流中不可忽视的是世界地图的传入。世界地图很早就进入了中国，数年以后在肇庆府，这一着色华丽的铜版世界地图使来访者惊叹不已，接着中国第一幅世界地图在那里刊印，画像情况也是如此，顾起元在《客座赘语》中描述南京教堂中的圣母像：“画以铜版为帧，而涂五彩于上。”由此看

① 参见潘天寿《中国绘画史》附录《域外绘画进入中国考略》。

② 参见［英］苏立文《东西方艺术的汇合》，朱伯雄译，《美术译丛》1982年第5期，第73页。

③ 参见［日］西贞村《耶稣会的铜版技法实习与铜版圣画》，《南蛮美术》，东京讲读社1958年版，第144—145页。

> 来，这些画表面着色浓重，易被认为是手绘的画，实际上只是版画，它们轻便易带才能越过万里波涛携入中土，成为传教的合适用品。因此……通常随意称为“泰西画”的大部分应该是这类画，它们应是在西欧天主教版画中心安特卫普雕刻的版画。[①]

后来，宣传天主教教义的著作不断增多，天主教插图版画艺术亦随之得到发展。最早的与天主教教义有关的一幅木刻插图版本出现在明万历二十一年（1593），刊印于马尼拉的《无极天主正教真传实录》。它由方豪于1952年5月，在西班牙马德里国家图书馆发现。[②]但它在中国流传的情况，目前并不清楚。

我们目前所知最早有关西方插图版画传入中国的记载是1605年（明万历三十三年）。欧洲的耶稣会副会长纳达尔在1574年完成了一本享有盛名的版画集《福音故事图像》。它由153幅版画组成（这些故事从荣福童贞圣母玛利亚领报开始），该版画集在1593年出版。当在华耶稣会士们听到这个消息后，均去信罗马，要求寄书。1598年，龙华民（Nicolas Longobardi）神父致信耶稣会会长：“我们这里不但需要书籍，也需要图像抚慰和帮助新的基督徒……首先，内达神父写的关于基督的生活的神秘故事及其研究的一些书，将对我们非常有益，会起到很大的鼓舞人心的作用。”[③] 一年后，龙华民再次写信，将同一要求再次重复。郭居静（Lazare Cattaneo）神父也从澳门写信向耶稣会会长索要“关于基督生平的图像本新书”[④]。他还在信中说，中国人很崇奉救世主画像以及有关他的生活的神秘故事，他们对圣母像也很崇奉。

耶稣会士们纷纷索要此书，这表明他们认为把西方插图版画介绍到中国意义重大。他们可以用精美的欧洲插图版画来打动中国人，同

---

① 参见［日］小野忠重《利玛窦与明末版画》，《新美术》1999年第3期，第26—34页。

② 参见方豪《方豪六十自定稿》，台湾学生书局1969年版，第1506、1520页；转引自莫小也《17—18世纪传教士与西画东渐》，第101页。

③ *Archivum Romanum Societatis Iesu*, *Collection Japonica Sinica*, 13, f. 177a.

④ Ibid., f. 319b.

时吸引基督徒投入对耶稣和玛利亚更深的爱。但此书何时传入中国，确切的时间尚未为人知晓。但至迟也应是1605年。因为柯毅霖说："1605年5月12日，利玛窦写信给在葡萄牙的阿尔瓦雷斯（John Alvarez）神父，说此书已有一个副本传到中国，由在南昌的阳玛诺神父保存，供华南地区的教堂使用。所以，利玛窦要求获得副本，以供北京及华北地区的教堂使用。利玛窦写道：'就目前来说，此书比《圣经》更有用，因为我们若用此书布道，——或者直接放在他们面前更好——有时会收到光靠言语讲道所没有的效果。'"①

而我们目前所见最早的天主教木刻插图版画，应为利玛窦所著《西字奇迹》中所收录的4幅版画作品，即：取材于《圣经》中《马太传》第14章有关圣彼得故事的《信而步海，疑而即沉》；取材于《路加》第24章的《二徒闻实，即舍空虚》；取材于《创世纪》第19章的《淫色秽气，自速天火》；《圣母怀抱圣婴像》，明万历三十三年（1606）在北京刊印。此书虽是利玛窦用拉丁文拼写汉字的著作，但其版画内容均取自《圣经》，并将其汉语说明文字以拉丁文注音，是典型的传教小册子。

后来，他又将画作提供给出版商与制墨家程大约。程大约将其收入《程氏墨苑》。从其中的圣母像下利玛窦所添的铭文与利玛窦所撰《述文赠幼博程子》一文相比较，还可以得出结论，利玛窦提供给程大约的画作，是在日本制作的。小野忠重说："此图下添的难以认读的铭文，与利玛窦用鹅毛管笔所写的'送程幼博'一文笔迹完全相符……末尾几字的考证让劳弗尔费了一番心血……接着他判断这幅画的摹本不是由利玛窦直接从欧洲带入中国的，而是日本耶稣会学校制作的铜版画。"②

利玛窦与程大约的合作，程大约获得了商业上的成功，利玛窦获得了传教的成功。利氏可以将此作为最好的宣教课本，而精美的《圣母像》也可满足持续增长的信徒的图像需求。

---

① 参见［意］柯毅霖《晚明基督论》，王志成等译，四川人民出版社1999年版，第245页。

② 参见［日］小野忠重《利玛窦与明末版画》，《新美术》1999年第3期，第27页。

在《程氏墨苑》收录天主教插图版画后，耶稣会士们继续努力，刊印独立的天主教教义插图著作。其原因有三个：江浙闽一带刻书风气很盛，有成熟的版画制作群体，有可能出版天主教插图版画著作；同时，龙华民主张到乡村没有知识的民众中传教，这对插图版画本著作有更多的需要；再者，传教士们对汉语掌握程度大大提高，可以出版、复制大量插图本宣教书籍。

1619年，罗儒望（João Da Rocha）神父出版了一本宣教小册子——《诵念珠规程》。它收入了15幅版画，它是目前发现的最早的中文天主教教义插图版画本小册子。它以“欢喜”的、“痛苦”的和“荣福”的传统次序介绍了15个超性事迹。

此前，罗儒望神父还著有《天主圣像略说》一卷。它借解释耶稣像来阐述教义，亦可能收录有插图版画。徐宗泽说：“耶稣会士罗如望谨述。此书先言天主是生天生地生神生人生物的一个大主；继言为何天主生造天地神人物等及天学地狱，天主降生受苦，救赎复活，升天；卒言耶稣遣宗教传教于普世，乃为何当今亦有佳等等。而讲解此行道理，皆借解耶稣圣像为动机。此书该于一六〇九年；亦名造物主垂象略说，系语体文。”①

罗儒望之后，1637年，艾儒略（Aleni Jiulio）在福建出版了《天主降生出像经解》。艾儒略是一位著名的耶稣会士，被称为“西来孔子”。他执行了利玛窦的传教方针，并深入中国的民众中去传教。在传教过程中，曾向中国人展示过其携来的宗教版画。据李九标记载：

> 图共一十八幅，各绘一心像，而寓言则别。其一，画一心居中，众人在下，各以两手捧之，如奉献状。先生［即艾儒略］曰：“凡人之入教也，须一心奉献天主。无论为贤为圣，都不外是。斯图也，其群圣贤共献一心之像乎？”其二，则画一心，强半堕网中，有二天神居上，复有三人者在下，一裸形，一持刀兵，有狰狞状；一盛多俤，有张大状。先生曰：“人只有一心，天神护之，而三仇诱之。之裸形者，肉躯也。持刀兵而狰狞者，

① 参见徐宗泽《明清间耶稣会士译著提要》，中华书局1989年版，第176页。

邪魔也。盛餙而张大者，世俗也。半堕网中者，人日罹三仇之网，毕世而不得脱也。嗟夫！人心若此，吾主之启佑，又安能已乎?”其三，心有重门，如紧闭状。吾主持门环叩之，且侧耳以听。先生曰：“人心，锢闭深矣。非吾主，其谁启之？其侧耳以听者，观吾之应与否也。若叩而不应，将奈何?”其四，则心之门已启，但昏黑甚。吾主入其中，持炬照之。诸虫蛇虾蟆之属，种种毕见。先生曰：“昏黑者，象心之秽而蒙也。虫蛇虾蟆者，状诸邪念也。既心知有吾主，则吾主必赐以宠光，照见诸邪。自今而后，有不安其所者矣。”其五，画吾主持帚，将心中虫蛇虾蟆诸物，一切扫之。先生曰：“斯正罪之赦也。人既知入教，则从前种种诸罪，吾主必赦免之，令其自新。”其六，吾主于心中，作洒水状。先生曰：“是之谓领圣水，洗之涤之，勿使污之。斯吾主意乎?”其七，吾主在心中，五伤流血。有二天神，扶一婴孩，以血濯之。先生曰：“此受难救赎之义也。婴孩者，人之灵魂耳。夫人虽入教，必藉吾主救赎之。恩濯而使之洁，升天庶有路乎!”其八，心渐有光明状。吾主于中端坐，帷幔具设。先生曰：“夫人心既启，又得吾主照之，扫之，洒之，濯之。自此心净莹，而大主临格之矣。”其九，作吾主垂经示训状。先生曰：“欲人明理耳。理道无穷，须讲解经书以通之。”其十，画心作四域。一死候，一审判，一地狱，一天堂。先生曰：“此四末也。人心而常念四末，则必倍恐惧修省，善日以增，而过日以寡。”其十一，作吾主负十字架像，诸受难之具，种种咸在。先生曰：“吾主之受难，原为吾人。人当思大主莫大之恩，亦负己之十字架以从，勿狃安乐，勿避窘难，其可耳。”其十二，则环心皆花。吾主于心中，复加种焉。先生曰：“此花名玫瑰，美德之喻也。人既明理，又常念四末，常负己之十字架，则诸德备。故吾主亦赋以圣宠，德且日盛。”其十三，天神于四傍作乐。吾主心中，为之按节。先生曰：“工夫至此，渐臻乐境矣。”其十四，吾主于心中作乐。天神四傍，长歌和之。先生曰：“至此又加畅矣。”其十五，有狂风怒涛之象。而吾主在心中，晏然酣睡。先生曰：“世途尽风波也。人心既有乐境，将举世群震撼之。固不能撄吾

> 宁也。”其十六，画吾主弯弓，射火箭于心状。先生曰：“人当德行纯全，则愈爱慕天上之事。乐与吾主相从，而顿发热心焉。”其十七，则心中有火，蓬勃上炎。先生曰：“至此，则心愈热矣。”其十八，则心中及四傍，遍画掌树，而吾主俨然居上。先生曰：“大西有掌树，压之则愈伸。故战胜者必执以表功，取克敌之象也。人心而至此，业已战胜三仇，得吾主为依归，非天上国，何以有此。然此其大略耳。若欲细绎之，虽更仆未易竟也。”①

这本插图版画小册子，共收录了57幅版画，是艾儒略所著的《天主降生言行纪略》在第一次出版时的附图。它的出版在中国天主教传播史上地位重要。它使中国天主教教徒第一次能够看到关于耶稣的版画。柯毅霖说：“这项工程是艾儒略传教工作中的真正杰作。由于艾儒略的工作，中国人第一次不仅能够读到以他们自己的语言表述的耶稣的话语，而且能够看到有关耶稣的主要生平事迹的图画。在序言中，艾儒略说我们可以光靠图画，以具体的来想象属灵的天主。”②

该书已经不同于上述诸书，其蓝本亦是纳达尔的《福音史事图解》，但数量将近是《诵念珠规程》的4倍。所绘图像更接近原书，版式与原书相同，即画面上方为标题栏，中间为画面，下面一栏为说明文字。这些文字基本上为原书翻译，并将原书标出的字母改为“甲乙丙丁”等刊出，图文对照，阅读起来十分方便。

此外，艾儒略还著有《玫瑰十五经图像》。

在《天主降生出像经解》出版后，1640年9月8日，汤若望（Jean Adam Schall Von Bell）神父向崇祯皇帝进贡了一些欧洲宗教礼物，其中有一本画册，描绘耶稣事迹，由45幅版画组成。与此同时，他出版了《进呈书像》一书。该书收录版画45幅。这是在中国出版

---

① 参见［意］艾儒略、卢安德（André Rudomina）、林本笃（Bento de Matos）、瞿洗满（Simão da Cunha）合著，李其香笔录《口铎日抄》卷1《论心图》，明崇祯三年（1630）福州刻本。

② 参见［意］柯毅霖《晚明基督论》，王志成等译，四川人民出版社1999年版，第249页。

的以纳达尔的书为蓝本的第三部插图版画集。柯毅霖说："1640 年，汤若望出版一本文集《进呈书像》。这是一部有关耶稣生平事迹的插图作品。"① 费赖之亦说："是编乃进呈天主事迹图及慕阁王朝觐像之说明书也。"②

三

进入清代，天主教在中国的传播出现了许多影响到天主教插图版画发展的新情况。首先，清代教难增加，作为传教重要工具的插图版画，受到了极大的打击，每次教难来临，许多插图版画就会成为被攻击的对象而被毁坏。其次，康熙末年以后，中国经历了百年禁教的时期，天主教传教士们撰写附有插图版画的宣传天主教教义著作的环境远不如明末。再加上中国木刻版画经过明末的鼎盛时期后，进入清代也逐渐衰落，因此，在鸦片战争之前，天主教插图版画的发展远不如明末。

在教难中，以天主教插图版画攻击天主教的最著名的例子是杨光先教案。杨光先就是利用汤若望的《进呈书像》中的三幅版画来攻击天主教的。在杨光先著《邪教三图评说》中称：

> 上许先生书后，追悔著《避邪论》时，未将汤若望刻印国人拥戴耶稣及国法钉死耶稣之图像刊附论首，俾天下尽见耶稣之死于典刑，不但士大夫不肯为其作序，即小人亦不屑归其教矣。若望之《进呈书像》共书六十四张，为图四十有八，一图系一说于左方，兹弗克具载，止魔拥戴耶稣及钉架、立架三图三说，与天下共见耶稣乃谋反正法之贼首，非安分手法之良民也。图说附于左方。
>
> 汤若望曰，耶稣出行教久，知难期之渐迫也，旋返都城就

① 参见［意］柯毅霖《晚明基督论》，王志成等译，四川人民出版社 1999 年版，第 156 页。

② 参见［法］费赖之《在华耶稣会士列传及书目》上册之《汤若望传》，冯承钧译，中华书局 1995 年版，第 182 页。

之。从来徒行，惟此入都，则跨一驴，且都人望耶稣如渴，闻其至也，无贵贱大小，倾城出迎。贵者缙绅，贱者百姓，拥戴之盛，取死之速，妖人从来如此。

有以衣覆地弗使驴足沾尘者，有折枝拥导者，如此拥戴耶稣，则如德亚国主与耶稣不能两立矣。非国主杀耶稣，则耶稣必杀国主。前后左右群赞其为天主无间也。噫，是盖有二意焉，一少显尊贵之相，妖人之情不觉自露，惟其尊贵所以取钉死，于受难之前，以见受难实为天主，一借此重责五日后有变心附恶者。五日前奉迎者，愚民受其惑，五日后变心者，惧王法悔前非也。若曰尔所随声附恶，以相倾陷者，非即尔前日欢迎入城赞为天主者乎！自供。杨子曰："此汤若望自招天主耶稣是谋反之口供。"

汤若望曰，其钉十字架也，左右手各一钉，二足共一钉，有二盗在狱未决者，今亦取出钉之，以等耶稣于盗，为大辱云。杨子曰，犯人画招已毕，此真所谓不刑而招。

若望曰，钉毕，则立其架，中耶稣两傍盗也，耶稣悬架，天地人物俱证其为天主：天证，如太阳裂当望而食，法所不载，且全食下界大暗，且久食历时十二刻也；地证，全地皆震，惊动万国；人证，无数死者离墓复活；物证，如石块自破，帷帐自等是也。尤足异者，既终之后，恶众有眇一目者举枪刺耶稣肋，以试其实死与否，刺血下注，点及恶目，随与复明。邪教之意，恐人议论耶稣是邪教，不是天主下生，故引天地人物作证，以见耶稣真是天主，必要说到理事之所，无使人不敢不信……①

对杨光先对天主教的攻击，天主教传教士也利用插图版画来回击。在意大利籍耶稣会士利类思（Ludovic Bugli）所著《不得已辩》中，就曾刊登了一幅木刻版画。有趣的是，此画题为《商汤祷雨图》，② 所用典故，并非外来，亦不涉及天主教的内容，却被利类思等

① 参见（清）杨光先等撰《不得已》卷上《邪教三图说评》。

② 参见［意］利类思（Bugli，Ludovic）撰《不得已辩》，载吴相湘主编《天主教东传文献》，台湾学生书局1965年版，第285页。

巧妙地利用来为护教服务。他说："此《商汤祷雨像》也。按商纪时大旱七年，太史占之曰：'尝以人祷！'汤曰：'吾所为请雨者，民也。若以人祷，吾请自当！'遂斋戒发断爪，身婴白茅，以身为牺，祷于桑林之野。古哲王爱民不惜一身，身厌自贱若是，又何疑吾主耶稣为求尤世尤民，甘受苦难之像乎？"

而在清朝前中期，天主教插图版画著作的出版情况，还有待进一步的研究。

鸦片战争之后，清政府对天主教在华的传播逐步开禁。天主教重新在中国活跃起来，为了传教的需要，又有一批插图版画得以出版。其中，清光绪十三年（1887）由上海慈母堂出版的《道原精萃》相当有意义。它收录了7部天主教著作：艾儒略著《万物真原》《天主降生引义》《天主降生纪略》；高一志著《圣母传》；《宗徒大事录》《诸宗徒列传》《历代教皇洪序》。为了方便读者阅读，这套丛书，插入大量的版画。"犹恐人未易领会，属刘修士必振绘图，列入篇中。"①

而自1807年英国伦敦会传教士马礼逊（Robert Morrison）来华后，基督教新教传入中国。为了方便传教，他们也像天主教一样，利用起插图版画这一工具来促进其传教工作。特别是在鸦片战争后，外国传教士获得传教自由，更是推动了其将版画作为传教工具用于传教。像1875年由美华书院在北京出版的，由富善（Chauncey Goodrich）翻译的《瞽牧劝捐》中，就有一幅题为《穷嫠捐赀》的插图版画。新教传教士们采取了一种新的传教策略——"以图像为中心"的叙事策略。② 而且这一策略的形成，历经了一些传教士们的努力，具体体现在一批传教刊物上。陈平原说："经由《教会新报》、《天路历程土话》、《画图新报》等的初步尝试，以及随之崛起的《点石斋画报》的成功表演，'图像叙事'作为一种文化选择，将在20世纪中国文化史上发挥巨大作用。"③

① 参见倪怀纶撰《道原精萃》序，光绪十三年（1887）上海慈母堂活字版。

② 参见陈平原《晚清教会读物的图像叙事》，《学术研究》2003年第11期；《以图像为中心——关于〈点石斋画报〉》，《二十一世纪》2000年6月；《晚清人眼中的西学东渐》，《点石斋画报选》，贵州教育出版社2000年版，第1—78页。

③ 参见陈平原《晚清教会读物的图像叙事》，《学术研究》2003年第1期，第124页。

这个策略的形成，经历了一个过程，即在新教传教士所办的刊物中，有版画宣传宗教内容的，始于上海林华书院从清同治七年（1868）至同治十三年（1874）出版的《中国教会新报》。该刊物属于在华长老会，主要由林乐知（Young John Allen）主编。在第一期类似创刊词的《林乐知启》中，他就已经指出，该刊“在内刻一《圣经》中画图，俾愚者易于见识”[①]。可见，林乐知之所以在每期头条安排一《圣经》故事的“图说”，其潜在意图是借图像招徕读者。在其第1卷结束时刊登的《本书院主人特启》中，林乐知还专门介绍了一特色：“至若圣书图画，印刻如真；物像绘形，各类各别……”[②]这些图画，主要采用石印的方法印制，也属于版画的范畴。目前所知的这些画作有：《基督诞生》、未有标题（为《出埃及记》的配图，第2卷第11期）、约翰说梦图、挪亚筑坛献祭图、亚伦掷杖变蛇图、淹埃及法老入海图、铜蛇悬竿图、耶稣为彼得濯足图、《圣经》神焚邑民图、《圣经》投狮穴图、《圣经》拿单责大辟图、《圣经》参孙毁屋图、《圣经》铜盘图、约瑟见父图、《圣经》以士帖救木底改图、神降火焚犊图、三友慰百图、建堂献祭图、该隐打死胞弟图。该刊的《圣经》画图只刊登了1年多，便草草收场。它刊登的“圣书图画”，置于首位，每期大约占一面，是该刊持续时间最长的专题。一图的旁边，还有说明文字，并注明在《圣经》中的章节位置。第1幅为《基督诞生》，并指出：“此图即路加第二章一节至二十节，可以指明图中之意。”随后便“看图说书”，讲述基督诞生的故事。这些图说，仅限于叙事，不做理论上的发挥。该刊编者希望各地教会能将此“三分一分教会中事，一分新闻教外之事，一分告白”的《教会新报》，与圣书相配合，在教堂中宣读。而且，对这些图画，林乐知也很有自信。

1853年（咸丰三年），大英长老会传教士宾为霖（William Chalmers Burns，或宾惠廉、宾惠连）在中国士子的帮助下，翻译刊行了班扬（John Bunyan）所著《天路历程》。在其众多的版本中，其土话本

---

① 参见陈平原《晚清教会读物的图像叙事》，《学术研究》2003年第1期，第114页。

② 同上。

［由广州惠师礼堂于清同治九年至十年（1870—1871）刊行］中，有30幅插图，各有四字标题，而将其标题集合起来，便是完整的故事梗概：1. 指示窄门；2. 求出泥中；3. 将入窄门；4. 洒挪尘埃；5. 脱下罪任；6. 唤醒痴人；7. 上艰难山；8. 美宫止步；9. 身披甲胄；10. 战胜魔王；11. 荫翳祈祷；12. 霸伯老王；13. 拒绝淫妇；14. 摩西执法；15. 唇徒骋论；16. 复遇传道；17. 市中受辱；18. 尽忠受死；19. 初遇美徒；20. 招进财山；21. 同观盐柱；22. 牵入疑寨；23. 脱出疑寨；24. 同游乐山；25. 小信被劫；26. 裂网救出；27. 勿睡迷地；28. 娶妻畅杯；29. 过无桥河；30. 将入天城。这30个画面环环相扣，囊括了该小说的基本内容。

1875年1月在福州创刊，由Beular Woolston Deng等编辑，福州美华书局出版的《福音新报》亦刊登了许多插图版画。在现存各期中，有一幅系直接宣教，题为《耶稣祝福伲仔》。其余间接宣传基督教精神的插图还有许多。

1891年，华北圣书会（North China Tract Society）开始出版一份刊物《华北月报》，它先后由W. S. Ament，Courtenay Hughes Fenn主编，由美部会出版社（American Board Mission Society）出版。其中，亦有下列插图：1.《摩西率民入迦南图》；2.《无题之耶稣像》；3.《耶稣传教图》；4.《大卫靠主得胜图》；5.《靠主圣十字架图》；6.《犹太人佩戴经文图》；7.《挪亚在方舟见雨止虹出图》；8.《耶稣升天图说》；9.《耶稣圣范》。

1909年（宣统元年），由汉口苏格兰圣经会编，汉镇英汉书馆铜版印刷的《马太福音》中，收录了一幅相应的铜版画，同样，《马可福音》《路加福音》《约翰福音》等均刊登精彩的宣传《圣经》该篇内容的铜版画，相当精美。

而19世纪出版的《福音撮要》（编者、出版者不详）中亦刊登了介绍耶稣一生重要行为的相关版画。从画面分析来看，应该属铜版画。

原载《文化杂志》2008年第66期，与于丽萍合著

“西来孔子”
——艾儒略中文著述与传教工作考述

艾儒略，字思及，明末来华的著名意大利籍耶稣会士。他生于1582年，1610年来到澳门，1649年在福建延平去世，在中国活动了数十年之久。在天主教传华史上，他堪称处于先驱者罗明坚、利玛窦时代与著名的汤若望、南怀仁（Ferdnand Verbiest）时代之间的第二代耶稣会最为杰出的传教士之一。[①]他一生致力于天主教在中国地区，尤其是在福建地区的传播，而且采用了许多行之有效的传教方法，使其传教事业达到了顶峰。通过其努力，他为自己赢得了“福建宗徒”的美称。他有渊博学识，与中国知识分子广泛交游，虽然在中西文化交流上略显逊色，但他所传播的地圆学说、西方地理知识、哥伦布航海新发现、西方风土人情、教育制度等知识及对汉语言的贡献，是均比他为之献身的传教事业更有生命力与影响力的。因此，在中西文化交流的过程中，他同样发挥了重要作用，亦被誉为“西来孔子”，与利玛窦并称“利艾”“一代巨人”。而且这样的称呼，就连开创中国传教事业的利玛窦也未曾获得过。[②]为了更好地传教，他用汉语著述的著作，数量多达24种，这是前无古人、后无来者的巨大工程，他成为利玛窦之后汉语水平最高的传教士。

---

① 参见［意］柯毅霖《晚明基督论》，王志成等译，四川人民出版社1999年版，第161—162页。

② 参见方豪《中国天主教史人物传》，天主教上海教区光启社2003年版，第134页。

一　艾儒略生平考述

（一）来华之前的经历

艾儒略，1582 年生于意大利阿尔卑斯山脚的布雷西亚（Brescia）城。1600 年入会。1602 年，经发愿后被送到帕玛（Parma）耶稣会大学学习哲学，一直至 1605 年。他所学习的哲学及其他科学知识可能来自在葡萄牙科英布拉耶稣会大学所编辑的亚里士多德教材。这些知识构成了其中文著作《西学凡》《性学觕述》的主体。在帕玛耶稣会大学及其后的罗马学院，他度过了大学生活。这构成了他在《西学凡》及其他地理学著作中，关于欧洲大学教育的描述。而在帕玛，他的数学老师是耶稣会士杰赛普·比安卡（Giuseppe Biancani）。这位老师曾师从耶稣会士克里斯托弗罗·克拉维欧（Cristofero Clavio），与利玛窦一起学习数学。虽然，比安卡是伽利略（Galileo Galilei）的朋友之一，但他却相信亚里士多德—托勒密天主学体系。艾儒略作为其学生之一，将这个天文学体系，带到了其中文著作中。在 1605 年，他完成哲学学习后，在博洛尼亚（Bologna）的诺比利（Dei Nobili）学院任教，教授人文科学。1607 年 12 月，艾儒略进入著名的罗马学院学习神学。1609 年艾儒略没有完成其硕士学位的学习，就被派往中国传教。根据葡萄牙保教权的要求，艾儒略从罗马出发，经陆路来到了博洛尼亚和热那亚（Genoa），又经海路来到巴塞罗那，并穿过伊比利亚半岛来到里斯本。这构成了他的地理著作中一些对欧洲旅行的回忆。

1609 年 3 月 23 日，他从里斯本乘坐"Nossa Senhora de Piedade"号船出发。他们沿途经历了里斯本、加那利君岛（Canaries）、好望角、马达加斯加、果阿（Goa）、锡兰、马六甲海峡，最后到达了中国。

（二）来华之后

1610 年 1 月，他到达澳门，并在耶稣会修道院里教授数学 2 年，又任初学修士导师 3 年。在此，他一方面进行旅途后的休养，另一方面学习汉语。他“资颖绝超”，仅两三年，便对“中华典籍，如经史子集、三教九流诸书，靡不洞悉”[①]，为以后娴熟地掌握中文阅读与写作能力打下了坚实的基础。1613 年初，艾儒略终于进入内地。因精通希伯来文的缘故，他先是被派往开封与当地犹太人接触。但犹太教掌教不愿出示犹太经典，因此艾儒略只能参观该寺，无功而返。他成为继利玛窦之后耶稣会士中第二位研究中国犹太教的会士。返回北京后，他在此结识了徐光启。同年秋，徐光启便因病告归上海，艾儒略也跟着他回到江南，一直待到 1616 年。在 1616 年至 1617 年南京教案期间，艾儒略与其他耶稣会士一起在杭州杨廷筠家避难。此时，杨廷筠辞官在家，艾儒略等在杨的指导下进一步学习汉语，研讨中国典籍，取得很大进步。1618 年，传教情况开始好转，艾儒略开始在杭州活动。[②] 他认识并皈依了李之藻。徐、李、杨被视为中国最重要的三位皈依者，被称为“三柱石”。1619 年底 1620 年初，时任扬州同知的马呈秀向徐光启写信，请求派遣一位传教士辅导其学习西学。徐光启推荐了艾儒略。1620 年 3 月，他为马呈秀施洗，使之皈依天主教，扬州成为他的第一个开教点。1620 年，马呈秀赴陕西任职，邀请其同行。他随同马呈秀前往陕西商州。在那里他停留了 5 个月。1621 年，他曾前往山西绛州，在商州与绛州建立了传教基地。绛州亦因此成为中国天主教重要基地。居陕时，他曾引种植葡萄，并获得成功。

1621 年，这些地方反教活动兴起，为避教难，他离开绛州，到河南郑州与马呈秀会面，一同南归扬州。而马呈秀往福建任福州佥事，艾儒略则于是年底返回杭州。因为当时福建没有天主堂，况且语言不通，而且马呈秀亦非当地人，没有人可以帮助他，故他没有同往福建。在杭州，艾儒略为时任杭州教谕的福建晋江士大夫张赓施洗。1623 年，他奉召来到了北京，但同年，艾儒略便离京南返，并接受常熟名士瞿太素之子瞿式谷的邀请，前往其家乡江苏常熟开教。

---

① 参见李嗣玄撰《思及艾先生行迹》，载叶农整理《艾儒略汉文著述全集》下册，广西师范大学出版社 2011 年版，第 387 页。

② 参见夏瑰琦《明末天主教杭州开教与活动考述》，《世界宗教研究》1994 年第 3 期。

（三）传教福建与福建之难[1]

从1624年艾儒略随告老归里的阁老叶向高，来到福建，到1649年去世，他在福建活动了25年之久。其活动大致可以分为下列阶段：

1. 进入福建后（1624年至1637年）：叶、艾二人1624年12月29日抵达福州城。艾儒略有幸成为踏入福建省会福州府的首名耶稣会士。1625年，他受邀在福州的书院以"天命之谓性"为主题，并提出天主教的观念，与许多福建士人讨论天学，引起正面、负面的反应。[2] 1627—1630年，因受限于史料，只知道1628年卢安德（Andrius Rudamina）已来到三山，成为艾儒略的助手，1629年，瞿西满（Simão da Cunha）即在建宁府建一教堂，他们彼此之间也有联系。艾在闽的居所主要是"福堂"，此乃1625年为叶益蕃所建，李嗣玄说："玄于丙寅夏晤先生于福堂，蒙先生赐以《天学初函》，即津津向慕……先生虽辙无停轨，然居福堂之日为多，此堂先为叶相国长孙高州君暨诸教徒所创建。"[3]

《口铎日抄》的记载从崇祯三年（1630）正月开始，正因为有此书的存在，使我们对艾儒略在这十年间的活动，比其他时期清楚得多。1631年底是一个转折点，艾儒略开始往南发展，进入泉州地区，1635年便在泉州建立一座教堂。他便长期住在泉州，福州则由林本笃（Benoît de Mattos）和瞿西满负责教务。通过李九标，漳州严赞化到泉州与他会面，1633年因严赞化之邀，艾儒略首度进入漳州。

2. 福建教案与"礼仪之争"（1637年至1639年）：福建教案的导火线是一件发生在福宁州的逮捕行动。原告王春，崇祯十年十一月十五日（1637年12月30日）向当时的福建巡抚沈犹龙告密，说他发现四名"夷人"，窝藏在福宁州宁德县一位吴姓已故官员家中。因此，沈犹龙下令施邦曜捉拿通夷犯。而这次逮捕，经过审判之后，夷人被驱逐出境，由巡按御史张肯堂批示驱逐，押解回国，藏夷犯以

① 参见潘凤娟《西来孔子艾儒略——更新变化的宗教会遇》，天津教育出版社2013年版，第30页。

② 参见李嗣玄撰《思及艾先生行迹》，第388页。

③ 同上。

“左道惑众”被处刑，并要求藏夷犯到县衙写切结书，保证不再犯。提刑按察司徐世荫于《提刑按察司告示》中口气极为严厉，并以京师董一亮、李光福二人因私习邪教而遭到处决的例子，警告福建地区的民众，并且点名将阳玛诺、艾儒略驱除出境。①

3. 福建教案后（1639 年至 1649 年）：艾儒略入闽的第三时期，也就是福建教案发生后大约 10 年的时间，艾儒略在闽的活动范围似乎缩小许多，其中 1638 年至 1640 年这三年间，从《口铎日抄》的记载来看，一直到 1639 年 7 月 14 日可以公开活动之前，他似乎一直在泉州。其中只有 1638 年 9 月，在兴化、泉州曾樱的保护下，艾儒略得以往兴化府的莆田与朱宗伯会面。在泉、兴二府，他仍为教徒举行弥撒。1641 年初，他前往邵武府建宁县与李嗣玄会面。

《提刑按察司告示》发布在教案后两年（1641），可视为温和士人对艾儒略等人的最后的救援行动。1641—1648 年，艾儒略担任中国副省会长。1642 年，他因福清新建天主堂而前往，1643 年北京情况危急，艾儒略经邵武绥安，将赴史可法之约，但未能成行，所以又回到福州。据《思及艾先生行迹》载：“癸未，师驾再临，仅住堂数日，即赴留都史大司马讳可法之约，将有事澳中，既而以鞭长不及，乃不果。”② 1645 年，隆武帝于福州登基，赐匾予福堂，不久，1646 年清军攻入福州，艾儒略逃至莆阳，1647 年，欲转移阵地往杭州一带发展教务，不料，却受困于延平府城。1649 年 8 月，这位伟人在延平城中去世，葬于福州北门外的十字山。

二　其传教工作与成就

（一）传教成就

在去福建之前，艾儒略已经在多处开教，皈依了许多教徒，参见前述。进入福建后，艾儒略等人的努力，使福建传教工作出现了下面

① 参见徐世荫撰《提刑按察司告示》，载夏瑰琦校注《圣朝破邪集》，建道神学院 1996 年版，第 133—134 页。

② 参见李嗣玄撰《思及艾先生行迹》，第 388—389 页。

的局面：

1. 教徒激增。从艾儒略入闽至1637年福建教案前爆发之前，福建天主教徒人数激增。张先清研究：“据不完全统计，仅福州一地，在1637年底教案发生前约有教徒二千人左右。1634年艾儒略赴泉州、兴化两地传教，在是年内共有257人受洗；而1633年他首入漳州时，‘归人如市’‘钝汉逐队皈依’。1636年闽南反教人士黄贞在致其师颜茂猷的信中说：‘闽省皈依，已称万数之人。’由此推断，当时福建教徒约有近万数是可信的。而据德礼贤统计，崇祯九年（1636）当时全国天主教徒约有38200人，按此比例，同时期福建天主徒的人数几占全国的三分之一，由此可见，当时福建天主教的发展是非常快的。‘至是为诸省最’。”①

2. 教堂林立。由于教务发展迅速，耶稣会开设的教堂几乎遍及福建各地。张先清说：“当时，耶稣会所立大小教堂几遍全省各地，至‘穷乡僻壤，建祠设馆’，‘无智愚贵贱，皆捐资建堂为昭事地，自七郡而邑而乡，凡建堂二十余所’。据费赖之记载，在1638年教案发生时，‘诸神甫被逐，当时教堂甚多，仅泉州一府有教堂十三所’……明末福建各府县的天主教堂名目繁多，现可考的教堂堂名有：福州，景教堂、敬一堂、福堂（三山堂）；福清，泽朗堂、龙江雪堂、圣母堂，泉州，景教堂、天学堂、桃源堂，漳州，景教堂，南平，四优堂，建宁，尊亲堂。”②

3. 处处开教。在艾儒略及其他耶稣会士的协助之下，天主教在福建传播开来，出现了处处开教的局面。具体情况见表1。

表1　　艾儒略福建开教地点一览

府县	时间（年）	备注	府县	时间（年）	备注
福州	1617	罗儒望，“南京教案”后在此开教	惠安	1636	1637年教堂一
福清	1630	艾儒略，海口（龙江）	安海	1634	聂伯多

① 参见张先清《艾儒略与明末福建社会》，硕士学位论文，福建师范大学，1995年，第25—26页。

② 同上书，第25页。

续表

府县	时间（年）	备注	府县	时间（年）	备注
长乐	1637		漳州	1617	罗儒望
古田	1639		建宁	1629	艾儒略，瞿西满
连江	1636	是年该地有 17 位信徒	建阳	1636	艾儒略，教堂一
兴化	1626	艾儒略，1636 年建堂	崇安	1635	艾儒略
莆田	1626	艾儒略，1639 年皈依 60 个信徒	浦城	1635	
仙游	1631	艾儒略，1644 年聂伯多（Perre Cunevari）	泰宁	1644	艾儒略
泉州	1625	艾儒略，1634 年为 257 人施洗	汀州	1641	艾儒略
晋江	1635	艾儒略	延平	1637	艾儒略
永春	1632	艾儒略，1637 年教堂一	沙县	1637	
南安	1648	何大化，教堂一			

注：转引自张先清《艾儒略与明末福建社会》，第 24—25 页。

（二）传教策略与方式

艾儒略传教策略来源于利玛窦，在 1624 年来福建之前的 11 年里，他的足迹遍布了中国许多省份，他写下了大量的科学著作。这种传教方式取得了很好的成效，这是利玛窦科学传教的延续。明天启四年（1624），他来到福建后，他的传教方式在此基础上发生了很大的变化，突破了耶稣会确立的在上层社会传教的方式，开始深入基层，扎根基层，服务基层，开辟了一片新的传教天地。他在中国取得了极大的成功，是开创基层传教的第一人。

1. 立足基层，建立地方教会。在普通百姓中传教，是艾儒略在福建传教的重点工作。根据耶稣会制度，艾儒略支持皈依者们自己建立教会。另外，基督教徒们自己建立教会，也借鉴了福建道、佛教徒的组织形式，它使皈依者感觉到它是真正的中国化组织，非舶来品。艾儒略的大部分时间都与普通百姓在一起。

2. 家庭皈依，家族传教。艾儒略凭借熟人和在福建士大夫中的影响，与许多家族建立了联系，经常往来。他经常使家长率先皈依，然后在家长皈依的影响下，带动起家族成员的皈依，有时甚至在整个家族中都产生了影响。其中，泉州张赓家族就是一个最好例子。

3. 寓传教于学术辩论。为了吸引中国下层知识分子入教，艾儒略采用了寓传教于学术辩论的做法。艾儒略曾参加过两次著名的学术辩论。第一次是明天启五年（1625），他参加了福州书院集会，并讨论了“天命之谓性”的论题。这次论辩，影响很大。一是他可以在整个福州城中传教，二是立即有 25 人受洗入教，他们中有许多是下层文人。第二次参加学术辩论是明天启七年（1627）五月二十一日至六月二十九日，他与地方士绅论学三山，参与者有叶向高、曹学佺等。这次辩论后艾儒略出版了《三山论学记》。

三　其交游考

为了传教，艾儒略来华后，根据利玛窦的传教方式，积极交游士林，结识了一大批中国知识分子。他在来福建之前，就曾结识了徐光启、李之藻、杨廷筠、韩霖、瞿式耜、马呈秀等士大夫。来到福建后，他在此活动了 25 年，足迹遍及八闽。所到之地，即广交当地缙绅与社会名流。仅李嗣玄所列就有：“若吾闽则张令公夏詹、柯侍御无誉、叶相国台山、何司空匪莪、苏司徒石水、蒋相国八公、黄宪副友寰、孙学宪凤林、铨部周公日台、陈公祝皋（台）；当道则前兴泉道、今冢宰鲁公二（一）云，前漳南道、今司徒朱公未孩。此数十公者，或谊（义）笃金兰，或横经北面，其他青衿、韦布、皈依（崩角）称弟子者，奚啻数千人，安在众咻之中，既独知之契哉？”① 据林金水考证，艾儒略在福建交游过的士大夫达 205 人。②

从艾儒略这些交游情况来看，他所交游的对象主要有三类：

一是奉教人士。艾儒略交游的福建士人中，多数是功名不显的普

---

① 参见李嗣玄撰《思及艾先生行迹》，第 387 页。

② 参见林金水《艾儒略与福建士大夫交游表》，《中外关系史研究》1996 年第 5 期，第 183 页。

通士子。他们绝大部分是教徒。他们的官阶普遍不高，甚至没有功名，与艾儒略的来往相当频繁，并以师生相称，尊称艾儒略为“艾师”或“艾老师”。他们身处社会的中下层，更易与普通百姓接近，成为艾儒略与下层普通百姓沟通的中介者。他们以家族信教为主，由此也可以看出中国家族的紧密关系对传教事业的影响。他们多半较年轻，热衷传教，如捐资建堂、协助书籍出版及著书推广天主教等。

二是温和人士。这些人士多是在职或致仕的上层官宦。他们是艾儒略所交往的三个群体中人数最多的。他们大多是通过叶向高的关系结识艾儒略。《熙朝崇正集》所录大多数是当时闽中士大夫酬答艾儒略的诗作，这些作者多数属于这个群体。除赠诗外，他们交往的另一种方式是应邀为艾儒略之汉语著作作序，或者协助刊行。

三是反教人士。艾儒略所结识的反教人士，最早的是德清许大受，他有一文《圣朝佐辟》收入《圣朝破邪集》。1623 年，他在杭州时，就曾与艾儒略当面辩论过。其次，福州佛教大师释通容，他的反教言论主要集中在《原道辟邪说》。艾儒略初次入闽讲论天学时，他可能是与会者之一。漳州地区黄贞，反教最激烈。《圣朝破邪集》中许多文章就是他张罗而来。他得悉艾儒略于 1633 年来温陵传教，即开始反教行动。他还亲自去教堂听艾儒略讲道，以期找出破绽，进行攻击。漳州地区教风不盛，教徒稀少，与黄贞不无关系。闽县周之夔，是唯一同时作诗赠予艾儒略，又著文批评天主教者。他可能是艾儒略初次入闽讲论天学时的与会者。这些反教人士，以佛教徒和信佛教的士人为主，他们彼此的关系是盟社朋友或师徒。因为佛教是自利玛窦以来耶稣会士主要的批判对象，故他们反击更激烈。

四　中文著述概述

艾儒略是继利玛窦之后来华的汉语最好的耶稣会士。他饱读中国典籍，精通中华文化。著作时，引经据典，信手拈来。他的中文著作多达 24 部，多于利玛窦；他与中国知识分子阶层的接触也远多于利玛窦，故他对中华文化的影响也更为深远。利玛窦被称为“西儒”，而艾儒略却获得了“西来孔子”的称号（见表 2）。

表 2　　艾儒略著作①

编号	著作时间	中国纪年	书名
	杭州时期		
1	1623 年	明天启三年	万国全图
2	1623 年	明天启三年	职方外纪
3	1623 年	明天启三年	西学凡
4	1623 年	明天启三年	张弥额尔遗迹
	入闽教案前		
5	?		性学觕述
6	1627 年	明天启七年	三山论学记
7	1627 年	明天启七年	涤罪正规
8	1627 年	明天启七年	悔罪要旨
9	1627 年	明天启七年	耶稣圣体祷文
10	1628 年	明崇祯元年	万物真原
11	1628 年	明崇祯元年	杨淇园超性事迹
12	1629 年	明崇祯二年	弥撒祭义
13	1630 年	明崇祯三年	大西西泰利先生行迹
14	1631 年	明崇祯四年	几何要法
15	1635 年	明崇祯八年	天主降生言行纪像
16	1635 年	明崇祯八年	天主降生言行纪略
17	1635 年	明崇祯八年	天主降生引义
18	1637 年	明崇祯十年	西方答问
19	1637 年	明崇祯十年	圣梦歌
20	1637 年	明崇祯十年	玫瑰经十五端图绘（即玫瑰经图像十五端）
	入闽教案后		
21	1640 年	明崇祯十三年	口铎日抄
22	1642 年	明崇祯十五年	天主圣教四字经文
23	1644 年	明崇祯十七年	圣体要理
24	1645 年	清顺治二年	五十言余

① 参见潘凤娟《西来孔子艾儒略——更新变化的宗教会遇》表一，第 19 页。

在这些著作中，有1种属于“器”类（即相当于今天的科技类），23种属于“理”类（即相当于今天的神学与哲学）。与利玛窦、汤若望相比，利玛窦中文著作21种，12种属器类，9种属理类；汤若望中文著作28种，24种属器类，4种属理类。汤若望以科学见长，特别是天文学，故他能担任钦天监监正；艾儒略以神学哲学见长，故他虽入京，但仍要南下，选择福建作为其传教的基地。

通过这些著作，我们可以看到艾儒略在传教方面的巨大成就和他在“西学东渐”中所做的贡献。艾儒略通过其著作输入的西学，有以下几个领域：

第一，天文学。在《职方外纪》《西方答问》《口铎日抄》等著作中，他传播了由利玛窦带来的托勒密“地球中心说”。他介绍了西方历法知识，在当时中国士大夫激烈争辩是否采用西历时，他肯定了用西历修中历的可行性。此外，他还介绍了日月交食、极昼极夜、月亮表面明暗差别，并曾刻印“浑天星球之图”，以介绍西方星象学。

第二，地理学。艾儒略在地理学方面的贡献集中体现在《职方外纪》中。它是明清之际来华传教士用西方宗教地理学观点写成的第一部中文版世界地理书籍。在此书及《万国全图》《西方答问》等著作中，他传入西方地球科学知识。这些知识包括：地圆学说，五大洲说，地球经纬度知识及地带划分，东西时差。传播了世界海洋知识，世界新航路知识，其中包括中国人第一次接触到的哥伦布航海事迹和另外两次重要航行及当时东西交通的两条主要航线。

第三，数学。在《西学凡》及《职方外纪》中，他曾简介过数学学科及其重要性。而《几何要法》则集中体现了其所输入的西洋数学知识。

第四，医学。在《西学凡》《西方答问》《性学觕述》《职方外纪》中，他传播的西方西学知识有：第一，解剖生理学。主要有构成人体本质的四行四液学说、消化系统的三化学说、关于人体血液运行的灵气说。此外，还分别论述了神经、听觉、嗅觉、味觉、触觉的原理与功能，五官与脑的关系，记忆、睡眠与梦的形成原理，介绍呼吸系统的肺、膈、气管，讨论了呼吸与循环的关系等。其中，他第一次传入了古希腊朴素唯物主义哲学家关于大脑为人体一切知觉总汇的知识。第二，病理学。艾儒略介绍了古罗马医学家、解剖学家盖伦（Galenos）等人“液体病理学”知识。第三，药物学。他曾介绍过炼制药露法和许多西方医生采用的药物，如在《职方外纪》《西方答问》中提到的椰树实、阿力满、山狸、未白剌、蝎子等可入药的动植物。第四，西医诊疗法。在《西方答问》中提到过诊断法，在《性学觕述》中介绍过耳聋、耳鸣、哑等病症的成因与疗法。他还介绍过欧洲黑死病及针对它的疗法，这可能是有关黑死病在中国的最早传播。

原载《暨南学报》2009 年第 5 期

美南浸信会与广州东山口：一个历史宗教地理学的典型范例

宗教地理学是研究宗教的起源、分布规律和宗教信仰、宗教活动（包括习俗）、宗教建筑分布的空间特征、景观特征及其发展变化与地理环境的关系的学科。宗教地理作为区域现象，很早即为地理学家所重视。随着文化地理学的发展，宗教地理的作用引起人们更多的注意。索弗（D. E. Sopher）1967 年出版《宗教地理学》（*Geography of Religions*），1981 年发表论文《地理学与宗教》，为宗教地理研究内容的确立奠定了基础。宗教地理研究内容有：1. 宗教的起源地、分布和传播。2. 宗教文化景观。不同的宗教有不同的信仰、礼仪和习俗，从而形成特殊的环境感应和文化景观。3. 宗教对自然环境的影响。4. 宗教对领土和疆界变动、战争、人口分布、聚落形式以及地区经济结构等方面的影响。5. 宗教对区域经济和城市的影响。宗教作为上层建筑而成为经济区域差异的重要因素。[①] 近 20 年来，国内外学术界已经开始对人文地理学的这一新分支逐渐重视起来。国内曾发表过 10 余篇学术论文，国外也曾经发表过 30 余篇论文。如介永强认为学术界有必要创建历史宗教地理学。他认为历史宗教地理学是研究历史时期宗教形成、传播和发展的区域特征及其分布变迁规律的一门学科，是历史文化地理学的分支学科。其研究内容有历史时期宗教源地的形成、宗教传播的途径、宗教景观的分布、宗教的区域特征以及历史时期民族宗教发展的相互关系等。其研究方法应有下列几点：1. 要将历史文献与宗教典籍相结合；2. 要将文献分析与实地考察相结合；

---

① http：//baike. baidu. com/view/94770. htm.

3. 要综合运用多学科的研究方法；4. 要将宏观研究与微观研究相结合。①

从目前学术界的研究成果来看，除开加强对此学科分支的理论研究外，还需要进行大量的实例研究。根据上述历史宗教地理学的理论，广州市东山口的开发与发展，可以成为历史宗教地理学的一个典型案例。故本书将根据历史宗教地理学的基本原理，基于对历史档案与广州东山口一带的实地考察，探究基督教新教传教会——美南浸信会与东山口的城区发展之间的关系。

一　广州东山口的发展过程

广州东山口地区是1949年前广州的一个高级住宅区，特别是其中的一片别墅区，更是这个住宅区的精华所在。这片建筑群位于东山口均益路、庙前西街和启明横马路之间，面积达3万多平方米，建筑风格为中西合璧。东山口，指广州城大东门外的一片郊野，距城约3公里，最初仅指环绕东山庙的地方，包括后来的庙前街、署前路、寺贝通津、龟岗马路。后来，其范围有所扩大。“位于旧广州城东门外的东山，直到清末还是环境清幽的城郊，因明、清时期建有东山寺而得名。清末因广九铁路通过此地，交通的便利吸引着不少欧美侨民和本地富商聚居东山。民国年间，军政要人的别墅在东山更是鳞次栉比。因此，不少广州人认为东山是权贵聚居之地，是‘贵气’的所在，‘东山少爷’因而被谈论了近百年。‘有权有势住东山’，曾经是一种民俗心理认同。”②

广州东山口地区属原广州市东山区。而东山区本系秦南海郡番禺县地。宋时归属于广南东路广州府番禺县。元时，隶属广州路番禺县。明朝，东山口所在的东山区东部地区，属番禺县鹿步巡检司管辖。清代则属番禺县管辖。民国十年（1921），广州正式设市，东山

---

① 参见介永强《历史宗教地理学刍议》，《陕西师范大学学报》（哲学社会科学版）2004年第3期，第95—98页。

② 参见广东省立中山图书馆编著《羊城寻旧》，广东人民出版社2004年版，第16页。

区归属广州市。①

东山之得名来源有两个：一是与风俗有关。“区名东山，与区处州城之东且岗阜连片，而州人向称丘陵为‘岗’、主岗为‘山’之俗有关。民国《番禺县续志·舆地志·山脉》便有‘城东三里曰东山’之说”。② 二是因寺得名。“具体说，‘东山’以寺名始于明朝成化、嘉靖年间。先是明成化年间（1465—1566）总镇两广内宫监太监韦眷，在其主管广州市舶事务期间择州城正东三里许的姚家岗南购地建寺庙。韦眷，《明史》本传说他‘纵贾人，通诸蕃，聚珍宝甚富’。这位贪赃枉法的太监，却想借建寺塑像立碑之机，欺世盗名。据该寺传世的有关碑刻记载，成化十六年（1480 年）寺庙建成，纵 30 米，横 50 米。正殿奉三宝佛，十八罗汉列于殿后左右；殿后有韦眷塑像，冠带绯鱼，侍者夹立，寺僧祀之惟谨。初，寺俗名太监寺，成化二十三年明宪宗朱见深特敕谕护持该寺，且赐寺名‘永泰’，从此又有永泰寺之称。明嘉靖年间（1522—1566）‘海盗’勾联倭寇图谋进犯广州（《番禺县续志》有‘明嘉靖间黄萧养倡乱围广州’之说，不确。嘉靖应为正统之误。黄萧养起义后 32 年才有永泰寺），绅耆乃迎佛山祖庙之真武玄天上帝来寺，以镇‘贼氛’，事后即祀真武于前，割前殿为东山庙。于是，永泰寺、东山庙从此齐名。”③

因为有该寺存在，又因该寺周围有一些丘陵、山岗，故这里被称为“东山”。“因寺名而渐次将寺四邻成片的岗台地区泛称东山，大概始于清初。旧地志称：清初平南王尚可喜、靖南王耿继茂破广州城后，逾万匹的战马即散豢城中，并纵兵扰民，遭广东布政使胡章疏劾，经部议令厩圈悉徒城外，于是‘平藩之马，豢于东山’。此‘东山’便是大东门外之驷马岗、马温水、马棚岗、马草街等当年牧地的泛称。及至清末民初，这片岗台地开发成街村，侨房成批涌现，民众习称寺四邻的街区为‘东山’，一直相沿未改。由寺名而地名，乃至

① 参见广州市东山区地方志编纂委员会编《广州市东山区志》，广东人民出版社 1999 年版，第 80—81 页。

② 同上书，第 79 页。

③ 同上书，第 79—80 页。

街名、厂名、公园名、教堂名、校名，几因俗成规。民国时期的东山警察分署（后改称市公安局东山分局）、东山区公所均设在东山寺内。民国二十年（1931），广州市推行保甲制，始设东山区公所，这是市属行政区以‘东山’命名之始。”①

广州市东山口的开发过程，从明清以来，可分为三个时期：

一是明清时期。明代以来，东山口一带只有永泰村、永泰寺、东山庙等。“《番禺县续志》所载明市舶提举江朝宗撰永泰寺碑碑铭有云：‘太监韦公（按：指明代太监韦眷）于广州城东门外四里许姚农岗市不耕之地营建佛寺。’明、清两代，东山地区虽然逐渐开发利用，但利用方式仍旧单一，利用程度很低，东部仍是松林茂密、寺庙点缀的牧地。”②

二是晚清时期美南浸信会对东山口地区的开发。东山地势较高，地广人稀，20世纪初，美国基督教选定东山为传教基地。教会开辟的幽雅居住环境吸引了大批归侨结庐定居。从此，荒凉的东山日渐喧闹，成为一个高档建筑成群的住宅小区。“最早成片开发东山的是美国南方浸信会广州分会，从清光绪三十三年（1907）开始，他们于寺贝通津、恤孤院路、庙前西街、培正路一带，利用中美《望厦条约》弛禁外来宗教组织的机遇广为购地，并先后兴建了福音堂、礼堂、神道学校、恤孤院、培道女子学堂、安老院、慕光盲人学校、美华浸信会书局、医院、中外传教士住宅……浸信会中国教徒、华侨李济良、冯景廉、廖德山、余德宽等于光绪三十四年在烟墩岗建成培正学堂新校舍。”③

三是民国初年的开发。“清末民初，地处广州城东近郊的永泰寺前、东山庙背、龟岗、烟墩岗、竹丝岗、马棚岗一带获得了前所未有的发展机遇。盖缘此时期广州地区纺织、卷烟、机械、制革、建材、船舶修理等近代工业相继兴起，加上光绪三十二年（1906）粤汉铁路动工，宣统三年（1911）广九铁路建成通车，城区流动人口激增，而濒江平坦地的开发则接近尾声，于是，岗阜相望、村园错落、地旷人稀、空气清新的

① 参见广州市东山区地方志编纂委员会编《广州市东山区志》，广东人民出版社1999年版，第79—80页。

② 同上书，第78页。

③ 同上。

东近郊便成了公共建筑和住宅区开发的热点……第一次世界大战爆发后，旅美华侨继教会之后成为开发东山的主力。至抗日战争爆发，龟岗、烟墩岗、寺贝通津、恤孤院路、庙前西街一带的建筑已联成一片。东山迤北的猫儿岗、犀牛尾、鸥村（今区庄）原是广州城东郊的荒山和农田，光绪三十四年（1908）劝业道陈望曾于此创建农事试验场，宣统元年（1909），在爱国华侨实业家张弼士赞助下，在此办起了广东农林试验场，其大致范围是北抵今环市东路，南至今中山一路，东起农林东路，西到今农林下路……今东山区城内除增开新商业区外，梅花村、农林路、马棚岗、竹丝岗等地段被划为模范住宅区进行建设。侨资合群置业公司亦在20年代建成启明、均益、合群等路段的街宅。”①

在东山口从城郊荒地建成为广州的高级住宅区的过程中，有下列因素发挥了作用。“六十年前，一片荒芜的东山，怎么以后会变成人口稠密、新建住宅不断增加、宗教机构和学校较多的区域呢？从旧东山口形成过程来看，有几个主要的因素：一、欧美帝国主义宗教势力的入侵；二、海外华侨的投资和归国后定居东山；三、官僚、军阀在东山建筑他们的住宅。”② 这里的“欧美帝国主义宗教势力”主要指的是以美南浸信会为主的浸信会各个机构。它们是在此地进行开发的主力军。它们所做的开发工作主要有以下几个方面。

二　东山口：浸信会在广州传教活动的基地③

广州为美国浸信会来华传教的开教之地。最初到广东的浸会宣教

① 参见广州市东山区地方志编纂委员会编《广州市东山区志》，广东人民出版社1999年版，第78—79页。

② 参见雷秀民等《广州市东山六十年来发展概述》，广州文史资料研究委员会编《广州文史资料》（1965年1月）第14辑，第59页。

③ 关于浸信会在广州的发展，目前学术界已经取得了一些成果，如早期成果有：Kenneth Scott Latourette, *A History of Christian Missions in China*；吴立乐编《浸会在华布道百年史略》；刘粤声编《广州基督教概况，两广浸信会史略》；中华续行委办会调查特委会编《中华归主：中国基督教事业统计（一九〇一——一九二〇）》；徐松石编《华人浸信会史录》等。近期成果有：贺璋瑢《基督新教在广州之发展》（《世界宗教研究》2001年第2期）；黄增章《广州美华浸会印书局与〈真光杂志〉》（《广东文史》2002年第2期）；田得宏《特立独行的来粤传教士：罗孝全评传》（《广州大学学报》2003年第8期）；吴宁《美南浸信会在华南传教活动研究》（博士学位论文，暨南大学，2007年）；邢照华《西方宗教与清末民初广州社会变迁》（博士学位论文，暨南大学，2007年）；等等。

士为叔未士牧师夫妇（Mr. and Mrs. Jehu Lewis Shuck）。他于1836年到达澳门。1844年，叔未士与罗孝全牧师（Rev. I. J. Roberts）开始在广州组织教会。1844年，叔未士组织了“一号浸信会”；罗孝全组织了“粤东浸信会”。其他的浸信会传教士还组织了一些其他的教会。但它们在广州城内活动。第二次鸦片战争之后，外国传教会获得了在华传教的自由，于是它们便各自在广州选择传教的区域。而美南浸信会则选择了当时仍然很荒凉的东山口，作为该会传教活动基地。原因是虽然东山口地区仍然荒凉，但这里地理位置重要，而且靠近城区，但地价便宜。雷秀民等称：“他们为了避免彼此利害冲突，各处扩展势力，所以各据一方，竟然划分势力范围。当时英、法帝国主义已强占沙面为租界，于是德国就选了芳村为据点，以美国几个差会为背景的岭南大学就选定了河南康乐为校址，美帝国主义的美南差会（美国浸信会国外宣道部的简称）就选了东山做发展基地。从地理上来说，东山据珠江北岸，东可控制猎德、中流砥柱等有重要军事价值地点，西可握广州水陆交通的咽喉，南面则与康乐隔江相望，成为掎角之势。”①

1906年，浸信会在广州寻觅到一处适合作为宗教中心的场所——东山。他们在这里建筑基督教东山堂、神道学院、培道女子中学和培贤女子神学院的新校舍，并把整个浸信会的首脑机构都从长堤搬到东山，把这里变成其在广州传教的基地，同时也促进了东山口从乡村到城区的转变。他们在东山口所做的开发工作，有两条线索可以追寻。一条主线是宗教机构的兴建与成立：如通过兴建基督教东山堂，打下了传教基地的基础；通过兴办学校、医院、慈善机构、出版机构，促进了传教事业的壮大与东山口地区的城区发展；培养出来的一批信徒，投身到东山口地区的房地产开发。一条副线就是这些宗教与商业活动，大大地促进了东山口的开发，并使之成为广州的高级住宅区。

① 参见雷秀民等《广州市东山六十年来发展概述》，第60页。

三　播种：基督教东山堂的兴建

广州基督教东山堂，是浸信会的一个重要教堂和传教基地。它的兴建，就像在东山口播下一颗发展的种子。“其前身为东山浸信会堂。清同治九年（1870）在五仙西建福音堂。后因该地喧嚣，加以教徒日增，乃在东山寺贝通津 9 号重建新堂。清光绪三十四年（1908）冬新堂奠基，翌年建成，称基督教东山堂。清宣统元年（1909）5 月 2 日成立东山浸信会，因会员人数不断增多，民国十六年（1927），又将教堂扩建成钢筋混凝土结构的两层楼房，占地面积 1000 平方米，有礼拜堂、副堂、主日学堂，礼堂有 1300 个座位。1949 年，接受华侨捐资，建牧师楼。建国前，该堂有信徒 2000 余人，并出版《朝曦》月刊。”①

东山堂的兴建大大地促进了浸信会在东山口地区的发展。有了此堂后，浸信会在广州城内的一些机构纷纷迁到此处，这里成为浸信会机构云集的地方。唐启望称：“自 1909 年 5 月 2 日在现址正式建立教会至 2009 年，它已有整整一百年了。道光二十四年（1844 年）美南浸信会叔未士、罗孝全两位牧师和中国信徒杨庆（后杨庆成为我国浸会第一位华人牧师），由香港来广州开教。经过半个多世纪的努力，先后建立了 1844 年的联兴街鸭栏铺的‘一号浸信会’，1844 年东石角的‘粤东浸信会’，1860 年南关洪庙蟹栏的‘二号浸信会’（后迁中山四路，改称‘八约浸信会堂’），1870 年的五仙西福音堂，1883 年华人自办的潮音街华人宣道堂，1903 年的慈爱浸信会堂，1904 年的兴华自立浸信会，还有 1870 年的传道学校，1888 年的培道女学和 1889 年的培正学堂等一批学校。此时浸信会拟将学校、医院及孤、老、盲人院等慈善机构集中建设和管理，1903 年即商议从城中搬出到东山一带谋求发展。后依次搬出来的有 1906 年的传道学校，1907 年的培道女学，1908 年的培正学堂，1908 年新建培贤圣经女学校。为

① 参见广州市东山区地方志编纂委员会编《广州市东山区志》，广东人民出版社 1999 年版，第 765 页。

了使这些学校的师生及附近居住的信徒有崇拜的地方，便把五仙西福音堂卖掉，搬来东山，先是在传道学校，后在培道女学内设‘祈祷室’，1908 年在寺贝通津 9 号现址搭棚崇拜。1908、1909 年连续两次台风把竹棚吹倒后，便筹建一层砖木结构的礼拜堂，大门向东。时浸水礼是在培道女学东侧水塘举行，新信徒暂入册登记为八约浸信会堂会友。1909 年，主日崇拜人数已逾 200 人，便于 1909 年 5 月 2 日正式成立教会，是日受浸者 25 人，连同由八约堂及其他堂转会籍来的信徒，已有会友 70 人。同年 5 月 25 日按立传道余瑞云为牧师。各项工作正常开展，至 1919 年有会友 605 人，1929 年有 1396 人，1933 年有 1799 人。”①

东山堂的建设奠定了浸信会在东山口地区的发展基础。吴宁谈道：“将传教中心从五仙西转移的原因是因为 1900 年后，由于传教大环境开始向良好的态势转变，广州市内的各个基督教新教传教团体也并不局限于原有堂址的基础上‘深耕细作’，转而各居一方，各自扩展势力范围。英国和法国占领沙面作为租界，德国以芳村为中心，长老会等在珠江南岸的岭南大学。美南浸信会认为五仙西的教会不再能满足日益增长的需求，则将东山为其发展基地，渐渐将在散居在广州各处的事业转移，集中在东山买地建房，设立学校、印书房、医院，形成了规模宏大，设施完备的浸信会东山传教区。东山同时还有安息会、中华基督教会、法国天主教会等传教团体，但美南浸信会是到东山发展最早、势力最大的教会……美南浸信会 1907 年开始在东山购地，通过廖卓庵（又名廖云翔）与寺右、山河两乡的乡民打交道，以较高的地价买下了两段土地，一在现在的寺贝通津，一在现在的庙前西街。先后建成‘红楼’和‘耶德逊堂’，1908 年落成。培道女校最先迁到东山，将‘红楼’作为学生宿舍，‘耶德逊堂’作为课堂和礼堂。这两座建筑物，是东山最早出现的新式建筑物。两广浸信会神道学校也在庙前西街同时购地兴建校舍。培正也紧随其后。培道、神道、培正、培贤、慕光等校相继在东山建校，学生们主日崇拜都要奔

① 参见唐启望《广州基督教东山堂简史（1909 年—2009 年）》（http://special.gznews.gov.cn/2010/node_910/node_1007/2010/11/06/12890110967226.shtml）。

波回五仙西教会，极为不便，为了使各校学生以及附近的居民方便进行宗教活动，于是在1909年，在寺贝通津（现在的东山浸信会会址）搭建了棚厂，作为临时礼拜堂。1911年建成了一座红砖教堂，当时是广州最大的教堂。"①

唐启望指出："1922年建职员住宅一幢和办老人院（后交两广浸联会接办）。1923年把旧堂拆除建今日之主堂，1927年4月16日建成感恩献堂。1923年建立主日学堂，即今日西侧的副堂，因经费不足，卖掉职员住宅。1931年建职员住宅平房两幢。1929年接手1909年由美蓝山大学师生捐建的慕光瞽目院。1916年黄埔区，夏园村建有接受本堂管理的'番禺菠萝基址'，由唐穗田任主任牧师，至四十年代末退休，之后由邝敬豪、蔡长华、谭荣光等三位传道接手，至五十年代中停办……抗日战争前，东山堂曾有长老5人，传道8人，干事4人。另会佐（曾称会役、会吏，需按立、终生任职、不受薪，约相当于今日之执事）23人、司库10人、书记14人、各类董事79人。月刊编辑部5人、出版部7人、经济部9人、少年团部8人、音乐部7人，主日学部24人。"②

何因认为："重点设在东山。本世纪初，东山地方是荒冢、稻田、菜地。美国浸信会国外传道部美南差会派遣纪好弼传教士来华传教。看中了东山，买下了东山最高点及附近地方。设立外人住所，男女神道学校。继办培正中学、培道女中、恤孤院、养老院、美华书局、浸信医院等。1923年建筑美国式的宏伟礼拜堂，是为东山浸信会堂，作为教会事业活动的中心。"③

这颗种子种下之后，浸信会在东山口就逐渐长成了一棵枝叶繁多的参天大树。这些繁多的枝叶，包括它们开办的教育机构、医疗机构、出版机构、慈善机构等。

除开东山堂外，浸信会还有一些其他的教会组织，一是华人的自

---

① 参见吴宁《美南浸信会在华南传教活动研究：1836—1912》，第79页。

② 参见唐启望《广州基督教东山堂简史（1909年—2009年）》（http://special.gznews.gov.cn/2010/node_910/node_1007/2010/11/06/12890110967226.shtml）。

③ 参见何因《解放前广州基督教会分布情况》，政协广州文史资料研究委员会编《广州文史资料》第28辑，1983年，第210页。

立教会——赖神浸信会，它于1934年在东山庙前直街建立了教堂。雷秀民等称："这个教会是华侨中的浸信会教徒自办的，礼拜堂设在庙前西街四十二号。该会虽标榜'华人自选'，但仍属两广浸信联会系统……"① 二是两广浸信联会。"该会创立于清光绪十一年(1885)，是跨省市的浸信教派联合组织，地域包括广州、粤东、粤北、粤中和广西的梧州、桂林等地区，由浸信教派的西差会和华人主办的自立都会组成，广州的惠爱、东山、东石等10间浸信会堂均加入该会。会址设在广州东山庙前直街。民国十七年（1928）10月，成立广州浸信会联会。两广浸信联会下设有传道部、福利部、教育部、神学部、少年团部、幼儿园、医院、《真光》杂志社，并开办了两所神学院校。1951年，成立两广浸信联会三自工作促进委员会，加入广州市基督教三自会。"② 唐启望指出："1928年广州浸信会联会成立，办事处设在庙前直街，东山浸信会堂加入为团体会员。"③

雷秀民等称："两广浸信会联合事务所。这是广东、广西各城乡浸信教会的联合组织，属于美南差会掌握的机构，办理联会内传道、教育、慈善各种事业及各地教务。这个机构所占的建筑物面积虽然不大（现在庙前直街十二号），但它是两广传教活动……美帝国主义代理人美南差会运筹帷幄、指挥文化侵略和其他各种活动的大本营。"④

四　教育机构的开设

基督教教会历来重视兴办各种文化教育事业，使之为传教服务。教会所办的学校，均设有《圣经》的必修课，还举办经常性的宗教活动。浸信会在东山口传教活动的重要组成部分是由浸信会与一些热心的华人教徒开办一批教育机构，它们有培道、培正、培贤等一批

① 参见雷秀民等《广州市东山六十年来发展概述》，第95页。

② 参见广州市东山区地方志编纂委员会编《广州市东山区志》，广东人民出版社1999年版，第764页。

③ 参见唐启望《广州基督教东山堂简史（1909年—2009年）》（http://special.gznews.gov.cn/2010/node_910/node_1007/2010/11/06/12890110967226.shtml）。

④ 参见雷秀民等《广州市东山六十年来发展概述》，第96—97页。

学校。

培道女子中学。1888 年，美国南方浸信会女传道会第一届联会，以中国妇女绝少入学机会，也无途径认识基督，遂派容懿美女士（Miss Emmayoung）来广州，于五仙门创设培道学校。1889 年增设妇女班及盲女班。容懿美女士回美，由纪好弼女士（Mrs Rosewell Hobart Graves）接任校长。1901 年，纪好弼夫人回美，泊女士任校长。1906 年，因学校人数增加，校舍不敷，于东山牧鹅塘及其附近买地 1460 余井，建校舍两座，可容学生 200 余人。1907 年，东山新校舍落成并迁入上课，1909 年，学生人数激增，于是把妇女班及盲女班先后迁出，改作培贤学校及慕光瞽目学校。1913 年，开办蒙学师范班，首次举行学生毕业典礼。1916 年，将蒙学班上课的棚厂改建为“耶德逊堂”（美南方浸信会为纪念耶德逊牧师而命此名）。这是两层建筑物，作为高小、初小的课室。原有的蒙学，则因人数激增，迁至新建的美丽金堂（今培正小学内）。当时培道蒙学办理之完善被誉为全市之冠。1919 年，将蒙学班归并培正中学附小，母校则专办女子教育，设中学、师范、小学及幼儿园。正式命名为“广州培道女子中学”，开办培道夜校。①

培正中学。光绪十五年，由浸信会教徒李济良、冯活泉、杨海峰等人发起，在德政南路珠光里建培正书院，光绪三十年改称培正学堂，光绪三十四年移交两广浸信联会办理，并迁址东山培正路。民国元年易名培正学校，民国十七年定名私立培正中学。民国二十年设西关分校。②

梅斌林称：“培正学校创始于 1889 年，实施基督化的教育以基督及其教训为其教育的目标，教学内容既有必备的圣经一科，而且经常举行宗教集会，授以基督福音，使成为教会社会有用人才。又说：吸收诚心慕道及有志向学之青年，教以永生之道，拯救彼等免于沉

---

① 参见李国材《广州培道女子中学》，载李齐念主编《广州文史资料存稿选编》（7）《文化教育》，中国文史出版社 2008 年版。

② 参见广州市编纂委员会编《广州市志·宗教志》，广州出版社 1998 年版，第 454 页；谢哲邦《广州培正中学》，载李齐念主编《广州文史资料存稿选编》（7）《文化教育》，中国文史出版社 2008 年版。

沦……他们初在市区德政街珠光里等处设立，最后才迁到东山，规模逐渐扩充。尽管校舍建筑堂煌，设备比较齐备，但就其本质和实际内容分析，结合起上述的创立经过情况和教学宗旨，教学内容，其与中国基督教浸信会有着血肉相连的密切的关系，确无疑义。”①

“培后进兮其素志，正轨道兮树新风。”“培正书院”迁来东山后，从此奠定了东山在广东教育界不可撼动的地位。著名音乐家马思聪就曾在培正中学附小就读。②

神道学堂。其前身是仕文等所办的圣经班。“仕文等来华后，仍在珠江江边活动，在五仙门外，即今日青年会会址，建楼作住所，设立圣经班，训练担任传道的中国人，每年每季听课一次，每次若干日，其余时间，派到各地传教。人称这圣经班为‘四季班’。这是浸信教会神道学院的前身。”③

后来，纪好弼将此圣经班迁来东山。“纪好弼来到东山，首先在今日的庙前西街，建筑一幢洋房，设立浸信会神道学堂。在通往寺贝底村的寺贝通津，建筑西教士住所，后来买得寺贝通津路口的山岳，将神道学堂搬过来，在上建筑教堂大楼和学生宿舍……神道学堂原由差会西教士任校长。‘六二三’惨案时，学生愤起参加游行，当日校长因大信，横加指责，因而引起学生罢课风潮。1933 年间差会在‘浸会来华百周年纪念’时将学校行政权及产业权移交两广浸信会联会接管，以刘粤声为校长，改为两广浸信会神道学校。”④

雷秀民等称：“美南差会为了培植传教人员，办了一间神道学堂（全称是‘两广浸信会神道学校’），校址在现在的庙前西街，校舍建筑与落成时间和培道相同。校舍高三层，学生最多时有一百几十人。

---

① 参见梅斌林《广州设立的教会学校》，载李齐念主编《广州文史资料存稿选编》（7）《文化教育》。

② http：//www. wzg. net. cn/pwblog/blog. php？ do = showone&itemid = 1696&type = blog.

③ 参见松《东山浸信会见闻片断》，载政协广州文史资料研究委员会编《广州文史资料》（选辑）第 20 辑，广东人民出版社 1980 年版，第 198 页。

④ 参见松《东山浸信会见闻片断》，第 198—199 页；李国材《两广浸信会神道学校》，广州文史资料研究委员会编《广州文史资料》第 16 辑，政协广州市委员会文史资料研究委员会 1985 年版，第 160—165 页。

后来又在七星岗顶另建新校舍，课室、礼堂、藏书楼合为一座，宿舍一座，一九一九年迁入，原来校舍移作别用。这个学校实施传教的专业训练，养成施行奴化教育的骨干，除了神学和圣经科外，没有其他学科。有几个美国人当教师……”①

培贤女子神学院。它设在东山寺贝通津路，由两广浸信会联会举办，1909年创办。1936年，杜信明（Flora E. Dodson）担任校长。1937年，该校迁往香港。1946年迁回广州东山原址。它为华南、港澳浸信会培养了不少的女传道人才。它是现在广州育才学校的前身。“差会在美南筹募得一笔捐款，在寺贝通津东山浸信会堂之东，差会住所之西一大荒地，建立培贤女子神学院（今寺贝通津小学校址），专收女青年教徒，培训为女传道人。抗日战争胜利后，1947年差会将学院行政权移交与两广浸信会联会。”②

其他机构。包括培正、培道义学、培灵幼稚园。“培正培道两校基督教学生青年会筹资开办培正义学和培道义学（在今之山河大街及寺贝通津路），招收免费学生。差会还在今日之美华路，设立美华浸会书局印刷所。在寺贝通津开办慕光瞽目院。在烟墩路，培道要地东面开办培灵幼儿院。”③

雷秀民称：“培灵幼稚园。一九一三年美帝分子湛罗弼（Robert E. Chamers）的妻子创办，行政及经济都直接隶属于美南差会国外传道部。园址最初设于烟墩路的培正路口，仅为一篷厂，设备简陋。除园长外聘了一两个中国女作老师，收儿童二十多名。教材大多数是翻译外国幼稚园的歌曲、舞蹈、游戏等。一九一六年在原址用砖瓦建平房一座，设备稍有增加，并先后在培贤神道女校及培道女中附设师范科培养老师，以该园为实习场所。园长由美帝分子凌履端主持。一九三一年以原址不够用，将校舍转卖给培正中学，在烟墪路建新园舍，学生由数十人增至一百余人。解放前一年园长由凌履端易为中国人陈佩贞，但行政及经济仍由美南差会操纵。解放后由人民接办，改名为

① 参见雷秀民等《广州市东山六十年来发展概述》，第91页。

② 参见松《东山浸信会见闻片断》，第199页。

③ 同上书，第200页。

烟墩路幼儿园。”①

总之，通过浸信会与一批热心教徒的努力，他们在东山口创办了一批“培”字号的学校，将东山口建成了广州的教育名区。

五　医疗机构的开设

广州地区最早的西医院，是由教会创办的。它对近代西方医术传入岭南，并培养中国早期的西医人才起到积极的作用。

两广浸信会医院。“由于东山各校学生日增，居民日众，两广浸信会于一九一九年在神道旧校舍创办五音临时医院，命名为两广浸信会医院，担任各校校医，并设门诊部为居民治病。一九一八年，医生张新基向政府领得木棉岗的一段山地，后因两广浸信会医院需要，便献给该院建筑新院。两广浸信联会推叶培初医生为院长，赴美向华侨募捐，筹得港币十几万元，建成四层大楼一座。王少甫任院长时又建了一些房屋。”②

其他医院。一些教徒还开办了下列一些诊所、医院：“在两广浸会医院开办之前，先有美籍医生——关医生，在木棉岗山顶开设眼科诊所。随后教会人士在百子路开办‘公医院’即今中山医学院前身。教会人士邝盘石医生，独资经营，开办邝盘石医院，即今之东区人民医院前身。”③

众多医院的开办，使广州东山口地区的医疗条件大为改善，成为广州市医疗条件的首善之区。

六　出版机构

注重文字布道是基督教传教的特点之一。其主要方式有两种，一

---

① 参见雷秀民等《广州市东山六十年来发展概述》，第 95 页。

② 参见雷秀民等《广州市东山六十年来发展概述》，第 96 页；松《东山浸信会见闻片断》，第 200 页。

③ 参见松《东山浸信会见闻片断》，第 200—201 页。

是《圣经》的翻译和销售，二是出版宗教刊物。浸信会在这些方面是均有建树的。其开办的出版机构为“广州美华浸会印书局”，出版的刊物以《真光杂志》最为有名，此外还有《东山浸信会月报》《尽言周刊》《朝曦》等。黄增章称：“广州美华浸信会印书局是20世纪30年代以前华南地区规模最大的基督教出版机构，在它所出版的大量的宗教书刊中，《真光杂志》被称为中国基督教杂志的鼻祖，在我国基督教界曾有过很大的影响。”①

该印书局由美国浸信会传教士湛罗弼倡议创办。1895年，它来到广州，他看到华南基督教界的出版事业很落后，没有一个专门的出版机构，便产生了组织一个印书局的想法。后经两广浸信会于1899年2月27日在广州五仙门福音堂会议决定，在此设立广州美华浸信会印书局。后在沙面运作到1910年4月21日。后因种种原因，印书局将沙面的房屋和土地转让，于东山新河浦购得一大块土地，1911年7月动工建新书局，次年8月竣工。在新书局成立之前，浸信会在广州有个小书会，刻了一批木版印了40余种书籍。新书局接管了其业务和版片。它在迁往上海之前，共出版了332种出版物，分为五大类：1. 对外布道小册子；2. 对内的说经丛书；3. 新旧约全书分册及合册；四福音单行本及其他，主日学课本；5. 定期刊物。

雷秀民称：“美南差会主办的美华书局，原设于沙面。一八九五年后，在新河浦的珠江河畔购地建筑一座宏敞的洋房，该书局由沙面迁至东山（现在新河浦一二横路）改名为‘中华浸信会书局’，专印教会书刊。该局有完备之印刷设备，中英文排字房、编辑室、办公楼、住宅等。当时东山至城内未有马路，该局有自置小电船往来于东山沙面，该局经理（美国传教士）进城则乘自备轿子。”②

该局出版的定期刊物有数种，一是《恩喻》（周刊），它出版了大约3年，由于没有合适的人主持而停刊。二是《新东方》英文双月刊，出版了21年，主要介绍该书局及两广浸信会的情况以及中国各方面的情况，它主要是供外国人阅读，也带有向美国本土教会教友汇

① 参见黄增章《广州美华浸会印书局与〈真光杂志〉》，第40—42页。

② 参见雷秀民等《广州市东山六十年来发展概述》，第94页。

报的性质。三是最有名的《真光杂志》。它于1902年问世，由湛罗弼任主撰，新会陈禹廷为副主撰。初名为《真光月报》。1905年，张亦镜受聘为协理，进入迅速发展时期。1906年改名为《真光报》。1917年起，改名为《真光杂志》。它之所以被称为我国基督教杂志的鼻祖，除了创刊早，持续不断，篇幅比其他基督教刊物大，刊载宣传宗教内容的文章多，材料丰富之外，最主要的是它在卫道方面所做的贡献是其他杂志所望尘莫及的。①

此外，在东山口的浸信会各个机构还出版了其他一些刊物：《两广浸信联会会刊》（半月刊，1946年两广浸信联会创办于东山庙前直街）、《浸会声》（双月刊，1952年两广浸信联会创办于东山庙前直街）。

七　慈善机构

慈善活动亦是教会传教活动的一个组成部分，浸信会各堂、各会在东山口创办了一些慈善机构。它们有：

浸信会慕光瞽目院东山分院。"慕光瞽目院，由浸信会外籍宣教士惠理敦女士于1909年创办，当时可容学生约70名。后由纪好弼师母接手办理，建一院于东山，约值一万元，并有院地三亩，院内一切经费，均由美国蓝山大学浸信会一小组信徒提供。1935年，纪好弼师母年老失明返美休养，将院务移交中西合组的委员会代理，经费仍由蓝山大学信徒资助。当时学生70名，全是女生，由院终身给养。学生功课，有宗教、音乐、织工等。院方亦将制品发售以助经费，当时全年经费约7000元。新中国成立后由人民政府民政部门接办。"②

雷秀民等称："这也是美南差会办的，专门收养盲女的学校，校址在寺贝通津小学隔壁。除教习文化课外，并教习手工艺。"③

---

① 参见黄增章《广州美华浸会印书局与〈真光杂志〉》，第40—42页。

② 参见广州市东山区地方志编纂委员会编《广州市东山区志》，广东人民出版社1999年版，第452—453页。

③ 参见雷秀民等《广州市东山六十年来发展概述》，第95页。

两广浸信会孤儿院。“1906 年，两广浸信会开会，拟在广州东山购地建恤孤院，本会信徒的未成年遗裔，当即捐得 800 余元，1909 年议决，各堂每季提一个主日学之捐款拨助恤孤院。1911 年，获捐恤孤院建筑费 3000 余元，在东山培正小学南侧建院。1919 年改名孤儿院，院长郑杏圃。1926 年，迁址沙河……”①

雷秀民等称：“恤孤院是两广浸信会于一九〇三年开办的所谓慈善事业之一，房屋也是一九〇三年建成的。两广浸信会的职员和教徒们所遗的孤儿。恤孤院路以此得名。后来该院迁于沙河……”②

两广浸信会安老院。“1922 年，由东山浸信会卢连先生等提议筹办，隶属东山浸信会。1928 年该院连产业约 2 万元，一并移交两广浸信会联会接办，1932 年迁址沙河……”③

雷秀民等称：“一九二二年冬，东山浸信会……举行一次信徒退修会。由于感到年老无依的教徒有需要‘老者安之’，首由归侨卢连倡议，创办安老院以奉养年老无依的女教徒。由卢连借出在山河村的平房一间为院址，奉养三数老人。一些费用由东山浸信会教徒捐助，产属东山浸信会，由会派女传道雷惠芳主持，设董事照应。一九二四年，卢连再度赴美，教会委派他在赴美期间……募捐，筹建院舍。一九二六年卢连回国，以在美所得捐款在山河村兴建院舍，增收老人。一九二八年，东山教会认为该院只由一个教会负责，力量有限，难以发展。故于是年秋，在两广浸信会联会年会中提出交两广浸信会联会接办。经联会接纳，并增设安老部负责办理，推选卢连为名誉院长。费用则由联会依靠捐助，收容老人包括来自两广的各浸信会，并兼收男人。一九三二年，院舍不够用，在沙河建新院舍……”④

---

① 参见广州市编纂委员会编《广州市志·宗教志》，广东人民出版社 1999 年版，第 452 页。

② 参见雷秀民等《广州市东山六十年来发展概述》，第 93 页。

③ 参见广州市编纂委员会编《广州市志·宗教志》，第 452 页。

④ 参见雷秀民等《广州市东山六十年来发展概述》，广东人民出版社 1999 年版，第 95—96 页。

八　其他教会的投入

就在浸信会在东山口地区大举进行建设，获得巨大成就的同时，在广州的其他教会亦纷纷效仿，在东山口周边地区进行建筑工作，大大促进了东山区的发展。如清宣统二年（1910），美国的安息日会也在今犀牛路、三育路、福今路购地建教堂、学校和医院。[①]“浸信会在东山陆续收买大片田地，大兴土木，其他教派教会也接踵到东山来。圣公会在百子路建立圣希理达女校，在沙河路建立圣三一中学（即今传染病院院址），安息日会也在今日的农林路附近名叫福音村山地，开办三育学校和医院及教堂。”[②]

九　房地产投机与东山口发展的关系

由于浸信会在东山口地区的发展，带动了这一带的城市发展，使得这里出现了地价上涨的情况，引起了商人们在东山口地区的地产投机，加快了这里由乡村向城区的转变。在此进行房地产投机者，多系与教会有关的归侨等。

最早建房者系中国籍牧师张立才，最早投资者系杨廷霭、黄葵石。雷秀民等说：“海外华侨投资在东山营建住宅，自杨廷霭、黄葵石始。东山最初除教会和学校建筑物外，私人在东山建屋的，第一个是中国籍牧师张立才，华侨则始自杨、黄。美洲归侨黄葵石向政府领得官荒十八亩多，每亩公开标价一万二千元。一九一五年开始，先将地掘平，划分为四条马路，经营地皮买卖，分段出售。现在龟岗马路及各横马路，都是当时修筑的。”[③]

随后，大批归侨投资到东山口的地产中来。松等指出：“教会人

① 参见广州市东山区地方志编纂委员会编《广州市东山区志》，广东人民出版社 1999 年版，第 79 页。

② 参见松《东山浸信会见闻片断》，第 200 页；雷秀民等《广州市东山六十年来发展概述》，第 97—100 页。

③ 参见雷秀民等《广州市东山六十年来发展概述》，第 100 页。

士越来越多集中到东山来，归国华侨和侨眷也不少定居东山，巨商、政客也在东山经营大厦。因此，东山地价日益高涨。经营地产事业大不乏人：最先有嘉南堂银业置业公司。用所谓‘三益会’的类似旧社会地铺会贷款方式筹集资金，将所得资金买地建屋出售，获利不少。在今日龟岗五马路，建有嘉南堂南楼，北楼，这是嘉南堂发祥地。嘉南堂之后，嘉华储蓄银行、南华银业置业公司相继开办。从此，汇华银号、广昌银号、世光置业公司、合群置业公司等等如雨后春笋。田园、池塘、荒丘的东山，变成遍地都是花园式的小洋房住宅区了……嘉南、嘉华、南华三间银业，它们除了开办银行主业外，投资经营地产，炒卖地皮，投机倒把还和教会互相勾结，教会事业遇到经济困难时，由它们贷款周转，使帝国主义侵略，顺利进行。三间企业股东，大多是教会中人，企业的主要负责人又都是教会上层人物，用各种方法剥削，曾获利不少。然而‘好景’不常，由于经营失当，管理不善，复遇三十年代不景气，嘉南、嘉华、南华于 1935 年间相继倒闭……”①

雷秀民指出：“当时大家都认为在东山买地、建屋出卖有利可图。有些归国华侨、侨属，若手上有余资而对投资具有敏感的，就以个人独资或组织公司方式，争先购买土地，建筑新房子，规模有大有小，或自用或出卖图利。现在能记得起来的，早期先后在东山建房的多数是华侨或华侨有关人士。杨远荣、杨廷霭掘平龟岗附近江岭小丘，修筑江岭东西街。钟树荣等开辟□□□一带，并先后建筑房屋。梅彩乃在烟墩建彩园为住宅。冼□□、□□□、简英甫、林秉伦、李济良、黄启明等也先后购置了土地。浸信会牧师张立才、曾维新、杨海峰等，受华侨委托、插手经营土地，买地也不少。嘉南堂曾以低价投得拆城的红砖，建筑龟岗五马路的房屋，邹殿邦在水体会旁建筑住宅，简琴石在恤孤院路建筑堂皇的别墅。共和村位于寺右乡之北、梅花村之南，原是一片荒芜之地，一九二二年开始有华侨在此购地建筑房屋

① 参见松《东山浸信会见闻片断》，第 202—203 页；冼锡鸿《嘉南堂·南华公司·嘉华储蓄银行》，李国材、杜耀华《嘉南堂、“三益会”及有关的人》，卫恭《在东山“炒地皮”的几个方面》，均载政协广东文史资料研究委员会编《广州文史资料》第 14 辑。

以后，才陆续繁盛起来。”①

东山的学校、医院等，都是由于有华侨的捐款而得以维持发展，他们投资此地的原因总结起来有下列几个方面：1. 东山地方离市中心不远，足以结庐落户；2. 东山有教会办之男女中小学，侨眷在此卜居，可照顾儿女读书求学；3. 拥有经济力量的归侨投资生产或“炒地皮”，有利可图；4. 有些华侨在国外已经信教，东山宗教气氛甚浓，颇合他们的宗教信仰及生活习惯；5. 华侨以四邑（广州的台山、开平、新会、恩平四县）人为多，以乡土人情关系，东山居民也以四邑人较多；6. 东山的物质生活条件，衣食住行，都比乡村好得多，而且当年侨乡土匪横行，有钱者不能安居，所以不少侨眷愿住东山而不愿住在乡村。②

旧时官僚、政客、军阀，生活趋向洋化。东山兴盛之后，他们对西关、老城地区不感兴趣，在朝在野者来东山建别墅、盖公馆者不乏其人。其中最早者为魏邦平。他于广东省警察厅长等任内，曾帮助过浸信会的培正、培道等校，又拨公地给邝盘石建筑医院等。魏邦平自己建了两座别墅，一在江岭东街，名为猎庐；一在大沙头东端，名为渔庐。二沙头也是魏邦平所开辟，公开进行地皮投机，后来梁培基等在那里办颐养院。

曾在此及附近的梅花村建筑别墅者，有陈济棠、陈维周、林翼中、林云陔、余汉谋、李扬敬、孙科、缪培南、香翰屏、林逸民、李汉魂、邓龙光、陈玉琨、周宝衡、陈庆云、杜益谦、黄光锐、张瑞贵、张达、周景臻、李务滋等。“梅花村初称‘模范村’，最先有法国天主教办的安老院，后有陈济棠等军阀官僚在该处开辟马路，建筑宏伟的楼房，官僚、政客建屋者接踵而来。寺贝底村西边，有一片大树林，也被陈济棠等人夺去，树木砍尽，开辟马路，将土地分段出售……当时梅花村附近的地位被定得很低，大概四十元一井，由市土地局向乡民强行征购，转手给军阀、官僚。”③

---

① 参见雷秀民等《广州市东山六十年来发展概述》，第100—101页。

② 同上书，第101页。

③ 同上书，第101—102页。

十　东山口城区的建成

经过浸信会对教堂、学校、医院、慈善等机构的建筑，大批归侨商人的投资地产，官僚军阀的别墅兴建，东山口地区逐渐成为城区，并开始引起广州市政府的注意，而在此开辟道路，开通公共汽车（1924 年），供应水电（1915 年开始供电）、电话，还有一批官办公共事业，包括学校、公园等。它们有：1917 年举办的第一次全省农品展览会、广东农业专门学校（1918 年）、东山小学（1928 年秋）、东山公园［它位于署前路之东、庙前直街之北，是 1922 年在北帝庙（亦称东山庙）地址开辟，面积约 4600 平方米］。另外还有一批民办公用事业：它们是广东公医学校（1918 年在百子岗开办）、国民大学（1925 年陈其瑗等创办）、邝盘石医院（1915 年邝盘石在木棉岗东北麓创办）、培桂中学（1932 年桂系军阀以广西旅穗同乡会理事会名义创办）、水上体育会（游泳池设在达道路）、德明中小学（陈济棠等 1946 年创办于龟岗一马路）、珠海中学（1946 年创办）。

结　论

综上所述，明末清初时，东山口还是一片荒岭山丘，村民们守着几亩薄田、菜地、鱼塘和竹林过日子。到 20 世纪初，教会机构、归国华侨、文化名流与民国的军政要员纷纷云集于此，建筑教堂、豪华的别墅和官邸，开辟道路，东山口才蜕尽往日贫瘠的外衣，声名鹊起。

在这个过程中，广州东山口一带从乡村发展成为广州城的一处高级城区，美南浸信会在其中发挥了巨大的作用：美南浸信会率先将东山口作为其在广州传教活动的基地，在此兴建教堂等设施与机构，它们成为东山口发展的基础。首先，兴建了教堂，使东山口成为一个传教中心；其次，兴建了学校，使这里成为广州市教育的首善之区；又兴建了医院与慈善机构，使这里居住环境得到了大大改善。而这些建设成果，又吸引了大批归侨前来投资，促进了这里的土地开发与地价上涨；尔后又吸引了大批文化名流与民国军政要员来此居住，促进了市政事业的发展，扩大了东山口的影响。

因此，可以看到，东山口地区的发展，美南浸信会等宗教团体发挥了不可磨灭的作用。东山口的成功，是历史宗教地理学的一个成功范例。

原载《世界宗教研究》2012 年第 2 期

《大西利西泰子传》与张维枢考述

利玛窦，号西泰，又号清泰、西江，意大利籍耶稣会士。明朝万历年间来到中国居住。在中国颇受士大夫的敬重，被尊称为“泰西儒士”。他是天主教在中国传教的开拓者之一，也是最早阅读中国文献并对中国典籍进行钻研的西方学者之一。除传播天主教教义外，他还广交中国官员和社会名流，传播西方天文、数学、地理等科学技术知识。他的著述不仅对中西交流做出了重要贡献，对日本和朝鲜半岛上的国家认识西方文明也产生了重要影响。

关于利玛窦的研究，学术界的成果可谓汗牛充栋；为他写传记者，亦有许多。对于这些传记与撰写者，学术界有的做过不少的研究，有的却研究得不多。笔者整理点校过3种明清时期所撰写的利玛窦传记：（明）张维枢撰《大西利西泰子传》①、（明）［意］艾儒略②

---

① ［比］钟鸣旦、［比］杜鼎克编：《耶稣会罗马档案馆明清天主教文献》第12册，利氏学社2002年版，第187—199页。

② 艾儒略系明末清初应利玛窦之召来华的意大利籍耶稣会士，亦是继利玛窦之后，第二代耶稣会士中的非常有名气者，被中国文人称为“西来孔子”，受赞誉的程度之高，甚至超过了利玛窦。他是在利玛窦死后才抵达中国，两人虽然未曾谋面，但艾儒略非常推崇利玛窦，他说：“利子以道之广传及朝家重典，俱未可一人独任。因寄书本国招一二同志，多携西书同译。儒略始偕二三友朋，如毕子令梁讳方济、史子建修讳百度等浮海远来，而利子是年殁矣。然虽不及一面，亦躬造燕京，瞻拜赐坟，感激熙朝之厚仁也。”参见［意］艾儒略撰《大西西泰利先生行迹》，载［意］艾儒略撰，叶农整理《艾儒略汉文著述全集》上册，广西师范大学出版社2011年影印本，第408页。作为明末清初中国天主教传华史上的重要人物，国内外学术界对他展开过研究工作。对他的研究，到目前为止，大致可以分为三个阶段，20世纪20年代至70年代末，为初期阶段：中外学者的研究很有限，仅系撰写传记及对《西学凡》《三山论学记》《性学觕述》与《职方外纪》等少数几种著作展开研究。80年代至20世纪末，为勃兴时期。学术界开始重视对艾儒略的研究，在艾儒略的传教

(Julio Aleni) 撰《大西西泰利先生行迹》[1]、清阮元编《皇清经解》之《畴人传》卷七《利玛窦》。这3种传记，学术界较少关注，均有深入研究的价值，特别是前两种，由于系明末时期所撰，故值得给予特别关注。下面将就明张维枢撰《大西利西泰子传》，展开一些研究。

一 张维枢《大西利西泰子传》初探

17世纪30年代，利玛窦逝世之后，张维枢完成了《大西利西泰子传》。全文有3100余字，主要记述了利玛窦从早年受学、入会、来华入驻肇庆、入南京、进驻北京、在京传教工作、逝世及其死后获明朝政府给予葬地等内容，对利玛窦开拓天主教对华传教事业做出贡献的一生，做了简要的总结：

如利玛窦在传教时所皈依的信徒中，以徐光启与李之藻最有影响。徐、李二人入教经过，据张维枢记载："大宗伯徐公玄扈博学多通，欲参透生死大事尤笃。庚子至南都见利子，略通其旨。回家得一奇梦，如见圆堂中设有三台，一有像，二无像。盖天主预启以三位一体降生妙义，然尚未知其解也。癸卯腊月，又到南都入主堂，访论天

工作，特别是福建地区的传教工作及其传教成就；传教策略；中文著述研究等方面，取得了丰硕的成果，出现了许理和教授（Erik Zürcher）、梅欧金（Eugenio Menegon）、柯毅霖（Gianni Criveller）等一批成果丰富的外国学者。而华人学者中，最早关注艾儒略在福建活动的是林金水教授，他先后发表了《艾儒略与明末福州社会》等系列论文，来研究艾儒略在福建传教的情况。此外，还有潘凤娟、张先清等，他们先后完成了首篇研究艾儒略的博士与硕士论文。1994年10月19日至22日，意大利召开了截至目前唯一的一次关于艾儒略的学术研讨会，出版了论文集，*Scholar from the West*: *Giulio Aleni S. J.* (*1582 - 1649*) *and the Dialogue between Christianity and China*, T. Lippiello & R. Malek (eds.)。进入21世纪，为深入时期。特别是中国学术界，在以前研究成果的基础上，取得了一批（新的）成果，包括多篇硕士学位论文，如2006年童惠首都师范大学硕士学位论文《艾儒略人性论研究——兼论与朱熹人性论之异同》等；出版了罗群《传播学视角中的艾儒略与口铎日抄研究》等学术专著；而陈村富、夏瑰琦、顾宁、董少新等学者均发表过研究艾儒略的论文。在此时期，学者们将精力集中到了深入研究艾儒略的中文著作，探究它们对中西文化交流的贡献，将艾儒略推向了一个新的高度与广度。

[1]［意］艾儒略撰，叶农整理《艾儒略汉文著述全集》上册，第399—414页。

学，至暮不忍去，于邸中读《实义》、《解略》诸书，达旦不寐，立志受教，毅然坚守十诫，即今诸孙远膝，亦天主福善之报也……李我存久习利子，服其证悟。忽患病，邸无家眷，利子朝夕床第间，躬为调护。时疾甚笃，已立遗书。利子力劝其立志奉教。于生死之际，公幡然受洗，且奉百金为圣堂用。疾旋痊，固天主默佑之耶？”①

利玛窦开创了“驱佛补儒”、文字传教与科学传教的在华传教策略。据张维枢记载，利玛窦为了传教，曾与佛教界人士展开论辩：“有僧三槐者，欲设机锋以难利子。曰：‘子之考日月也，或上天看日月乎，抑日月下而与心目接乎？’利子曰：‘非我上天，亦非日月下地，我存日月之像于心，照此像可知日月矣。’三槐曰：‘若此，则子能造日月于心矣。何人不可以造天地乎？’利子曰：‘有日月矣，而我见之，因所见而生是像于心，非无日月而我能造日月也。譬之镜然，悬之空中，物咸照焉，即天地日月亦入照矣。然又先有物而后照有像，非无其物而镜自能造其物也。’三槐始屈。”

利玛窦曾完成了一批宣传天主教教义的著作，作为文字传教的工具：“相国文忠叶公、太宰李公、司马赵公、少司寇王公、少宗伯枧公、佥都慕冈冯公、都谏曹公、都水我存李公，相与质疑送难，著而成书，名曰《天学实义》。冯公以是书为救世神药，并《二十五言》梓行世。”而利玛窦亦致力于科学传道，写作了一批传播欧洲科技的著作：“利子住京师凡十年，交道益广，著述亦多。尝著《畸人》十篇及与徐玄扈所译《几何原本》、《测量》等书，与李我存所译《同文算指》、《浑盖通宪》、《乾坤体仪》等书，俱已行世。”

张维枢对利氏的严谨宗教生活与对传教工作的执着亦有记录：“利子每谓人万善之根在默与大主神接，密密对越，冀沾神功。每日诵经赞诵天主七度。时伏枕呻吟，一闻问道者至，即欣欣然延接，悉忘其苦。朝夕省克，毫不自恕。苏北天寒，卧不重褥，时用木枕，至所被之衣，布素不更。”

作为中国文人与官员，张维枢为何要撰写此传呢？要回答这个问

---

① 本段引文，均见［比］钟鸣旦、［比］杜鼎克编《耶稣会罗马档案馆明清天主教文献》第 12 册，第 187—199 页。

题，可以通过与另外一部同时期由传教士撰写的利氏传记——［意］艾儒略撰《大西西泰利先生行迹》的比较，来寻找答案。

艾氏传记是艾儒略所著的教化性传记之一，亦是汉文最早记述利玛窦事迹的著作之一。方豪说："利氏卒后不久，艾儒略（Julio Aleni）便以中文写过《大西西泰利先生行迹》，那是中文最早记述利氏事迹的著作。"① 它记述了利玛窦在获耶稣会圣职后，在中国长期而艰辛的传教活动。徐宗泽说："西极耶稣会士艾儒略述。是传虽简略，然于利玛窦之行实，已包括无遗。一九一九年八月，新会陈垣先生校阅重梓，马良先生有书后。"② 他还在文中列举了利玛窦的种种善行和品德：与天主联结、每日默想、做弥撒、每日颂吟祈祷文等，利氏自我牺牲精神、谦卑、忍耐、温和待人等。其实，艾儒略本人亦从利玛窦处获得不少启发和鼓舞。

作为耶稣会士，他撰写此传记的重要原因是传教需要。在晚明时期，天主教传教士著作了一大批此类著作，如利玛窦所著《畸人十篇》，高一志（Alfonso Vagnoni）著《天主圣教圣人行实》《圣母行实》，汤若望（Johann Adam Schall Von Bell）、王徵合著《崇一堂日记随笔》，王徵著《人会》，庞迪我（Diego de Pantoja）著《七克》等。在这些作品中，传主主要是西方圣人。艾儒略也撰写过三部教化性传记作品：《张弥克尔遗迹》《杨淇园先生超性事迹》与利氏传。但艾儒略却颇有创见地第一次撇开西方圣人而推出两位中国教徒的传记，第三位利玛窦虽然是意大利人，但他长期在中国生活，完全适应了中国人的生活方式，是中国教会之父，堪称中国基督徒的典范，故他亦被纳入到艾儒略的华人教徒的体系中来。

虽然为同时代的利氏传记，但张、艾两传的区别却颇耐人寻味，值得认真分析和研究。

首先，它们的作者，一系传教士，一系中国文人与官吏。艾儒略系耶稣会士，他虽然没有见过利玛窦，但是他是由耶稣会派来，是利

① 参见方豪《中国天主教史人物传》，第60页。

② 参见徐宗泽《明清间耶稣会士译著提要：耶稣会创立四百年纪念：1540年—1940年》，中华书局1949年版，第225页。

玛窦在中国传教事业的继承者，为利玛窦立传，宣扬了利玛窦取得的巨大成就，有利于耶稣会在中国的更好发展。而张维枢是明朝的官吏，由考取进士而跻身仕途，官至巡抚和南工部尚书，是明末传统文人士大夫的典型代表。从他的著作来看，他并非天主教教徒，却与耶稣会士交往密切，尤其是艾儒略。因此，张氏撰写利玛窦传，一则出于对利玛窦协助明朝修历与传播天主教的认识，二来最大的原因可能是应艾儒略的请求而作。张维枢称："曩余即西曹于丁未年，谒利子，见其谦冲善下，阐扬天主教义，灿如也。后念我朝历法岁差，雅欲厘正。礼部疏荐利子及庞子同修，旨报可。"① 因此，作者的身份的不同，决定了两者撰写目的不同。

其次，成书时间的差异。虽然两者均系明末所撰写，但谁是最早的利玛窦汉文传记？如上所述，著名的传教史专家方豪神父认为艾儒略《大西西泰利先生行迹》系最早的利玛窦汉文传记。它的最早刻本有明天启元年（1621）北京刻本。

张维枢《大西利西泰子传》撰于何时？据张氏自述，他于"丁未年"［即万历三十五年（1607）］见过利玛窦，即为利玛窦的"谦冲善下，阐扬天主教义"与后来的建议修历所打动。因此，张氏欲撰写利玛窦传记的想法，应该始于此次会面。此后，张氏的官职越来越高，事务越来越繁忙，特别是"天启五年乙丑，起陕西陇右参议，转河东，军不遑启处"②，而他本人又于崇祯三年（1630）后去世，故他撰写此传应介于1610年与1625年之间。

又从他在传文中提及艾氏，并对艾氏推崇有加，如"艾子辈亦造京瞻拜赐坟，感熙朝柔远厚意。近吾里张夏詹父子虔奉圣教，夏詹为述天学，证符良确，易称乾元，统天帝出乎震与《诗》、《书》、《礼记》之称上帝非一，复何疑于天主教旨。夫知信利子者，信天主者也。信艾思及，西泰述者，信利子者也"③。从张氏

---

① 参见张维枢撰《大西利西泰子传》，载［比］钟鸣旦、［比］杜鼎克编《耶稣会罗马档案馆明清天主教文献》第12册，第187—199页。

② 《甘肃通志》卷27，《文津阁四库全书》第187册，商务印书馆2005年版，第226页。

③ 参见《甘肃通志》卷27，《文津阁四库全书》第187册，第226页。

与艾氏两人的传记内容来比较，可见，张氏此传主要使用了艾氏传记的文字与史实，虽然张氏未曾在文中提及艾氏《大西西泰利先生行迹》。

明末耶稣会士的中文著述一般都经过中国文人润笔修订，而张维枢极有可能审阅过艾儒略的《大西西泰利先生行迹》。从上述的两篇传文的对比和他与艾儒略的交情来看，故艾氏有可能前来拜访张氏，并将其所著传记让张氏修订。再者，张维枢主要在江浙、山西和陕西为官，其故里为福建温陵，这些地方都是艾儒略传教和活动的区域。故张氏在修订之余，亦有可能利用艾氏传记的资料，另行撰写利玛窦的传记。

综上所述，可以得出一个结论：艾氏传和张氏传应为同时的作品，在时间上相距应不太远。

二　张维枢生平考述

张维枢与艾儒略都撰写了利玛窦的传记，那张维枢到底是一个怎样的人呢？张维枢，字子环，号贤中，福建温陵人，其名字出自《庄子·齐物论》："彼是莫得其偶，谓之道枢。枢始得其环中，以应无穷。"生于明嘉靖四十二年（1563）左右，卒于明崇祯三年（1630）以后，享年67岁左右。其弟张维机亦为进士。①

万历十六年戊子（1588），他中举人，应试文章为《学以至于圣人之道》。其后，游学浙东，万历二十三年乙未（1595）冬，拜大儒罗念庵于东山；万历二十六年戊戌（1598）会试第八名，② 文章为《圣人人伦之至》，③ 同时参加会试的还有黄国鼎、王畿、吕图南、李之藻等（该年会试的第五名）；后参加礼部试，作文为《国体国法国

① 参见（清）方鼎修，朱升纂《晋江县志》卷9《人物志·张维枢》，成文出版社1967年据清乾隆三十年（1765）刊本影印，第240页。

② 参见《福建通志》卷36、38、45，《文津阁四库全书》第178册，第560、595、732页。

③ 参见（明）张维枢撰《澹然斋小草》卷4，故宫博物院编《故宫珍本丛刊》第541册，海南出版社2000年版，第289—291页。

是辨》,[①] 成进士。

万历二十六年（1598）冬，他获授孝乌令。其所撰《澹然斋小草》有《孝乌杂记》记述了他任内的一些情况。他曾倡建义乌十景之“丹溪桥”，此桥位于钓鱼矶（又名钓鱼岩），高约40米，险峻陡峭。山上草木葱茏，环境宜人。江水拍击岩壁，不时溅起水花点点，真有一派诗情画意。山岩上建有宝塔，称钓鱼矶塔，又叫一峰塔。《文物考古资料》：“塔身底层内经3.62米，内面宽2.05米，每层辟拱券门和壁画佛龛各三座。每层每面画单拱一朵，承托腰檐。塔内沿壁设置扶梯，盘旋而上至六层止……”光绪乙亥年重修的《华溪虞氏宗谱》卷37第14页内有《重创钓鱼岩一峰塔记》一文，记有张维枢等人修塔情景：“是塔实关人文，不宜圮（毁坏），圮宜治，其费不赀，旋谋旋寝数矣。”他发动乡绅志士捐资，“藉父老子弟之相劝相劳”，“于壬寅五月经始，癸卯正月竣事”。1986年12月出版的《义乌县志》载：“钓鱼矶塔又名‘峰塔’。位于县城南橡村乡荷叶口东阳江畔的钓鱼矶上，明万历三十一年，经知县张维枢提倡建造，完成5层。继任知县周廷侍命邑人陈思善捐资增建2级。系砖木结构楼阁式。现为6面7层，塔内原沿壁设有木扶梯，盘旋至5层，可登临凭窗远跳。”[②]

万历三十一年癸卯，他曾主持乡试，录取了许多人才。“分校乡闱，所得皆知名士，行取解任，攀辕数千人，尸祝不衰，升刑部郎中，讯鞫平允，每遇重辟，大司寇必咨决焉。”[③]

万历三十四年（1606）丙午，他主持广东潮州府的考试。试录题为《圣人恃以鼓舞万民之术》，文为纸贵，隽者多名贤。

万历三十五年，他入京任刑部郎中，得以认识利玛窦。

万历三十七年（1609），他出任浙江湖州府知府，不避权贵，平反冤案。“出知湖州府，咨访利病，昭雪冤狱，不避权贵。”[④]《澹然

① 参见（明）张维枢撰《澹然斋小草》卷4，故宫博物院编《故宫珍本丛刊》第541册，海南出版社2000年版，第305—306页。

② 此段转引自 http：//blog. 19lou. com/12339429/viewspace-6901435。

③ 参见《江南通志》卷146，《文津阁四库全书》第173册，第320页。

④ 参见（清）方鼎修，朱升纂《晋江县志》卷9《人物志·张维枢》，第240页。

斋小草》有《苕中杂记》。后因其清廉，而升任湖广佥事。“廉干之声益著，升湖广佥事，宗室张甚，枢缚其二三巨魁绳以法，申抚按题请得旨，分别戍辟，三楚帖席。”①《澹然斋小草》有《鄂中杂记》记述任内事迹。

大约万历四十三年（1615），他任山西兵备道，修建兔毛桥，加强边关守护。“嗣备兵山西，复缉志乘著《备边十警》，《孙武子解引》。简练兵马，缮葺边墙，营田积谷，筑桥设堡，答酋不敢犯边，以病告归。”②《澹然斋小草》有《云西杂记》。

同年，上奏章要求增进士名额，建议增加湖广省5个、浙江省8个名额。同年秋，成《澹然斋小草》，李维桢（《明史》卷二八八有传）、马人龙作序。③

天启五年乙丑，他任陕西陇右参议，不久担任宁夏河东道，根据上述，他政务繁忙。④

天启六年丙寅（1626），超擢陕西巡抚，振废举坠。⑤在任期间，曾参与“张问达案”。据《明史》载：“问达历更大任，‘梃击’、‘红丸’、‘移宫’三大案并经其手。持议平允，不激不随。先以秩满，加太子太保，至是乞休，疏十三上。诏加少保，乘传归。五年，魏忠贤擅国。御史周维持劾问达，力引王之寀植党乱政，遂削夺。御史牟志夔复诬问达赃私，请下吏按问。命捐赀十万助军兴。顷之，问达卒。以巡抚张维枢言，免其半，问达家遂破。”⑥当时全国各地都为魏忠贤建生祠，张维枢正色麾之，秦中竟无祠珰者，晋南工部侍郎，后转北工部侍郎。⑦

崇祯元年（1628），校试礼闱，疏乞归。同年七月十四日，参加

① 参见（清）方鼎修，朱升纂《晋江县志》卷9《人物志·张维枢》，第240页。

② 同上。

③ 参见《江南通志》卷146，《文津阁四库全书》第172册，第976页。

④ 参见《甘肃通志》卷27，《文津阁四库全书》第187册，第453页。

⑤ 参见《陕西通志》卷22，《文津阁四库全书》第185册，第374页。

⑥ 参见（清）张廷玉等撰《明史》卷140《列传》卷129，中华书局1974年版，第6263页。

⑦ 参见（清）方鼎修，朱升纂《晋江县志》卷9《人物志·张维枢》，第240页。

由崇祯皇帝在宫中听取新任督师袁崇焕关于平辽方略有关问题的汇报的会议。时任工部侍郎，负责造办武器装备，要求所有运往辽东的武器装备都要铸上工匠和监造官员的名字，以便追究责任，确保各种器械精利可靠。

崇祯三年后，张维枢回到福建温陵老家养病，开始与艾儒略有较多的交往，自称“与诸同志质疑问难，以戒慎恐惧为提醒心法”。在《熙朝崇正集》的赠诗中，来自温陵的文人士大夫人数最多，他们都与耶稣会士友善，像苏茂相、林欲缉等人也为艾儒略的著作写过序言。而温陵的张赓是“明末三柱石”后最著名的中国基督徒，张维枢在撰写利玛窦传中多次提及，在此期间，他为艾儒略的《学纪物原》写了两篇序言，载于《天学集解》（圣彼得堡藏抄本）。

三　张维枢与天主教传教士、教徒的交游

据现有文献来看，张维枢最早交往的天主教传教士，[①] 应该是利玛窦。据其所撰《学纪物原二篇序》称：“余游云司，获交泰西利君。见其寡言饬躬，潜究性命。以祇事天主，兼博及象纬舆图、勾股算术，真为多闻有道之士。所著《天学实义》《畸人十篇》《二十五言》诸书行世，世多重之。其侣庞、高、龙、毕诸君，复演有《七

① 张维枢所交往的传教士，除开利玛窦、艾儒略外，还有可能有金尼阁（Nicolas Trigault）。张维枢与张问达、张缅芳父子在陕西时，曾资助金尼阁出版了《西儒耳目资》，而中国教徒张赓、王徵、韩云兄弟亦曾在陕西一带活动，张维枢作为一省巡抚，对此不可能完全不知情。依据当时耶稣会的“上层传教政策”，金尼阁等人可能拜会过张维枢。邓恩（George H. Dunne）说：“离开山西的金尼阁，在王徵的邀请下来到陕西省……在这几个月里……王徵帮助金尼阁写出拉丁注音的专著《西儒耳目资》。这本著作在 1626 年由王徵和韩云刊印出版，出书经费由张问达和他的儿子张缅芳资助……便在王徵和张缅芳的陪伴下赴西安。在他们到来之前，在离这个古都不远的地方有一个考古学上引人注目的发现，即‘大秦景教流行中国碑’出土……见到景教碑的第一位天主教徒，可能是原籍福建的张赓。他这时正在陕西。他是利玛窦的老朋友，1621 年由艾儒略施的洗。他猜想碑上的文字可能与天主教有关，就拓下碑文，送给在杭州的李之藻。‘我正住在灵竺（李之藻在杭州附近的居所）的时候’，李之藻写道‘岐阳的张赓惠寄唐碑一幅’，此外还写道‘此碑是最近在长安出土，碑名为：大秦景教流行中国碑’。”参见［美］邓恩《从利玛窦到汤若望：晚明的耶稣会传教士》，余三乐、石蓉译，上海古籍出版社 2003 年版，第 177—178 页。

克》《则圣》《灵言》诸篇。相与羽翼。大率皆尊天主耶稣之教。而若心砭世者也。惟余硁硁株守，虽不敢蔑昭事之忧，而涉世多尤，循崖而及于里中。”①

其次，应该是艾儒略。艾儒略尊重中国传统文化，得到福建士大夫们的赞许，闽中上流人士聚集福州与艾儒略论道。《熙朝崇正集》收集闽中诸公赠艾氏之诗。据其目录记载，赠诗者来自温陵、同安、晋江、桃源、福唐、浦阳、清源、昭武等地。

而张维枢的赠诗如下：“浮槎碧汉水云乡，直至东南建法场。望国遥看沧海涨，尊天代演物原章。一枝筇杖扶双履，数卷灵编度十方。若至三山须计日，好来江濑访柴桑。”②

而据张维枢自述其与艾儒略的交往：“……复交思及艾君。思及者，亦利西泰诸君之友也。寡言饬躬，潜究性命，以祇事天主，有一无二。所著《学纪》、《物原》二篇，切而精宏。达而不说。曰：天主也者，生天生地生人生神生物，为我等大父母。则天之明命，一本领也。曰：天主至尊无亵，至能无烦，肇自无物，化生万有，又时时保存之，安养之，俾得不坏，则何言行生一公案也。曰：善恶二品，赏罚二权，天国地牢二路，轻重迟速，毫厘不差，则命德讨罪，福善祸谣，一乎衡也……”③

因此，张维枢与来华天主教传教士的第一代与第二代著名传教士均有交游。

与中国籍天主教教徒交往，④ 他曾在《大西利西泰子传》中提及张赓与张识父子。此父子亦系艾儒略推崇的著名教徒，艾儒略曾撰有

① 参见张维枢撰《学纪物原二篇序》，《天学集解》（圣彼得堡藏抄本），此处引文由北京外国语大学张西平、柳若梅教授提供，特此鸣谢！

② 参见《熙朝崇正集》，［意］艾儒略撰，叶农整理《艾儒略汉文著作全集》下册，第414页。

③ 参见张维枢撰《学纪物原二篇序》，《天学集解》（圣彼得堡藏抄本）。

④ 在与张维枢交往的教徒中，可能还有中国著名天主教教徒李之藻。李之藻，字振之，一字我存，号凉庵居士，又号凉庵逸民，浙江仁和（今杭州）人，明代科学家，学识渊博，娴于天文历算、数学。“晓畅兵法，精于泰西之学”，与徐光启齐名。他与徐光启一起，成为中国天主教“三大柱石”之一。张维枢与李之藻为会试同年，按照科场惯例，他们可能存在着联系。

《张弥额尔遗迹》表彰他们。

此外，张维枢任职地区均系天主教传教士曾经活动过、发展较好的地区，他们之间在时间与空间上均有重叠。天主教能够发展较好，与有像张维枢一样的地方官员提供支持是分不开的。

四　张维枢著述情况简介

张维枢一生，从考取功名始，担任过县令、知府到巡抚、工部侍郎，任职地从岭南海滨到西北边关，公务之余，笔耕不辍，因而著述颇丰参见表1。主要著作为其文集——《澹然斋集》。据《千顷堂书目》记载，张维枢著有《澹然斋集》三十卷，现泉州市图书馆尚存有12卷，目前还有故宫博物院编《澹然斋小草》六卷本已经出版。此外，张维枢还有多篇文章散见于《四库全书》中，如《静观轩琐言》2篇收入《明文海》，《经义考》记载李氏（材）《孝经疏义》二卷（未见）条下有张维枢后序曰：

> 乙未冬，谒见罗先生于东山之麓，见先生教后学如大地挹泉，随分而满。自孝经疏义出，而信愚夫、愚妇、孩提、赤子人人皆可为孔曾也。书列十八章，于前疏为敬养慎终、敬享慎行四局。于后著小序，以会归采经传以摭实，细而盥漱抑搔，巨而至于通神明、塞天地、横四海。盖一开卷而性命之奥、修身为本，跃如也。学者诚即疏明义，反身立本，无形而僾然，如见无声，而忾然如闻举足，跬步而兢兢然如临履……姑胥张公曰，疏义一出，宜与大学并立学官。张公可谓知言者也。①

除著述外，他还选编、刊刻了一批文献，计有：

1.（明）王纬撰，张维枢校《王忠文公文集》二十四卷，明万历三十二年（1604）刊本。《澹然斋小草》收有此文集序言。其序

---

① 参见（清）朱彝尊撰《经义考》，《文津阁四库全书》第226册，第524页。全文见《澹然斋小草》卷1，故宫博物院编《故宫珍本丛刊》第541册，第144页。

云："忠文公之殉滇也，滇人业祠地藏寺尸祝之，而易名之典间，墨于革除。正统五年，孝乌丞刘杰白之朝，得赠学士，如故谥忠文，杰复集公草，丐杨文贞序以传，于是公之精爽徽韵，岿然并千秋，历二百余年，前刻几亥豕不能句，虽忠魂亘天而遗编坠地，何以风后，枢窃从守坟之议，以重锓上请，俱报可，因倡王氏宗，谬加校订，役竣谨拜手言，枢卒业是编……"①

2.（宋）宗泽撰，（明）张维枢选《宗忠简公文集》二卷，明万历三十三年（1605）刊本。在其所撰序文中称："公讳泽，字汝霖，母梦雷电红光下烛，寤而生公，自幼有大志，登元祐六年进士第，调馆陶尉，历龙游、胶水、赵城、掖县令，著廉能声，改判登州，时官田积荒赔输，公奏免之……枢从公裔方州君得梓遗草，始知孝乌诸先辈忠义固有种也。"②

3.（元）黄溍撰，张维枢辑《重刊黄文献公文集》十卷，明万历刊本。"谨案《文献集》十卷，元黄溍撰，元臣张俭同校，一行又题，温陵张维枢重选，会稽王廷曾补订一行，则二人又有所窜易，并非俭所刻之本，卷数不同有自来矣。"③

4.（明）朱长春撰，张维枢刊《管子榷》二十四卷，明万历四十年（1612）刊本。朱长春在自序中言："太守梁溪陈志行公过玄栖见自家，请刻未竟，今太守清源张子环公成其事。二太守皆好道，善治行，相济有冥合，且曰：于决性蒿目者，发自救救时，本术一大药亦小补云。"④

表1　　　　张维枢著述一览

刊刻时间/收录处	题名	卷数	备注
万历四十三年乙卯	澹然斋小草	6卷	

① 参见《澹然斋小草》卷1，故宫博物院编《故宫珍本丛刊》第541册，第124页。

② 此序由澳门大学邓骏捷教授提供，特此鸣谢！

③ 参见《文献集提要》，《文津阁四库全书》第485册，第53页。

④ 参见《管子榷》自序，《续修四库全书》第970册，上海古籍出版社2002年版，第3页。

续表

刊刻时间/收录处	题名	卷数	备注
《千顷堂书目》	澹然斋文集	30 卷	
	澹然斋诗集		不存
泉州市图书馆	澹然斋易测语类	12 卷	
	澹然斋致知格物说		不存
《天学集解》	学纪物原序	2 篇	

原载《福建师范大学学报》2012 年第 4 期

从《利玛传》到《畴人传》

——明清时期耶稣会士利玛窦传记探略

意大利籍耶稣会士利玛窦，号西泰等，明朝万历年间来到中国居住，颇受中国士大夫们的敬重，被尊称为"泰西儒士"。作为天主教在中国传教的开拓者之一，系最早开始阅读、钻研中国文献与典籍的西方学者之一；并传播天主教教义，广交中国官员和社会名流，传播西方天文、数学、地理等科学技术知识，对中西文化交流有过重大贡献，对日本、朝鲜半岛上的国家认识西方文明都曾产生过影响。

学术界对利玛窦的研究，成果丰硕，为他作传，亦有许多，在此不再赘述。对于这些传记与撰写者，学术界所做研究多寡不一。笔者将对明清时期完成的明刘承范撰《利玛传》①、明韩霖、张赓撰《利玛窦》②、明张维枢撰《大西利西泰子传》③、明艾儒略撰《大西西泰利先生行迹》④、清张廷玉等撰《明史·意大里亚传》⑤、清阮元编《皇清经解》之《畴人传》卷七《利玛窦》⑥ 等利玛窦传记进行了比较研究。这些传记，学术界较少关注，均有深入研究的价值。

① 参见刘后清撰《刘氏族谱·艺文篇·利玛传》，存泽堂 2009 年版。

② 参见（明）韩霖、张赓撰《耶稣会西来诸位先生姓氏·利玛窦》，吴相湘主编《天主教东传文献三编》第 1 册，台湾学生书局 1972 年影印本，第 295—296 页。

③ 参见［比］钟鸣旦、［比］杜鼎克编《耶稣会罗马档案馆明清天主教文献》第 12 册，第 187—199 页。

④ 参见［意］艾儒略撰，叶农整理《艾儒略汉文著述全集》上册，第 399—414 页。

⑤ 参见张维华《明史欧洲四国传注释》，上海古籍出版社 1982 年版，第 125—176 页。

⑥ 参见（清）阮元编《皇清经解》第 122 种，学海堂本，凤凰出版社 2005 年据上海书局石印本影印，第 8122—8123 页。

一　利玛窦传记作者初探

上述这六部利玛窦传记的作者，主要有下列几类：

1. 政府官员——明朝政府的官员刘承范、张维枢；清朝政府官员张廷玉、阮元（张、阮二人为人所熟知，不再详述）等。

刘承范，字洪卿，号阳华，湖北监利人，为明朝守法、勤政、恤民、有建树的地方官吏，在其河南淅川县、贵州普安州、广东韶州府任职，分别担任知县、知州、同知，而且他在韶阳与利玛窦相遇、相交、相知，是利玛窦入华初期所结识的中国文人与官员。刘明强指出："1583 年初任河南淅川县知县，1586 年又任贵州普安州知州，1589 年再任广东韶州府同知。刘承范凭'两台交荐三载考绩'，屡获擢升，1591 年挂冠还里。在刘承范九年的官吏生涯中，有两件事载入了史册……另一件就是其任韶州府同知时与意大利传教士利玛窦的相遇、相交、相知。他不仅带利玛窦离开肇庆……而且对利玛窦在韶州的传教工作和生活给予了极大帮助，最后两人成为莫逆之交。"①

张维枢（1563—1630?），字子环，号贤中，福建温陵人②。1598 年会试第 8 名，③ 后参加礼部试，成进士。1598 年冬，他获授孝乌令。1606 年，他主持广东潮州府的考试。1607 年，他入京任刑部郎中，得以认识利玛窦，是利玛窦所交往的中国士大夫之一。1609 年，他出任浙江湖州府知府。大约在 1615 年，任山西兵备道。④ 1625 年，任陕西陇右参议，不久担任宁夏河东道。1626 年，擢陕西巡抚。1628 年，校试礼闱，疏乞归，参加由崇祯皇帝在宫中听取新任督师袁崇焕关于平辽方略有关问题的汇报会议。1631 年后，回到福建温陵老家养病，开始与艾儒略有较多的交往，自称"与诸同志质疑问难，以

---

① 参见刘明强《万历韶州同知刘承范及其〈利玛传〉》，《韶关学院学报》（社会科学版）2010 年第 11 期，第 1 页。

② 参见（清）方鼎修，朱升纂《晋江县志》卷 9《人物志·张维枢》，第 240 页。

③ 参见《福建通志》卷 36、38、45，《文津阁四库全书》第 178 册，商务印书馆 2005 年版，第 560、595、732 页。

④ 参见（清）方鼎修，朱升纂《晋江县志》卷 9《人物志·张维枢》，第 240 页。

戒慎恐惧为提醒心法”。在此期间，他为艾儒略的《学纪物原》写了两篇序言，载于《天学集解》（圣彼得堡藏抄本）。

2. 来华天主教传教士——艾儒略，字思及，明末来华的著名意大利籍耶稣会士。1613 年来到中国，1649 年在福建延平去世，在中国活动了数十年。他应利玛窦之召来华，是继利玛窦之后，第二代耶稣会士中非常有名气的，被中国文人称为“西来孔子”，受赞誉的程度之高，甚至超过了利玛窦。但艾儒略非常推崇利玛窦，他说：“利子以道之广传及朝家重典，俱未可一人独任。因寄书本国招一二同志，多携西书同译。儒略始偕二三友朋，如毕子令梁讳方济、史子建修讳百度等浮海远来，而利子是年殁矣。然虽不及一面，亦躬造燕京，瞻拜赐坟，感激熙朝之厚仁也。”①

在传教工作中，利玛窦由南往北，从地方向北京发展；而艾儒略则由北往南，着重发展地方小城镇。两人一南一北，一个走上层路线，一个侧重民间，为明末清初天主教在中国的传播立下了汗马功劳。艾儒略的传教成就堪与中国天主教传教事业奠基人利玛窦相媲美。为了更好地传教，他用汉语著述，其著作数量多达 24 种，他成为利玛窦之后汉语程度最高的传教士。②

3. 中国籍天主教信徒、文人——韩霖、张赓。韩霖，字雨公，号寓庵，教名多默（Thomas），山西绛州人。1621 年，山西乡试中举，善诗文，工书法，藏书甚富。著有《铎书》，大量引述教理与教会之书；又与张赓合撰《圣教信证》，为中国第一部记述天主教传教士传略与著作的书。乾隆《直隶绛州志·韩霖传》称：“韩霖……于读书之暇，学兵法于徐光启，学铳法于高则圣，务为当世有用之士。惜未及一试，遽以避寇山堡，遇难死。”③ 从此可见，他与徐光启、高一志（Alfonso Vagnoni，又名王丰肃，字则圣，1566—1640，意大利籍来华耶稣会士）等有来往。一家均奉天主教，其兄云，字景伯，1612 年

① 参见［意］艾儒略撰，叶农整理《艾儒略汉文著述全集》上册，第 408、16 页。

② 参见陆芸《艾儒略与张赓：明末清初天主教在福建的传教策略》，《福建论坛》2008 年第 3 期。

③ 参见方豪《中国天主教史人物传》，第 182 页。

中举，少亦受业于徐光启而“颇闻兵家绪余”。韩霖之皈依天主教或属家族行为。韩氏家族最早的皈依者可能是其兄韩云，其受洗时间早于1620年。该年年底，明末著名耶稣会士艾儒略应韩云之邀，赴绛州宣教，随即为韩云之母和其二子二女授洗，韩霖应在此受洗者之列，据黄景昉在《鹿鸠咏·韩雨公幽香谷咏》中记载，韩霖曾为入教而休妾，即“学道特遣瑶姬”[①]。

张赓，字夏詹，教名为玛窦，福建晋江人，1597年中举，授平湖教谕。约在1622前后信奉天主教，并与艾儒略相识，他在1642年写的《天学略义》序中说：“小子赓从事天学今二十年所矣。”后来做过河南、广东县令，仕归故里后帮助艾儒略宣传天主教，为艾儒略的《圣梦歌》《口铎日抄》《五十余言》作题。艾儒略在病逝的前一天还去过张赓家。艾儒略还专门为张赓早夭的儿子张识写了《张弥格尔遗迹》。可见张赓和他的家庭与艾儒略关系十分密切。[②] 他是“明末三柱石”后最著名的中国基督徒，张维枢在所撰利玛窦传中亦多次提及。

二　首创之作：刘承范《利玛传》

利玛窦中文传记，就目前所知，最早应为刘承范撰《利玛传》。刘承范在韶州府同知任上，与利玛窦相遇相交。2010年，刘氏后人刘明强在其曾祖父刘后清1915年主修的《刘氏族谱》（再版重印本）中，发现了此传，并将其公之于众。该传所记载的内容，对研究利玛窦，有很大的推动作用。[③]

该传首先介绍了利氏曾在中国内地——广东省端州（即肇庆）传教：“利玛窦者，西域高僧也，别号西泰。与其弟僧天佑重九译而至粤之端州，寓古刹中，采石陶砖建巨塔焉，其色尚白，颜曰‘银海世界’。”[④]

---

① http：//www. baike. com/wiki/韩霖。

② 参见陆芸《艾儒略与张赓：明末清初天主教在福建的传教策略》，《福建论坛》2008年第3期。

③ 参见刘明强《浅谈利玛窦研究的重要历史文献——〈利玛传〉》，未刊稿。

④ 参见刘后清撰《刘氏族谱·艺文篇·利玛传》，第142—147页；刘明强《万历韶州同知刘承范及其〈利玛传〉》，未刊稿。

刘、利两人首次相遇在端州的“古刹”——仙花寺：“岁己丑，予与浙东陈海楼公同守韶阳。以职事赴端，谒制府刘公，维舟塔下。议翌日取道三水，查盘连阳诸州，因有游七星岩之约。是夕宿舟中，步王龟龄韵，口占云：‘白塔何僧舍，清灯此夜舟。遥从三水去，少为七星留。’诘旦，利僧登舟献茶，询之，知为欧罗巴国人也。其貌则突额深目，苍颜紫髯，觉有异焉者。其茶则清香满室，啜之两腋风生也。见予案头诗，因以请，遂命吏录以遗之。”

至于利氏迁居韶州的原因，利玛窦所说的原因是两广总督刘节斋想霸占其仙花寺。[①] 此后，人们便认为是刘节斋想霸占仙花寺，而将利氏从端州赶走，后来的史家都采用这一说法。

利氏从端州迁居韶州的原因，刘氏在此提供了新的解释：当时两广总督刘节斋上任不久，面对海盗猖獗、澳门“法制渐弛”的局面，准备派水师消灭海盗，整治澳门，巩固海防。因恐利玛窦等外国传教士泄露军情，遂命刘承范劝其离开肇庆前往南华寺居住：“越两月，连阳事竣，复诣端境，盖以制府檄余谈兵务也。会间密语，曰：‘近惠潮道报称，合浦人盗陈某者，连年勾引琉球诸国，劫掠禁地，杀人越货，大为边患。又香山澳旧为诸番朝贡舣舟之所，迩来法制渐弛，闻诸夷不奉正朔者，亦遄遄假朝贡为名，贸迁其间，包藏祸心，渐不可长。本院欲肃将天威，提楼舡之师，首平大盗，旋日一鼓歼之。’第闻海南欧罗巴国，有二僧潜住我境，密尔军门，倘一泄漏，事体未便。该厅当以本院指召而谕之：‘韶州有南华寺，为六祖说法之所，中有曹溪，水味甚甘，与西天无异，曷往居之？是一花五叶之后，又德积余芳也。即彼当年有建塔之费，本院当倍偿之。’余‘唯唯’出。是日诏僧，语之故，余尚未启口，辄曰：‘大夫所谕，得非军门欲搜香山澳乎？此不预吾事，吾何敢泄。第皇明御世，如天覆地载，异域远人，招之尚恐其不来，今欲逐之，则越裳白雉，不当献周庭矣。’余曰：‘汝何以知之？岂军门将吏有私于汝者乎！’曰：‘小僧舫海越都，走数万里，岂人间念头尚不能前知乎？但欲我移居南华固所愿也。’及语以建塔偿金，乃曰：‘军门用兵，无非欲加官荫子耳。

---

① 参见［意］利玛窦《利玛窦全集》，台北光启出版社 1986 年版，第 182 页；刘明强《万历韶州同知刘承范及其〈利玛传〉》，未刊稿。

和尚视中国四夷如一人，即此幻身究亦成空耳，须金何为？但人命至重，一观兵不无波及，大人若承望风，旨而行之，恐有鬼神司祸福者。’予闻其言，大骇。次早谒军门密请曰：‘台下曾以兵事询将吏乎？’曰：‘此事甚大，即府道亦未及询，直以该厅慎密，故厚讬之。’云云。是日，二僧亦赴军门叩辞，且治装行，塔中物一无所取，仅图书数匣，出之几上，方移入舟中。军门令人觇之，始知其所携者，皆《六经》、《语》、《孟》及《性鉴》、《史记》诸书，而他不与也。益深喜，复遣篙师送之，而二僧竟辞不受。盖自是即入南华矣。”①

而利氏在1589年9月抵达韶州府城——韶阳后，先后拜见了刘

① 刘氏劝利氏离开后，自己赴澳门考察，并介绍了当时澳门的许多情况：“居数日，予有香山之行，声言查盘军饷，实是则物色澳夷也。香山尹徐君迎而问曰：‘大人此行，岂军门令观兵乎？’余曰：‘惟查饷耳。’徐曰：‘饷以饷兵，而特委大人，固知军门指矣。’次日，余偕徐尹，亲诣澳中，则见诸番皆鸟言卉服。即所称操万赀者，多文身断髪，绝无他技。询之皆中国之人，勾引而来，利其所有耳。徐尹曰：‘职矢以百口，保其无他，且军门军饷，取给广州者，每岁不下三十余万，皆自榷税中来也。倘必欲加兵诸夷，必疑畏而不至，则此饷何从取足？又朝贡诸番，假令借口而绝中国，九重之上，将有辞于此举矣。窃以为寝之便。’余于是大书一联于澳门曰：‘帝德配天，万里梯航输上国；臣心如水，一泓星月照灵台。’徐尹深嘉之，而授诸梓。乃取该县印，结连回呈以上。”刘氏还提出了处理澳门问题的建议：“其略曰：‘伏睹皇明祖训，有以四方诸夷，皆隔山限海，彼既不为中国患，而我轻兵以伐，不祥也。’大哉王言，其万世御夷之龟鉴乎？职至愚，不知海防至计，昨祗承宪令，躬诣香山，窃于议澳夷者，有慨于中焉：夫香山澳距广州三百里而遥。旧为占城、暹罗、贞腊、诸番朝贡舣舟之所，海滨弹丸地耳。第明珠、大贝、犀象、齿角之类，航海而来，自朝献抽分，外襟与牙人互市，而中国豪商大贾，亦挟奇货以徃，迩来不下数十万人矣。顷当事者，睹澳夷日聚，或酿意外之虞？欲提楼舡之卒，驱之海上，岂非为东粤计深远哉！顾东南岛，惟日本鸷悍，祖宗朝尝绝之。而占城诸国，世修朝贡。尝询之浮海之民，及商于澳门者，咸谓诸夷，素奉佛教，贸易毫发不敢欺绐。彼酋长皆家累万金，重自爱惜。乃楼舡将军，谓拥旗提鼓，以靖海岛，可大得志。诸褊裨之仕，慕诸夷珍宝山积，大创即可囊而归之。事虽未行，而先声已播，且有乘此诈吓者。不知诸夷念此至熟矣。假令一旦出师，彼且漂海而逝，我军望洋而返，意必恣意杀戮，伪上首级，海上益骚然矣。无乃为东粤生灵祸乎？近代为患者，莫如边虏。我皇上俯从互市之请，二十年来垂櫜卧鼓，以享太平之福。视往岁兴兵之费，所省什伯，此其尤大彰明较著者也。独奈何使款顺之夷，望之而惊且走哉？是明珠、大贝，不饰朝夕，犀象、齿角不充玩好也。请牓之通衢，照常抽分，听彼贸易，以安诸夷向化之心。毋弦虚声，自相疑骇，而沿海弋舡，仍严为防守，斯备其在我以制之之道也。倘必以倭奴视诸夷，而曰‘吾且为郭钦，为江统，无论仰背祖训，即视皇上互市之意异矣’云云。时万历庚寅春莫也。奉军门刘批据议，酌古准今，信为驭夷长策，即将批词及申文警语，悬之香山、澳门港口泊舟紧要处可也。”

承范和陈知府，提出不住南华寺，而定居韶州府城外的请求。陈知府将向总督作了请示，并获得批准。利氏遂在府城西河外、芙蓉山六祖著经处的光孝寺旁空地定居下来："又越月，则利僧至韶阳请公，太守陈公，曰：'蒙军门命僧移居南华，敢不遵依，但寺僧皆椎牛嗜酒，大坏六祖之教，僧羞与为侣。且去府较远，浮言易兴，愿移府城外光孝寺，以观德化何如？'公素闻其美，即为之具陈军门，军门云：'前练兵厅，勘处诸番情由，招携来远，两得其道，则蔡人皆吾人也，又何有于僧人哉？其欲移居府城也，或亦远人慕义之诚乎？虽与之处可耳。'寺在府城西河外，芙蓉山在焉，即六祖著谭经处，利僧取旁隙地居之。"

同样，当受到当地居民袭扰时，利氏也借助中国官府的保护："明年元夕，市中酒徒数人，至寺游玩，借观神物，意恃酗酒，即可攘而有也。时二僧方与诸文学谈经阁下，谓酒人曰：'汝诚欲我衣钵，但拜天主老爷，可任意携去。'数人方下拜，忽闻阁上大响一声，各门尽合。即八方窗棂无一得开，其宫室机法之妙，大率类此。数人俯伏地下，若捆缚然，牢不可脱。次日曲江县令至彼处拈香，诸酒徒将责治之，二僧因请代责，乃罢。令遂为之请于府道，出示严禁，二僧惟束之高阁，绝不张挂。曰：'恐人谓和尚假府道势，以恣恐吓也。'"

利氏与居肇庆时一样，在此兴建了教堂，用于居住、藏书、讲道、会客等，藏书中，有利氏手绘的地图："以本年九月九日建八方高阁一座，上悬木天楼，刻七星，因取予过端州诗，'少为七星留'之句，以为忏。阁凡三层，上祀天主母，中祀天主，他尤祀焉。又精舍数间，所藏皆《六经》正学，《子史》诸书，求其手自翻译者，独《大瀛全图》耳。"

刘承范、陈知府等中国文人亦曾在此与利氏论学，包括讨论佛教，并欣赏过圣母像等圣像画："予与陈堂翁诘之曰：'吾中国世传，谓达摩西来，人称阿弥陀佛，故礼佛法者，必尊三宝。唐元茳，白马驼经，亦自西番来，自是支流派演。称佛藏经者，几汗牛充栋。尔为西僧，独曰不然。毋乃学于墨氏，而不从其教乎？'曰：'西番诸专城之国，不下二伯有奇，今所称阿弥陀佛，或系他国教主，我欧罗巴国无是也。惟以天下之至称者，莫于天苍苍之表，惟神主之，而此神实生于此母，故本国止祀一神。’若曰‘见象作福多’，则念不专矣。’曰：‘何以知之？’曰：‘下国相传，自有典故。’及视其象绘在玻璃板中，非金非玉，然须眉眼目，俱觉微动，真神物也。”

刘氏还介绍了利氏学习、研究中国文化的过程，发表了他们对利氏的评价，向外界展现了利氏的博学、对儒家经典的精通与在中国士大夫中声名鹊起的情形。这从一个侧面反映了利氏如何学习儒家文化、实施“驱佛补儒”策略的：“及询其书所自来，曰：‘吾远游上国，直为数卷书耳。始一译而之占城，又历数十国，无过吾心者；乃再译而之暹罗，又历数十国无当吾心者；乃三译而之真腊；四译而之琉球，五译而之福岛，计所适国，凡百有奇，为时则十年往矣。然竟未睹挟书者。问之道路，皆盛称广城，故专觅乡道，尽译汉音，乃徐徐入广。至睹坊间书籍，大契吾心，恨独不识汉字耳。遂谋之主人，专求明师。’翼日，果有秀士至，且问且答，曰：‘闻僧欲求明师乎？’曰：‘《六经》须得一师，《四书》诸史共一师，可也。’秀士曰：‘天下止有《五经》，安得有《六经》？此是人绐汝耳。’曰：‘汝新会道学陈白沙诗，传入我国，有‘《六经》仁义沛江河’之句，岂此诗亦妄乎？’遂不答而去。越数日，则有余师矣。三年间，朝夕思绎，遂尽得诸书之趣。官长士夫及俗辈来访者，多苦无暇晷，乃避之肇庆，今不得已而处于韶阳，或亦安身立命处也。予与陈公闻之，遂嘉赏曰：‘如僧所言，盖振古异人也，岂特彼所谓豪杰之士哉？’无何，南雄司理渭南孙公，以公事过韶。问余曰：‘贵治有西僧乎？’余曰：‘然。’‘精书史乎？’余曰：‘书虽有，精不精，非所知也。’孙遂与余造之。孙业《诗》，以《蒸民》、《元鸟》章问。余业《易》，以《易》与《天地》准章问僧，皆能言其旨。孙目余笑曰：‘余两人各治一经，而僧兼之，宁不见笑于彼乎？’遂揖去。盖自是僧之名重矣。诸达官过韶间，有不入城而独谒西僧者。”

之后，利氏又向中国士大夫，展示其带来的一些欧洲科技器物，如钟表、三棱镜、测量仪等，令中国士大夫们好奇，折服，从而践行了他的传教策略——科学传教：“所携有铜人刻漏二，别为密室藏之，其机发一，悬之梁上。日有十二时，每时至，则铜人之司时者，起而一击于某时上，其声巨。时有八刻，每刻至，则铜人之司刻者，起而一击于某刻上，其声细。中间消息流动，非他人所能识。又有浑天仪二，一以测天，一以测地，一以测山川河海。如云天有九重，自第一重至第二重，该若干度，算若干里。自某国至某国，该若干度，算若干里。余皆执至，以坐照之。吾初未甚信，因指所对皇冈山，而命之曰：‘汝试度寺门至山顶，相几何?’僧执仪而睨视之曰：‘若干，若干。’乃命左右取麻线数缕，牵至山顶，以僧所定步弓较之，无毫发爽。又有奇石一，约一尺五寸许，光明莹彻，若水晶然，而温润过之。仰照之，则日星辰无不垂象；俯照之，则山川湖海无不深列。其最妙处、又能解观者意，现出本省名胜。如陈翁浙人，欲见西湖则西湖，欲普陀则普陀。予楚人欲衡岳则衡岳，欲鹤楼则鹤楼。其神妙有如此者。会有家京师者，请见皇宫。则止之曰：‘万里君门，岂易窥。’遂函收之而罢。”

而刘氏亦介绍了利氏与其道别的经过与利氏赴南京、北京游历的设想：“辛卯五月朔二日，二僧入敝署求见，因谓曰：‘老爷不久当有远行，但要欢然自得，绝莫忧煎。’予知其为休官兆也。即应之曰：‘吾何所忧？但虑嗣息耳。’曰：‘老爷念念好生，即如香山一行，全活不啻数万，上天已昭鉴之。公子须在六十之外，此时且不必望。’予细叩之曰：‘老爷遂于《易》者，唯《乾》天也一章，最宜熟玩，老爷子女多在其中，终始不脱此数。’余不省所谓，遂辞之而去。是年七月，余果以黔中人言，挂冠还里。二僧相送，谓余曰：‘爷行后，亦欲治装游两都，历各省，备观皇明风教。俟老爷八十后，僧尚有缘适楚，又当图一良晤，祈留一言教之。’余曰：‘汝之见识，高出凡庸一等，何待余言。惟天下之宝，当与天下共之，此今古不易之理也。倘至关下，出宝藏以献当宁，必获重赉。即官爵非汝所欲，亦明哲保身之道也。’僧深以为然，遂稽首而别。”

最后，刘氏还介绍了利氏的著作情况：“按：西僧履历行藏，皆余所目击者，真生平奇遇也。故传之以志岁月。后见所著，有《天学初函》诸书行于世。随阅本府《徐公祖文集》，亦有《西僧传》，称‘天和尚留金陵，西泰则以进宝如京师矣’，盖信前言不诬云。”

三　各有侧重：张维枢《大西利西泰子传》与艾儒略《大西西泰利先生行迹》

在17世纪20年代左右，又有两份利氏传记问世。张维枢完成了《大西利西泰子传》，全文有3100余字，主要记述了利玛窦从早年受学、入会、来华入驻肇庆、入南京、进驻北京、在京传教工作、逝世及其死后获明朝政府给予葬地等内容，简要总结了利玛窦开拓天主教，对华传教事业做出贡献的一生。作为中国文人与官员，张维枢为何要撰写此传呢？答案可以通过将之与同时期由传教士艾儒略撰《大西西泰利先生行迹》的比较寻找到。

艾氏传记是艾儒略所著的教化性传记之一，记述了利玛窦在获耶稣会圣职后，在中国长期而艰辛的传教活动。徐宗泽说："西极耶稣会士艾儒略述。是传虽简略，然于利玛窦之行实，已包括无遗。一九一九年八月，新会陈垣先生校阅重梓，马良先生有书后。"该传列举了利玛窦的种种善行和品德：与天主联结、每日默想、做弥撒、每日颂吟祈祷文等，利氏自我牺牲精神、谦卑、忍耐、温和待人等。其实，艾氏本人亦从利玛窦处获得不少启发和鼓舞。他撰写此传的重要原因是传教需要。在晚明时期，天主教传教士写作了一大批此类著作，传主主要是西方圣人，艾氏亦撰写了三部教化性传记作品：《张弥克尔遗迹》《杨淇园先生超性事迹》与利氏传，并第一次撇开西方圣人而推出两位中国教徒的传记，第三位利玛窦虽为意大利人，但长期在中国生活，完全适应了中国人的生活方式，是中国教会之父，堪称中国基督徒的典范，故亦被纳入到艾儒略的华人教徒的体系中来。

虽然为同时代的利氏传记，但张、艾两传的区别在于：首先，作者的身份的不同，决定了两者撰写目的不同。其作者，一系传教士，一系中国文人与官吏。艾儒略系耶稣会士，他虽然没有见过利玛窦，为利玛窦立传，宣扬了利玛窦取得的巨大成就，有利于耶稣会在中国的更好发展。而张维枢是明朝的官吏，是明末传统文人士大夫的典型代表。张氏撰写利玛窦传，一则出于对利玛窦协助明朝修历与传播天主教的认识，二来最大的原因可能是应艾儒略的请求而作。张维枢称："曩余即西曹于丁未年，谒利子，见其谦冲善下，阐扬天主教义，灿如也。后念我朝历法岁差，雅欲厘正。礼部疏荐利子及庞子同修，旨报可。"[①] 其次，成书时间的差异。"张传"撰于何时？据张氏自述，他于"丁未年"［即万历三十五年］见过利玛窦，即为利玛窦的"谦冲善下，阐扬天主教义"与后来的建议修历所打动。因此，张氏欲撰写利氏传记的想法，应该始于此次会面，张传则完成于1610年至1625年之间。又从他在传文中提及艾氏，并对艾氏推崇有加及张氏与艾氏两人的传记内容来比较，可见，张传主要使用了艾传的文字与史实，虽然张氏未曾在文中提及艾氏《大西西泰利先生行迹》。明末耶稣会士的中文著述一般都经过中国文人润笔修订，而张维枢极有可能审阅过艾儒略的《大西西泰利先生行迹》。艾氏有可能前来拜访张氏，并将其所著传记让张氏修订。最后，张维枢主要在江浙、山西和陕西为官，其故里为福建温陵，这些地方都是艾儒略传教和活动的区域。故张氏在修订之余，亦有可能利用艾氏传记的资料，另行撰写利氏传记。因此，艾传和张传应为同时的作品，在时间上相距应不太远。

四　平民视角：韩霖、张赓撰《利玛窦》

与上述的利氏传记作者不同，韩霖、张赓并非博学大儒，亦未官居高位，他们从底层士大夫与天主教教徒的立场出发，撰写传记。该传文字并不多，只有200余字，分为两个部分。第一部分是利玛窦生平简介："利玛窦，字西泰。意大理亚国人。明万历九年辛巳至，先传教粤东诸郡，转至江西，后寓金陵。二十八年庚子，同庞迪我，赍方物进朝，神宗恩赉极厚，钦赐官职，固不受。蒙上眷注，始留京师，偕庞迪我僦屋以居。日用取给于光禄，遵上命也。至三十八年庚戌四月卒。御赐祭葬，墓在北京阜城门外滕公栅栏。有行畧行世。"第二部分是列出了利氏的著作目录："著《天主实义》二卷，《畸人

① 参见［比］钟鸣旦、［比］杜鼎克编《耶稣会罗马档案馆明清天主教文献》第12册，第187—199页。

十篇》二卷、《辩学遗牍》一卷，《几何原本》六卷、《交友论》一卷、《同文箅指》十一卷，《西字奇迹》，《西国记法》，《测量法义》，《万国舆图》，《乾坤体义》三卷，《勾股义》，《二十五言》一卷，《浑盖通宪图说》二卷，《圜容较义》一卷。”

五　官方立场：《明史·意大里亚传》

张廷玉等修《明史》卷三二六《列传》二一四为《意大里亚传》。此传虽名为“意大里亚传”，但有大量篇幅是介绍利玛窦在华活动史略，其实也是一份反映清政府官方立场的利玛窦传。该传有下列内容：

1. 利氏《万国全图》简介：“意大里亚居大西洋中，自古不通中国。万历时，其国人利玛窦至京师，为《万国全图》。合天下有五大洲，第一曰亚细亚洲，中凡百余国，而中国居其一。第二曰欧罗巴洲，中凡七十余国，而意大里亚居其一。第三曰利未亚洲，亦百除国。第四曰亚墨利加洲，地更大，以境土相联，分为南北二洲。最后得墨瓦蜡泥加洲，为第五，而域中大地尽矣。其说荒渺莫考，然其国人充斥中土，则其地固有之，不可诬也。”

2. 利氏所奉宗教及其来华、入京过程简介：“大都欧罗巴诸国，悉奉天主耶稣教，而耶稣生于如德亚，其国在亚细亚洲之中，西行教于欧罗巴。其始生在汉哀帝元寿二年庚申，阅一千五百八十一年，至万历九年，利玛窦始泛海九万里抵广州之香山澳。其教遂沾染中土。至二十九年，入京师，中官马堂以其方物进献。自称大西洋人。礼部言《会典》止有西洋琐里国，无大西洋，其真伪不可知。又寄居二十年，方行进贡，则与远方慕义特来献琛者不同，且其所贡天主及天主母图，既属不经，而所携又有神仙骨诸物。夫既称神仙，自能飞升，安得有骨？则唐韩愈所谓凶秽之余，不宜入宫禁者也。况此等方物，未经臣部译验，径行进献，则内臣混进之非，与臣等溺秽之罪，俱有不容辞者。及奉旨送部，乃不赴部审译，而私寓僧舍，臣等不知其何意？但诸番朝贡，例有回赐，其使臣必有宴赏，乞给赐冠带还国，勿令潜居两京，与中人交往，别生事端。不报。八月，又言‘臣等议令利玛窦还国，候命五月，未赐纶音，毋怪乎远人之郁病而思归也。察其情词恳切，真有不愿尚方锡予，惟欲山栖野宿之意。譬之寓鹿久羁，愈思长林丰草，人情固然。乞速为颁赐，遣赴江西诸处，聪其深山邃谷，寄迹怡老。’亦不报。已而帝嘉其远来，假馆授粲，给赐优厚。”

3. 利氏在京居留及其死后赐葬：“公卿以下，重其人，咸与晋接，玛窦安之，遂留居不去。以三十八年四月卒于京，赐葬西郭外。”

六　天文算数：阮元《畴人传·利玛窦》

至清中晚期，一代文宗、数学天算家阮元，编撰了记述中国历代天算家学术活动传记集——《畴人传》四十六卷。它收有自上古至清乾隆末年的天文、历法、算学家300多人（包括外国41人），叙述了他们的事业和贡献。《畴人传》曾收录到阮元主编《皇清经解》［又名《学海堂经解》，清道光九年（1829）刊本］第一百二十二种。在其第七卷，有《利玛窦》一篇，全文有3300余字。

第一，阮元认为，利玛窦将近代欧洲的天文学传入中国：“利玛窦，明万秝时航海至广东，是为西法入中国之始。”

第二，介绍了利氏所著天文学著作——《乾坤体义》。阮元称：“著《乾坤体义》三卷，言地与海合一球，居天球之中，其度与天相应。但天甚大，其度广；地甚小，其度狭，差异耳。直行北方者，每二百五十里，北极高一度，南极低一度。直行南方者，每二百五十里，北极低一度，南极高一度。每一度，广二百五十里，则地之东西南北各一周，有九万里厚，二万八千六百三十六里零三十六丈上下，四旁皆生齿所居。予自太西浮海入中国，至昼夜平线已见南北二极，皆在平地，略无高低。道转而南，过大浪峰，已见南极出地三十六度，则大浪峰与中国上下相为对待，故谓地形圆而周围皆生齿者信然矣。以天势分山海，自北而南为五带，一在昼长昼短二圈之间，其地甚热，则谓热带，近日轮故也。二在北极圈之内。三在南极圈之内。此二处，地俱甚冷，则谓寒带，远日轮故也。四在北极昼长二圈之间。五在南极昼短二圈之间。此二地皆谓之正带，不甚冷热，不远不近故也。凡北极出地数同四季寒暑同态，若两处离中线，一南一北，四时相反。盖此之夏，为彼之冬耳。日轮每辰行三十度，两处相违三十度，差一辰。设差六辰，则两处昼夜相反。地心至第一重月天四十八万二千五百二十二余里；第二重水星天九十一万八千七百五十余里；第三重金星天二百四十万六百八十一余里；第四重日轮天一千六百零五万五千六百九十余里；第五重火星天二千七百四十一万二千一百余里；第六重木星天一万二千六百七十六万九千五百八十四余里；第七重土星天二万五千七十七万五百六十四余里；第八重列宿天三万二千二百七十六万九千八百四十五余里；第九重宗动天六万四千七百三十三万八千六百九十余里。此九重相包，如葱头皮，皆坚硬而日月星辰，定在其体，如木节在板，第天体明而无色，则能透光，如琉璃水晶之类，无所碍也，若二十八宿星。其上等每大于地球一百零六倍又六分之一；其二等之各星大于地球八十九倍又八分之一；其三等之各星大于地球七十一倍又三分之一；其四等之各星大于地球五十三倍又十二分之十一；其五等之各星大于地球三十五倍又八分之一；其六等之各星大于地球十七倍又十分之一。此六者，皆在第八重天也。土星大于地球九十倍又八分之一；木星大于九十四倍又一半分；火星大于地球半倍；日轮大于地球一百六十五倍又八分之三；地球大于金星三十六倍又二十七分之一；大于水星二万一千九百五十一倍；大于月轮三十八倍又三分之一；又言第一重月天二十七日三十一刻一周，自西而东；第二重水星天；第三重金星天；第四重日轮天，皆三百六十五日二十三刻一周，自西而东；第五重火星天，一年三百二十一日九十三刻一周，自西而东；第六重木星天，十一年三百一十三日七十刻一周，自西而东；第七重土星天，二十九年一百五十五日二十五刻一周，自西而东；第八重五十二相，即三垣二十八宿天带，转动下七重，七千年一周，于春秋分一圈，上自北而东，而南，而西，复回；第九重无星水晶天带，转动下八重，四万九千年一周，自西而东；第十重无星宗动天带，转动下九重，一日一周；第十一重永静不动。又言水火土气为四元行。火情至轻，跻于九重天之下，夜间数见空中火似星陨，横直飞流，其诚非星，乃烟气从地冲腾而至火处著点耳。又言人疑日月大，不逾大瓮之底而俱等，何以知日大于地，地大于月？

借视照法六题易晓者，以破其疑而后可指三球之大小相比。第一题言物形愈离吾目，愈觉其小；二题言光者，照目者视，惟以直线；三题言圆尖体之底必为环，使直切之数节，其俱乃环；而环弥离底者弥小，而皆小乎底环者；四题言圆光体者，照一般大圆体，必明其半为影，广于体者，等而无尽；五题言光体大者，照一小圆体，必其大半明而其影有尽，益近元体益大；六题言光体小者，照圆体者大，惟照明其小半，而其影益离元体益大而无尽，征日大于地，地大于月。由日月食，故元须明二蚀之所以然。朔时，月或至黄道，在日之下，便掩其光而吾不能见日，谓日蚀也。望时，月或至黄道，于太阳正对而地球障隔其光而不得照之，故月失光，乃地影朦之也。倘月食时，日月全见地平上，必海水影映，并水土之气发浮地上，现出月体。此时月影实在地下。此理可试于空盂。内置一钱，远视之不见。令斟水，满之而宛可见。所见非钱体，乃其影耳。如云日球或小，或等于地球。地球之影宜无尽，则必能及火、木、土星，并二十八宿而蚀之矣。然未见火、木、土星、二十八宿之蚀，则地球影有尽。既有尽则日球不可谓或小，或等于地球，而必大也。然则地球大于月球，何以验之？曰地影为十［小］尖圆体，月球蚀时，全在其尖体之内，而久行其中，则月球之径甚小于地球径也。”

第三，介绍了利氏所著几何学著作——《圜容较义》。阮元介绍道：“其《圜容较义》言万形有全体，目视惟一面，即面可以推全体也。面从界显，界从线结，总曰边线。边线之最少者，为三边形，多者四边、五边，乃至千百万亿边，不可数尽也。三边形等度者，其容积固大于三边形不等度者。四边亦然。而四边形容积恒大于三边形，多边形容积恒大于少边形。恒以周线相等者验之，边之多者莫如浑圜之体。浑圜者多边、等边，试以周天度剖之，则三百六十等边也；又剖度为分，则二万一千六百等边也，乃至秒忽毫厘，不可胜算。凡形愈多边，则愈大。故造物者，天也；象天者，圜也。圜无不容，无不容故为天。试论其概。凡两形外周等，则多边形容积恒大于少边形容积。凡同周四直角形，其等边者所容大于不等边者。凡同周四角形，其等边等角者，所容大于不等边等角者。凡同周四角形，其等边等角者，所容大于不等边等角者。又立五界说及诸形十八论。第一界等周形，二界有法形，三界求形心，四界求形面，五界求形体。第一题论凡诸三角形从底线中分，作垂线与顶齐高，以中分线及高线作矩内直角方形，必与三角所容等；二题论凡有法六角等形，自中心到其一线之半径线，作直角形线，其半径线及以形之半周线舒作直线，为矩内直角长方形，亦与有法形所容等。三题论凡有法直线形与直角三边形并设直角形傍二线，一长一短。其短线与有法形半径线等，其长线与有法形周线等，则有法形与三边形正等。四题论凡圜取半径线及半周线作矩内直角形，其体等。五题论凡直角三边形任将一锐角于对边作一直线分之，其对边线之全与近直角之分之，比例大于全锐角与所分内锐角之比例。六题论凡直线有法形数端，但周相等者多边形必大于少边形。七题论有三角形，其边不等于一边之上另作两边等三角形与先形等周。八题论有三角形二，等周等底，其一两边等，其一两边不等，其等边容必多于不等边所容。九题论相似直角三边形并对直角之两弦线为一直线以作直角方形，又以两相当之直线四，并二直线各作直角方形，其容等。十题论有三角二，其底不等而腰等，求于两底上另作相似三角形二而等周，其两腰各自相等。十一题论有大小两底，令作相似平腰三角形相并，其所容必大于不相似之两三角形并。其底同，其周同，又四腰俱同而不相似形并，必小于相似形并。十二题论同形。其边数相等而等角等边者，大于不等角等边者。十三题论凡同周形，惟圜形者大于众直线形有法者。十四题论锐觚。全角所容与锐顶至边垂线及三分底之一矩内直角立形等。十五题论平面不拘几边，其全体可容浑圆切形者，设直角立形，其底得本形三之一，其高得圜半径，即相等。十六题论圜半径及圜面三之一，作直角立方形，以较圜之所容等。十七题论圜形与平面他形之容圜者。其周同，其容积圜为大。十八题论凡浑圜形与圜外圜角形等周者，浑圜形必大于圜角形。”

第四，利氏之学，由中国文人所接受与学习：“时李之藻、徐光启等皆师之，尽得其学。各有著述。三十八年卒……”

第五，阮元在比较中西之法后，认为中国古法与利氏所传之西法是相匹敌的：“论曰：自利玛窦入中国，西人接踵而至。其于天学，皆有所得。采而用之，此礼失求野之义也。而徐光启至，谓‘利氏为今日之羲和’，是何其言之妄而敢耶？天文、算数之学，吾中土讲明而切究者，代不乏人。自明季空谈性命，不务实学，而此业遂微。台官步勘天道，疏阔弥甚，于是西人起而乘其衰，不得不矫然自异矣。然则但可云明之算家不如泰西，不得云古人皆不如泰西也。我国家右文尊道，六艺昌明，若吴江王氏、宣城梅氏，皆精于数学，实能尽得西法之长而匡所不逮。至休宁戴东原先生，发明《五曹》、《孙子》等经而古算学明矣。嘉定钱竹汀先生著《廿二史考异》，详论三统四分以来诸家之术，而古推步学又明矣。学者苟能综二千年来相传之步算诸书，一一取而研究之，则知吾中土之法之精微深妙，有非西人所能及者。彼不读古书，谬云西法胜于中法，是盖但知西法而已。安知所谓古法哉？”

七 结论

通过上述六份利玛窦传记，可以看到在明清时期，利玛窦在华传教与促进中西文化交流的贡献得到了肯定，而且它们各有侧重点及其特色。其中，刘承范《利玛传》——这部堪称最早的中文利玛窦传记的重新面世，一方面使中国利玛窦研究开启了新的一页；另一方面，补充了利玛窦研究中的不足，具有重大意义。而张维枢与艾儒略传，系利玛窦传记的“双璧”，它们几乎同时问世，又从不同角度，向人们展现了中国士大夫与来华传教士眼中的“西儒”；韩霖、张赓之传，则反映了中国底层文人与信徒的看法；而《明史·意大里亚传》代表清政府官方立场；阮元《畴人传·利玛窦》则从天文学与几何学的角度，展示了利玛窦“科学传教”的成绩。因此，这六份传记，较为全面地反映了利玛窦来华传教的成就。

原载《北京行政学院学报》2013 年第 1 期

与巨人同行者：西班牙籍耶稣会士庞迪我及其中文著作

庞迪我（Diego de Pantoja，1571—1618），字顺阳，西班牙籍耶稣会传教士，亦作“龎廸我”“庞迪峩”“庞迪莪”等。来华后，他作为利玛窦的助手，从澳门北上，一直协助利玛窦进行传教工作，并追随利玛窦多年。利氏去世后，他继续执行利氏的传教策略——康熙皇帝所称的“利玛窦规矩”。作为基督教在华传播的开辟者，利氏获得了巨大的声誉。而庞迪我通过对利氏的协助，亦获得了相当的名望，他成为一位与巨人同行的人。在华期间，他撰写了一批中文著作，影响很大，一时被中国士大夫称为“庞公”“庞子”。其丰硕的著述成果，加上他是少数能够前来中国传教的西班牙籍耶稣会士，因此，被著名天主教史学者方豪神父称为“最伟大的西班牙汉学家”。同时，他从多个角度观察中国社会，成为明末清初中西文化交流的重要人物。①

---

① 关于庞迪我的研究工作，学术界目前已经取得了一定的成果，如戈宝权《谈庞迪我著作中翻译介绍的伊索寓言：明代中译伊索寓言史话之二》（《中国比较文学》1985 年第 1 期）；［意］柯毅霖（Gianni Criveller）《晚明基督论》，王志成等译；朱幼文《“道德战”与文化汇通：析庞迪我的〈七克〉》（《华东师范大学学报》2001 年第 2 期）、《析庞迪我的〈七克〉》（《宗教学研究》2002 年第 1 期）、《从〈七克〉看庞迪我的自我修养观》（《法制与社会》2007 年第 8 期）；林中泽《利玛窦与庞迪我关系辨析》（《史学月刊》2003 年第 1 期）、《晚明中西性伦理的相遇：以利玛窦〈天主实义〉与庞迪我〈七克〉为中心》（广东教育出版社 2003 年版）；许洁、石云里《庞迪我、孙元化〈日晷图法〉初探：兼论牛津本〈天问略〉中的三种晷仪》（《自然科学史研究》2006 年第 2 期）；许洁《明清时期西式天文测时仪器的传入及其影响》（博士学位论文，中国科技大学，2006 年）；陈德正《〈畸人十篇〉和〈七克〉中的希腊罗马古典文化》（《历史教学》2008 年第 20 期）；张铠《庞迪我与中国：耶稣会“适应”策略研究》（大象出版社 2009 年版）；韩思艺《“罪”与“过”论述的会通：以〈七克〉与〈人谱〉为例》（《哲学与文化》2010 年第 11 期）；韩思艺、梁燕城《晚明儒学修养工夫与西方灵修学的交流：刘宗周和庞迪我的对话》（《文化中国》2011 年第 1 期）；李翠萍《〈七克真训〉研究：〈七克真训〉与〈七克〉的比较》（硕士学位论文，华东师范大学，2013 年）；等等。

一 庞迪我生平及其在中国的活动

庞氏从1589年加入耶稣会后，开始接受作为传教士的各种严格训练，完成后被派往东方。在澳门时，其传教地由日本改为中国，从此与利玛窦相遇、相伴，结下了不解之缘。来华后，经过广州，潜赴南京，再北上，突破宦官马堂的阻挠，终于在北京立足。但后因“南京教案”被逐澳门，客死于此。

（一）来华之前的经历

1571年4月24日，庞氏生于西班牙马德里附近塞维利亚教区瓦德莫拉城（Valdmora）。[①] 1589年4月6日，18岁时，他来到托莱多（Toledo），加入了耶稣会，并在修道院接受严格的训练。“每天凌晨4点半起床，直到晚9点入息，中间要朗诵经文、上课、进行教义的答辩和劳动。”[②] 1596年4月10日，庞迪我怀着来东方传教的梦想，与其他18名神父一起，乘船离开里斯本，[③] 开始了东来的旅程。同行者中还有意大利籍耶稣会士龙华民（Nicholas Longobardi，1559—1654）。跨越种种艰险，历时7个月，他们于1596年10月25日抵达果阿（Goa）。在此停留期间，庞氏了解到印度佛教学说，这为他后来在华批判佛教学说打下了基础。在其《七克》中，他指出“小西洋者，中华所称佛地也。余暂居数月，熟稽其道言，审其行迹”。

1597年4月23日，庞氏与龙氏等在耶稣会远东传教团视察员、意大利籍耶稣会士范礼安（Alessandro Valignano，1538—1606）及葡萄牙籍耶稣会士李玛诺（Emmanuel Diaz Senior，1559—1639）率领

① 参见［法］费赖之《在华耶稣会士列传及书目》，冯承钧译，第73页。

② Joaquín Gil Calvo, *La Compañia de Jesús en la Historia de Toledo*, Toledo, 1979, pp. 48, 50.

③ 参见［法］荣振华《在华耶稣会士列传及书目补编》下册，耿升译，中华书局1995版，第479页。

下，乘船离开果阿，前往澳门，并于7月20日终于抵达了中华大地。[①] 此举意义重大，因为他成为明清时期为数不多的、通过此渠道来华的西班牙籍耶稣会士。16世纪中叶，葡萄牙人入居澳门后，通过其保教权，控制了东来中国的通道。由于葡萄牙、西班牙之间存在着竞争与冲突，故西班牙籍耶稣会士较难通过此渠道来到中国。方豪指出："明末清初来华天主教教士以耶稣会为多。耶稣会创办人是西班牙人，但来华会士中，西班牙人却少得可怜！"[②]

在澳门等候分配工作期间，庞氏在澳门圣保禄学院（Colégio de São Paulo）继续了他尚未完成的神学第二阶段的学习，1598年7月1日，通过了最后一门课程的考试，并接到了赴日本传教的指令。由于日本出现了排教活动，他与同伴无法成行，只好在澳门停留、等待，并于1599年，又完成了第三阶段的学习。这时，利氏在中国传教，取得了相当大的进展，并准备前往北京向中国皇帝进献礼品，由利氏的助手、意大利籍耶稣会士郭居静（Lazzaro Cattaneo，1560—1640）为其筹集经费、进贡的礼物及找寻一名得力的助手。其上级、澳门圣保禄学院院长李玛诺认为：庞神父具备所需年龄、语言能力、谨慎、力量、美德等优点；他又表示愿去中国传教。先在念书时，要不是听说不打算派西班牙人去，他早就会向视察员范礼安神父提出这一申请；而且其他适合的申请人由于是葡萄牙人，更需要派赴日本，同时耶稣会远东传教团也要消除不愿派西班牙人去中国的传闻。[③] 所以在李氏的支持下，庞氏被选为陪伴利氏北上的助手和伙伴，从而与利氏紧密地联系在一起，成为与巨人同行的人。

（二）潜赴南京

1599年10月底，利用前往广州参加盛大集市的机会，庞氏、郭氏混杂在葡萄牙商人中间，秘密潜入中国。11月1日，在诸神瞻礼节

---

① Beatriz Moncó, "The China of the Jesuits: Travels and Experiences of Diego de Pantoja and Adriano de las Cortes", *Culture and History Digital Journal*, Vol. 1, No. 2, 2012.

② 参见方豪《中国天主教史人物传》，第103页。

③ 参见［法］裴化行《利玛窦评传》上册，管震湖译，商务印书馆1993年版，第46页。

晚上，他们穿上中国服装，藏在一艘船上，开始北上。沿途经过了南雄、南安、赣州、吉安、南昌；横渡鄱阳湖，经湖口，进入长江，顺江而下，经安庆、芜湖，于1600年3月，抵达南京。

南京城的雄伟壮观，给庞氏留下了深刻的印象。在南京，他们买下了洪武冈的一座“闹鬼”的凶宅，使他们在南京有了立足之地，也借“闹鬼”事件，宣扬了天主的“神威”，使之成为传教的良机。这一事件，在庞氏、熊氏的《具揭》亦有记载：

> 此处旧盖工部官房一所，有堂有楼。后因鬼魔窃据，拆去楼房，遣兵居守。白日见形，挥刃击之不中，今门槅刀痕尚在，万目共见。荒废年久，堂室之中，皆生茂草，出帐变卖，无人承受。玛窦等用价买之，供奉天主，鬼魔灭迹。①

同时，由于贡品中有一架“古翼琴”（Clavicordio），利氏不太擅长，故建议由庞氏向精于弹奏“古翼琴”与声学的郭氏学习弹奏技巧与声学知识。庞氏用了4个月来学习，由此开始更具体地理解耶稣会在华传教策略——“利玛窦规矩”。

（三）定居北京

1600年5月20日，在一些中国官员的帮助下，利玛窦、庞迪我与中国修士锺鸣仁、游文辉一行4人，搭乘刘太监由6艘马船组成的船队，开始了艰难的赴北京行程。由于他们在此前的行程中，其向皇帝献礼的消息不胫而走，引起了在临清坐镇的税使太监马堂的注意。此人贪得无厌，对神父们敲诈勒索，大大地阻碍了神父们北上行程。直至1601年，局势才出现好转。万历皇帝下旨，让利氏等一行赴京进贡，这才使利玛窦、庞迪我等人摆脱了马堂的阻挠。

1601年1月24日，庞迪我、利玛窦等人终于来到了中华帝国首

① 参见［西班牙］庞迪我、［意］熊三拔撰《具揭》，［比］钟鸣旦等编《徐家汇藏书楼明清天主教文献》第1册，辅仁大学1996年版，第99—100页。

都——北京，并成功地向万历皇帝进贡了礼品。[①] 5 月，利氏等人于北京宣武门附近租房住了下来，并获得明朝政府的供给。[②]

据印光任指出："自利玛窦由澳门转入八闽，至金陵，出其浑天信、量天尺、勾股举重算法留都。台省并其徒庞迪我等，咨达入京，不果用而利玛窦卒。"[③]

由于利、庞两人密切合作，耶稣会北京会院的传教工作稳步发展。为适应传教工作不断扩大的需要，1605 年 8 月 27 日，他们与其他辅助人员一起，迁居到宣武门附近的、有 40 间房屋的宅院——后来名噪一时的"南堂"。

利、庞两人在传教工作中分头并进，利氏主要把精力放在结交中国的官场名人和儒生雅士以及著书立说上，而庞氏则倾心于传教工作。[④] 其宣教对象，既有平民百姓，亦有知识阶层。对于知识阶层而言，他尽量寻找儒家学说和天主教教义之间的内在联系，以引起儒生们对陌生宗教的兴趣；又借对佛教的攻击，博取部分文人的同情和好感。他亦针对文人与达官贵人流行的纳妾做法，以坚持"一夫一妻制"，反对纳妾来做宣教工作；同时从中国妇女的社会地位和她们渴望幸福生活的愿望出发，皈化中国妇女。[⑤]

1610 年 5 月 11 日，利氏在北京病故，庞氏出任北京会院的代理监督，并负责利氏善后事宜。他根据孙元化的建议，草拟并由李之藻润色了一份奏章，呈请万历皇帝为利氏赏赐墓地，获赐阜成门外仁恩寺地块：

---

① 参见［意］利玛窦撰《利玛窦全集》第 4 册，第 549—552 页。

② 参见（清）张廷玉等撰《明史》卷 326《列传》214《外国传》第 7《意大里亚传》，第 8460 页。

③ 参见（清）印光任、张汝霖撰《澳门记略》卷下《澳番篇》，《续修四库全书》第 676 册，上海古籍出版社 2002 年版，第 716 页。

④ 关于利、庞两人的关系，林中泽认为利、庞关系，相当紧张，其原因主要是利氏具有浓烈人文主义背景的工作方式与庞氏的传统中世纪传教模式格格不入，因此利氏至死都未曾原谅过庞氏，而在利氏生前，庞氏对其不满也蓄积已久。参见林中泽《利玛窦与庞迪我关系辨析》，《史学月刊》2003 年第 1 期，第 41 页。

⑤ 参见朱幼文《"道德战"与文化汇通：析庞迪我的〈七克〉》，第 35—36 页。

利玛窦以年老患病身故。异域孤臣，情寔可怜。道途险远，海人多所忌讳，必不能将榇返国。伏念臣等久沾圣化，即系辇毂臣民。尧仁德被于华夷，生既蒙豢养于升斗，西伯泽及于枯骨；死犹望掩覆于泉壤……臣等外国微臣，岂敢希冀分外！所悲，死无葬地，泣血恳祈天恩，查赐闲地亩余，或废寺闲房数间，俾异域遗骸得以埋葬，而臣等见在四人，亦得生死相依，恪守教规，以朝夕瞻礼天主上帝，仰祝圣母、圣躬万万岁寿。既享天朝乐土太平之福，亦毕蝼蚁外臣报效之诚。臣等不胜感激，屏营候命之至。①

由于庞氏在北京居留10年，深谙中国官场的各种关节，分别与礼部右侍郎吴道南、林茂槐，少京兆黄吉士，主管太监，户部等处交涉。终于在1611年11月1日，为其举行了安葬仪式。徐光启指出：

万历三十八年西洋远臣利玛窦航海归化，皇祖怜其慕义远来，死之日给以葬地，并其友伴庞迪我等亦居以赐宇，令其依止焚修。②

费赖之指出：

玛窦死后，迪我时在担任外间事务，因与诸士夫计议，拟奏闻朝廷，请旨赐葬地一区。玛窦能在城外获钦赐葬地，盖得迪我力也。迪我同熊三拔同奏请旨，得阁老叶向高力，下部议，奏上准如所请。向高等以葬地四所示迪我，命自择之。迪我选择城外之佛寺一所，乃宦官某之产业。宦官得罪下狱，此寺籍没入官，玛窦即葬于此。葬地有园林，有礼拜堂，上圆顶，下六方形，外有两半圆墙以护之。玛窦墓用砖砌成……此礼拜堂专奉天主，诸神甫复在其附近别为圣母建筑礼拜堂一所。第一礼拜堂上高悬钦

① 参见［意］艾儒略撰《大西西泰利先生行迹》，第230页。

② 参见（明）徐光启撰《新法算书》卷4，《文津阁四库全书》第261册，第148页。

赐二字匾额。①

此次成功有重要意义，是震惊世界之举："为利玛窦申请到墓地并为其举行庄严、隆重的安葬仪式，这不仅仅是庞迪我个人的成功，更重要的是，这一事件标志着西方传教事业在中国取得了历史性的进展。"②

（四）"南京教案"与客死他乡

利氏之后，龙氏出任中国传教团会长，对利氏开创，并由利氏、庞氏坚持的"科学传教""文化适应"等一套被称为"利玛窦规矩"的传教策略，进行公开批评，引发了著名的"礼仪之争"。

庞氏因不同意龙氏的立场，被免去北京会院代理监督一职，由熊氏升任北京会院监督（院长）。熊氏开始推行龙华民所倡导的激进宣教策略，将宣教的重点转向一般民众，特别是广大农村地区；又在宣教中用更明确的语言来宣读天主教教义。然而，一般中国民众，尤其是一般知识阶层，对与自己传统价值观念相悖的天主教教义是持怀疑与排斥态度的。因此，引起了京郊地区两种异质文化的冲突与对抗。庞氏因屈从于熊氏等的决策，所以在传教活动中，常受到质问与围攻，1611 年"迪我被暴民殴击，几频于死"③。在中国文人中用明确语言来宣传教义，必然会挑起争端，因此庞迪我"复数撄若干大吏之怒，亦几频于危"④。因传教策略的改变而产生的问题还不仅于此，"南京教案"的爆发对庞氏，乃至对基督教传华事业而言，都是一个致命的灾难。

明神宗万历四十四年（1616），礼部侍郎署南京礼部尚书沈漼、给事中晏文辉和余懋孳等发动了"南京教案"，成为天主教第三次传入中国后的首次教案。沈漼先后三次向皇上呈进《参远夷疏》，参奏

① 参见［法］费赖之《在华耶稣会士列传及书目》，冯承钧译，第 74 页。

② 参见张铠《庞迪我与中国》，第 197、204 页。

③ 参见［法］费赖之《在华耶稣会士列传及书目》，冯承钧译，第 74 页。

④ 同上。

在华的天主教传教士：1. 送礼物给中国人是为了收买人心，以致在适当时候可以倾覆中国；2. 曾帮助中国修历，推算日食、月食等日期，是以西洋方法治历，有意变乱中国传统；3. 破坏儒家文化，教导人不拜祭祖先。庞氏收到载有沈氏第一次上奏的《参远夷疏》的“邸报”后深感事态的严重性，他与熊三拔等写了一份《具揭》，对沈漼上疏中的指责一一进行了回答，并派信使将《具揭》送往南京会院，以统一耶稣会内部的策略与思想，使南北两会院步调一致，争取中国官方对传教士在华活动的同情和谅解，并抑制反教势力。

沈氏第一次上书后，因上书理由不足，欠缺力量；加上中国信徒徐光启上疏辩护，万历皇帝并没有采取行动。经沈氏不断上书，万历皇帝终下令“禁教”，勒令将传教士驱逐出境。在北京的6名传教士中，只有庞氏、熊氏在被驱逐名单中。据《明神宗显皇帝实录》载：“乙亥　西洋国陪臣庞迪我等奏：臣与先臣利玛窦等十余人，涉海九万里观光上国，叨食大官一十七载。近见南北参奏，要行驱逐。念臣等焚修学道，尊奉圣主，宁有邪谋，日坠恶业？乞圣明怜察，候风便归国。若寄居海屿愈滋猜疑，并南京等处诸陪臣一休宽假，以全天朝豢养之恩。”①

《明会要》指出：“礼部郎中徐如珂恶之，倡议驱斥，与侍郎沈漼、给事中晏文辉等，合疏斥其邪说惑众，乞急行驱逐。帝纳其言，令丰肃及庞迪我等俱遣赴广东，听还本国。命下久之，迁延不行。丰肃寻变姓名，复入南京，行教如故。”②

印光任指出：“有王丰肃者，居南京，专以天主教惑众……礼部郎中徐如珂乃召两人……乃倡议驱斥。疏入，命丰肃及庞迪我、阳玛诺等，俱遣赴广东，听还本国。”③

---

① 参见（明）张溶撰《明神宗显皇帝实录》（抄本）卷575。

② 参见（清）龙文彬撰《明会要》卷79《外藩》3，《续修四库全书》第793册，第711页；参见（清）葛士浚辑《清经世文编》卷110《洋务》11，载《近代中国史料丛刊》正编第75辑，文海出版社1966年版，第2974页；参见（清）夏燮撰《中西纪事》卷1，《续修四库全书》第402册，第519页。

③ 参见（清）印光任、张汝霖撰《澳门记略》卷下《澳番篇》，《续修四库全书》第676册，第701页；参见（清）陈澧纂（光绪）《香山县志》（清光绪刻本）卷22。

清程岱庵指出："礼部郎中徐如珂与沈漼、晏文辉合疏纠其邪说惑众，亟请驱斥。帝纳其言，令丰肃、庞迪我等俱遣赴广东，听还本国。命下久之，迁延至戊午年，迪我等始去。丰肃等复变姓名，至南京行教如故。"①

1617 年 3 月 18 日，庞、熊两人做完最后一次弥撒，由兵部派员押往广东。抵达广州被关押了 7 个月后，才被逐至澳门。在澳门停留期间，庞氏因为感到传教工作难以为继，遂于万历四十六年（1618）上书万历皇帝，以寄希望于万一：

> 臣与先臣利玛窦等十余人，涉海九万里，观光上国，叨食大官十有七年。近南北参劾，议行屏斥。窃念臣等焚修学道，尊奉天主，岂有邪谋，敢堕恶业？惟圣明垂怜，候风便还国。若寄居海屿，愈滋猜疑，乞并南都诸处陪臣，一体宽假。②

奏章中所指"海屿"，即为澳门。但其所奏并未有答复，此时，庞氏已经重病缠身，1618 年 7 月 9 日，病故于澳门，终年 47 岁，③ 与利氏同行的一代巨人，结束了其有影响力的一生。

二　传教策略与结交士夫

庞氏是"利玛窦规矩"的共同确立者与执行者。传教士们坚持此策略时，中国天主教传教事业就得到了较为顺利的发展。为了能够融入中国社会，他必须使自己成为一个受中国士大夫们欢迎和接受者，即成为"西儒"。为此，做了许多努力，主要有下列方面：1. 穿着儒服，学习汉语，遵从华礼。2. 多方应酬，赠送礼品，开辟通向士大夫府邸的途径。3. 传播西方科学知识与宗教文化，渲染西方社会体制和

---

① 参见（清）程岱庵撰《野语》卷 8，《续修四库全书》第 1180 册，第 115 页。

② 参见（清）张廷玉等撰《明史》卷 326《列传》214《外国传》第 7《意大里亚传》，第 8461 页。

③ 费赖之与荣振华均认为庞氏 1618 年 1 月病故于澳门，参见［法］费赖之《在华耶稣会士列传及书目》，冯承钧译，第 75 页。

时尚，努力取得在中国社会中与中国士大夫平等对话的地位。李之藻指出："昔年利玛窦最称博览超悟。其学未传，溘先朝露，士论至今惜之。今庞迪我等须发已白，年龄向衰。遐方书籍，按其义理，与吾中国圣贤可互相发明，但其言语文字，绝不相同，非此此数人，谁与传译？"① 4. 广泛结交中国士大夫。

庞迪我在华期间，与其交游的中国士大夫，可考者参见表1。

表1　　庞迪我与士大夫交游

分类	姓名	籍贯、字号、科举	备注
教徒	徐光启	上海人，字子先，号玄扈，万历三十二年（1604）进士	中国天主教徒三大柱石之一，与李之藻、杨廷筠、王徵，并称"四贤"
	李之藻	浙江籍，字振之，又字存我，号存园寄叟、凉庵逸民，万历二十六年（1598）进士	中国天主教徒三大柱石之一，与徐光启、杨廷筠、王徵，并称"四贤"
	杨廷筠	浙江人，字促坚，号淇园，万历二十年（1592）进士	中国天主教徒三大柱石之一，与李之藻、王徵、徐光启，并称"四贤"
	王徵	西安人，字良甫，天启二年（1622）进士	教徒，与徐光启、杨廷筠、李之藻，并称"四贤"
	李应试	湖广人，教名葆禄	教徒，曾刊刻《两仪玄览图》
	孙元化	嘉定人，字初阳，万历四十年（1612）举人	

① 参见（明）李之藻撰《李存我文集》卷1《西洋历法》，（明）陈子龙选辑《明经世文编》卷483（明崇祯平露堂刻本），中华书局1962年版，第5323页。

续表

分类	姓名	籍贯、字号、科举	备注
社会名流	李贽	晋江人，字宏甫，号卓吾	明代著名思想家，其接触到的最优秀的中国知识分子
	曹于汴	安邑人，字自梁，万历二十年（1592）进士	《七克序》作者
	熊明遇	进贤人，字良孺，万历二十九年（1601）进士	《七克引》作者
	郑以伟	上饶人，字子器，万历二十九年（1601）进士	《七克序》作者
	陈亮采	籍贯不详，进士出身	《七克篇序》作者
	彭端吾	夏邑人，字符庄	《西圣七编序》作者
	陈仪	闽县人，字用吉，万历三十八年（1610）进士	
	翁正春	侯官人，字兆震，万历二十年（1592）进士	
	朱国祚	秀水人，字兆隆，万历十一年（1583）进士	协助进贡
	沈一贯	字肩吾，隆庆进士	
	叶向高	福清人，字进卿，万历十一年（1583）进士	多方协助传教
	吴道南	崇仁人，字会甫，万历十七年（1589）进士及第	协助申请墓地
	孙玮	渭南人，字纯玉，万历五年（1577）进士	协助申请墓地
	黄吉士		协助申请墓地，并为墓地送来“慕义立言”匾额

三　庞迪我与中西文化交流

庞氏作为与利氏同时代的著名耶稣会士，除在传教事业上做出贡献外，还曾为中西文化交流做出过重大贡献。首先，他对当时的中国进行了相当仔细的观察，形成了自己的中国观；其次，他是中国与欧洲文化交流的先驱，为东西两个世界相互了解提供了渠道，起到了桥梁的作用。

（一）异者角度看中国：庞氏所见到的明代中国

为了赴中国内地传教，庞氏随利氏赴北京的途中，在利氏的指导下学习汉语；刘太监把他在南京买的一个男孩送给了他们，庞氏则跟他学习纯粹的南京话。[①] 到了北京以后，他利用一切间隙和可能的机会，学习汉语。如 1606 年，利氏与徐氏翻译《几何原本》时，一名徐氏的朋友参与翻译，就曾每天为庞氏教授汉语；而且，他的汉语进步很快，能够用于交流了。[②] 学会了汉语，他就可以更深入地了解中国，可以从一个异者的角度来观察中国。[③]

最能反映庞氏中国观的作品，是他于 1602 年 3 月 9 日致西班牙托莱多主教刘易斯·德·古斯曼（Luis de Gusman，1546—1605）神父的长信——《一些耶稣会士进入中国的纪实及他们在这一国度看到的特殊情况及该国固有的引人注目的事物》（*Relaçion de la Entrada de Algunos Padres de la Compañia de Jesus en la China*，*y Particulares Successos que Tuvieron*，*y de Cosas Notables que Vieron en el Mismo Reino*）。庞氏撰写此信有一个重要目的，即补充当时的一本重要的汉学著作——门多萨（Juan Gonzáles de Mendoz，1545—1618）《中华大帝国史》（*Historia de las Cosas más Notables*，*Ritos y Constumbres del Gran Reyno de la China*）的内容，并以亲身的观察，纠正其中的错误。《中华大帝国史》是当时欧洲人所著的一部介绍中国的著作，对庞氏影响很大。庞氏就是通过此书了解中国，并燃起来华传教的热情。由于其著者并未来过中国，故书中难免存在错误与不足。

此信对中国的地理方位、山川形势、特产人口、城乡概况、经济

① 参见［意］利玛窦《利玛窦中国札记》，何高济等译，中华书局 1983 年版，第 391 页。

② 同上书，第 115 页。

③ Beatriz Moncó, *The China of the Jesuits*: *Travels and Experiences of Diego de Pantoja and Adriano de las Cortes*, Vol. 1, No. 2, 2012.

与贸易发展水平、政治体制、外交政策、中国人的历史、文化、习俗、宗教信仰及宫廷内幕等方面进行了百科全书式的介绍，基本上代表了16世纪与17世纪之交欧洲人对中国最全面、最客观的认识。它在欧洲受到普遍的重视和欢迎，1604年西班牙文本面世，之后被译成法文、德文、拉丁文和英文，还被多次再版。该信大致可分为七个部分：1. 庞氏秘密潜入中国，在南京与利氏会合后，历尽艰辛，终于抵达北京的历程；2. 与利氏通过向万历皇帝献礼，获得北京居留权；3. 中国地理方位、四邻及行政区划和城乡的概貌；4. 中国的币制、贸易、国民财富、文人阶层与婚姻和礼仪，即中国社会百态；5. 中国的兵制和武器、士气、社会等级、特权和知识界所享有的荣誉以及中国书刊、绘画等概况；6. 中国政府的组成、官员和司法诉讼程序；7. 评论中国妇女的社会地位及披露宫廷秘闻。

其核心观点为：中国地大物博，人口众多，城镇相接，经济繁荣；对中华帝国中央集权制的初步认识；中国知识分子体现了儒家思想的基本特征，耶稣会在中国传教的首要前提就是与中国知识分子结盟；睦邻政策是中国对外交往的基本出发点，“朝贡”是一种贸易形式，对外国人入境的严格限制是中国的一项基本国策。①

（二）促进地理知识的东西交流

首先，庞氏在致刘易斯·德·古斯曼的长信中，除了全面介绍中国的情况外，同时也纠正了一些欧洲通行的舆地学错误。欧洲地图上普遍绘制着中国北方有一个首都为“汗八里”，称作“契丹”的国家。庞氏通过多方论证，证实“契丹”即中国，“汗八里”即“北京”，这比利氏还要早。②

其次，他向欧洲寄回了一张《洪迪乌斯中国地区》（*Hondius His Map of China*）及明罗洪先编绘《广舆图》，校正了欧洲地理学家普遍持有的两个重大错误：把北京的纬度定在北纬50度左右，将中国的

① 参见张铠《庞迪我与中国》，第3、99—114页。

② 同上书，第360—361页。

面积扩大了三分之一。庞氏通过实勘，将其定为北纬 40 度，并通过测定广州的纬度，从而确定了北京到广州的距离，进而确定中国的四至。

其次，接受圣旨，绘制《万国地海全图》，并为艾儒略（Giulio Aleni，1582—1649）撰《职方外纪》做好资料上的准备工作。《万国地海全图》是在利氏所绘世界地图的基础上进行。1608 年，万历皇帝在宫内见到由李之藻在北京刊刻的彩绘利氏世界地图——《坤舆万国全图》，决定让利、庞两人将其刻印。两人又进宫将其重绘。1612 年，万历皇帝又让庞氏、熊氏翻译《万国地海全图》上欧洲文字。在御茶房牌子魏学颜将仅存的两扇《万国地海全图》交给庞氏后，他以此又绘制了一张全新的《万国地海全图》，并将原缺的"中国图"和"西南方国图"补齐，还用中文对世界各国概况做了介绍。

由于利氏曾意欲写一部世界地理概述之书，因此，为了完成利氏的遗愿，庞氏在绘制《万国地海全图》之后，又着手编撰一部世界地理概述，将利氏所进的《万国图志》一一译出，并将其内容及需要补充的数据写在八扇屏风上，准备献给万历皇帝。但 1616 年"南京教案"爆发。在其冲击之下，庞氏被驱逐出中国。离京前，他将绘制完毕的八扇屏风送交通政司，但被拒绝接受。他又将其送到紫禁城大明门外，叩头而去："此图延久未竟，会放归，赍投通政司，弗纳，则奉致大明门外，叩头而去，今尚庋中城察院云。而庞、熊旋卒于途。"①

但这一成果极大地帮助了艾氏完成著名的《职方外纪》。因此，《四库全书》在谈到《职方外纪》之时指出："利氏赍进《万国图志》，庞氏奉命翻译，儒略更增补以成之。盖因利玛窦、庞迪我旧本润色之，不尽儒略自作也。"② 艾氏就是在其遗稿的基础上完成了《职方外纪》：

① 参见（明）李之藻撰《刻职方外纪序》，［意］艾儒略著，叶农点校整理《艾儒略汉文著述全集》，澳门文化艺术学会 2012 年版，第 7 页。

② 参见（清）永瑢等撰《四库全书总目》，中华书局 1965 年版，第 632—633 页。

吾友利氏赍进《万国图志》。已而吾友庞氏又奉翻译西刻地图之命，据所闻见，译为图说以献。都人士多乐道之者，但未经刻本以传。迨至今上御极，而民物重新，骎骎乎王会万方之盛矣。儒略不敏，幸厕观光，慨慕前庥，诚不忍其久而湮灭也，偶从蠹简得睹所遗旧稿，乃更窃取西来所携手辑方域梗概，为增补以成一编，名曰《职方外纪》。①

另外，《明史·艺文志》载，庞氏尚著有《海外舆图全说》二卷。② 但疑该书失传，故未之见也。

庞迪我的上述成果，扩大了中国人的视野，改变了中国人对世界地理的看法，促进了中国人形成全球观。

（三）“科学传教”：庞迪我及其科学活动

庞氏来华，曾为推行利氏“科学传教”策略做过不懈努力。来华后，发现中国在天文观测方面已经落后于欧洲，遂将向中国传播天文知识，作为提高其在华社会地位的重要手段，而且获得成功。庞氏又借中国预测日食的机会，参与到修历工作中来。费氏认为：“一六一一年迪我、三拔奉朝命改正历书。”③

万历三十八年十一月日食的误测，促使明廷官员有了请传教士参与修历的想法。当时，利氏已经去世，在京最有名望的传教士，只有庞迪我、熊三拔等。《明史》记庞氏参加修历曰：

其年（按即万历三十八年利氏去世之年）十一月朔日食，历官推算多谬，朝议将修改。明年，五官正周子愚言：“大西洋归化人庞迪我、熊三拔等深明历法，其所携历书，有中国载籍所未及者。当令译上，以资采择。”礼部侍郎翁正春等因请仿洪武初

---

① 参见［意］艾儒略撰《职方外纪自序》，第9页。

② 参见（清）张廷玉等撰《明史》卷97《志》第73《艺文志》第2，第2405页。

③ 参见［法］费赖之《在华耶稣会士列传及书目》，冯承钧译，第74页。

设回回历科之例，令迪我等同测验，从之。①

清夏燮撰《中西纪事》载："是时，郑世子朱载堉、佥事邢云路，方奏请修改历法，因与大西洋之归化人庞迪我、熊三拔等共理历事……然当时明季修改历法，徧致西士。于是熊三拔、庞迪我等测验于前，汤若望、罗雅谷等编纂于后。"②

万历三十九年（1611），徐氏力荐李之藻主持修历工作，李之藻遂提出请庞氏等翻译欧洲天文学著作的主张：

> 亟开馆局，征召原题明经通算之臣，如某人等，首将陪臣庞迪我等所有历法，照依原文译出成书，进呈御览。责令畴人子弟习学，依法测验。如果与天相合，即可垂久行用，不必更端治历，以滋烦费。③

清张岱指出：

> 四十一年，南京太仆寺少卿李之藻上西洋《历法略》言：迩年台谏失职，推算日月交食时刻亏分，往往差谬。交食既差，定朔定气由是皆舛。伏见大西洋国归化陪臣庞迪我、龙化民、熊三拔、阳玛诺等诸人，慕义远来，读书谈道，俱以颖异之资，洞知厝算之学。携有彼国书籍极多，久渐声教，晓习华音。其言天文厝数，有我中国昔贤所未及道者。④

---

① 参见（清）张廷玉等撰《明史》卷326《列传》第214《外国》7《意大里亚传》，第8460页。

② 参见（清）夏燮撰《中西纪事》卷1，《续修四库全书》第402册，第513、516页。

③ 参见（明）李之藻撰《李存我文集》卷1《西洋历法》，第5323页；参见（清）夏燮撰《中西纪事》卷1，第519页。

④ 参见（清）张岱撰《石匮书》卷34《历法志》，《续修四库全书》第318册，第582页。

《明神宗显皇帝实录》载：

> 又访得翰林院简讨徐光启及原任南京工部员外李之藻皆精历理，若大西洋归化之臣庞廸我、能［熊］三拔等有推彼国历法诸书，测验推步，讲求原委，足备采用照洪武三十五年命翰林院李翀吴伯宗及本监云台郎海达儿等修西域历法事例，将大西洋历法及度数之书同徐光启对译，与云路等参讨，修改历法。①

明钦天监五官正周子愚亦提出了相同的建议：

> 又钦天监五官正周子愚言：大西洋归化庞迪我、熊三拔等携有彼国历法参互考证，固有典籍所已载者，亦有典籍所未备者，当悉谭以资採用。乞照洪武十五年命翰林李翀吴伯宗及本监灵台郎海违视阿达兀丁回回天师马黑亦沙马哈麻等谚修西域历法例。②

姚之骃撰《元明事类钞》指出："西洋历法《明纪事本末》太仆寺卿李之藻上言大西洋国陪臣庞迪我、龙化民、熊三拔、阳玛诺诸人，慕义远来，洞知历算之学，携彼国书籍极多。其言天文历数，有中国昔贤所未及道者。乞敕礼部依原文译出成书，不无裨益。"③

《清朝续文献通考》指出："时值历官推日食多舛，乃有五官正周子愚言大西洋归化人庞迪我、熊三拔等深明历法，其所携历书有中国载籍所未及者，请令仿洪武初设回回历科之例，许迪我等入局测验。"④

---

① 参见（明）张溶撰《明神宗显皇帝实录》（抄本）卷490。

② 同上书，卷483。

③ 参见（清）姚之骃撰《元明事类钞》卷3《岁时门》，《文津阁四库全书》第293册，第18页。

④ 参见刘锦藻撰《清朝续文献通考》卷349，商务印书馆1955年版，第10917—10918页。

清李祖陶辑《国朝文录》载："又欧逻巴国利玛窦、庞迪我辈，挟其徒传西洋历法于中土。徐玄扈相国参验而考定之。"①

清程岱葊撰《野语》指出："西洋人之得留中土，亦非无故。其人率专精历法，万历三十八年十一月朔当日食，历官推算多谬。五官正周子愚言西洋归化人庞迪我、熊三拔所携历书，有中国载籍所未及者，当令译上。礼臣翁正春请仿洪武回回历科例，令迪我等会同测验，从之。迨迪我等去后，至崇祯时历法益疏舛。"②

清蓝鼎元撰《鹿洲初集》指出："万历末年，太仆少卿李之藻上西洋历法，述庞迪我、龙华民等条陈历算十四事，皆中国天文历志诸书所未尝及（西洋历法自明即入中国矣）。"③

庞氏则把主要精力集中在对从广州直至北京各大城市的纬度的测量上，开启了将欧洲的实勘精神以及确定经纬度的方法引进中国的先河。其亲自测定的中国各主要城市的纬度资料，也为后来徐氏修历工作所参考和借鉴。

可能出于天文观测和修历的需要，庞氏曾与孙元化合作，共同完成了《日晷图法》。④ 除天文学与修历外，他在数学方面亦有很高的造诣，曾参加过《几何原本》的翻译及后来的增订工作。

而在医药学方面，庞氏曾传入过欧洲医药学的药露制作法。据方豪研究："明季，熊三拔曾传入西洋炼制药露法，迪我亦传其术于徐光启。万历四十一年（1604）光启家书，曰：'庞先生教我西国用药法，俱不用渣滓。采取诸药鲜者，如作蔷薇露法，收取露，服之功效。此法甚有理，所服者皆药之精英，能秀入脏腑肌骨间也。'"⑤

---

① 参见（清）李祖陶辑《国朝文录》之《石庄先生文录》卷3，《续修四库全书》第1669册，第378页。

② 参见（清）程岱葊撰《野语》卷8，《续修四库全书》第1180册，第116页。

③ 参见（清）蓝鼎元撰《鹿洲初集》卷14，纪宝成主编《清代诗文集汇编》第247册，上海古籍出版社2010年版，第281页。

④ 参见许洁《明清时期西式天文测时仪器的传入及其影响》，博士学位论文，中国科技大学，2005年，第22—29页。

⑤ 参见方豪《中国天主教史人物传》，第107页。

张铠先生据此推测，庞氏曾向徐氏传授种白葡萄和配制葡萄酒的“西洋”方法。其理由有“其一，是庞迪我曾向徐光启介绍过西洋制取药露的方法。在论及作物栽培以及各种蒸馏技术时，很可能庞迪我顺便介绍了欧洲种植葡萄和酿制葡萄酒的技术。其二，庞迪我的家乡巴尔德莫罗是个葡萄的种植区，葡萄酒又是西班牙的特产，在国外享有盛名。所以庞迪我将家乡种植葡萄的技术和酿造葡萄酒的方法向徐光启介绍是很自然的。”①

另外，以徐氏等为代表的中国学者及以庞氏为代表的传教士共同努力，在北京和天津形成了两个科学实验中心。北京的科学实验中心，就是北京会院（南堂）。传教士们除与来访的中国学者探讨科学问题之外，还在此进行天文观察和实测，并制作水利和机械方面的模型。天津科学实验中心就是徐氏屯田时所开辟出来的大约20顷实验园地。②

庞氏虽然忙于传播天主教教义和撰写宣讲教义的著作，无暇专门致力于科学研究，但在其宣教的著作中，常常借助一些自然现象来阐释他的社会道德观，从而起到了普及科学知识的目的。

（四）介绍希腊罗马古典文化

庞氏曾在其著作中，大量引用欧洲古代贤哲的名言、警句、《伊索寓言》《圣经》中故事，以示讽喻，从而介绍了希腊、罗马古典文化。戈宝权曾研究了《七克》对《伊索寓言》的引用情况。③ 陈德正通过比较庞迪我之《七克》与利玛窦之《畸人十篇》，指出《七克》与《畸人十篇》，介绍了欧洲古典文化中的文学精华——《伊索寓言》，引用了其中许多故事。此外，庞氏还大量引用古希腊罗马贤哲的名言和希腊神话典故以论说自己的观点。④

---

① 参见张铠《庞迪我与中国》，第273页。

② 同上书，第280—282页。

③ 参见戈宝权《谈庞迪我著作中翻译介绍的伊索寓言——明代中译伊索寓言史话之二》，《中国比较文学》1985年第1期，第292—305页。

④ 参见陈德正《〈畸人十篇〉和〈七克〉中的希腊罗马古典文化》，《历史教学》2008年第10期，第110—111页。

张铠先生指出："仅第一卷中，庞迪我就摘引了圣厄勒卧略（9）（张注：括号中数位为引用次数）、圣若汉、圣百尔纳（9）、亚吾斯丁（10）、圣伯纳文、亚利思多（6）、契里琐（4）、亚塞捏、圣法兰济（4）、圣铎敏我、塞搦加（4）、苏琐、拔剌谙、暗当、历山、邦薄、寄理玛、意纳爵、亚得纳斯、门难、圣若盎、暗多泥、圣日罗尼、加德、撒拉满等20余位西方名人的60余条语录。"①

在学习和研究汉语过程中，庞氏十分注意研究汉语语音学的规律，并把中国语言文字的特点向欧洲做了介绍。

四　庞迪我的中文著述

庞氏来华后，除"科学传教"外，在"文字传教"方面也是卓有成效。费氏指出庞氏在安葬利氏之后，撰写了一些中文著作："葬后，迪我以余时编纂华文书籍，以为训练新志愿罗洗人之用。"② 而且，他的中文著述，均与其传教活动的重大事件有关联，系为其服务。

（一）《七克》七卷

庞氏于万历四十二年（1614）刊刻了其最为重要的中文著作——《七克》。这是一部论述道德修养的伦理著作。他认为人性中常滋生出七种罪恶的意念，即傲、妒、贪、忿、饕、淫和怠。它们必须克服，即以谦伏傲、以仁平妒、以施解贪、以忍息忿、以淡塞饕、以贞防淫、以勤策怠，这就是《七克》的来由。而要想最终克服上述七种罪恶，则必须归信基督精神。因此，此著作实际上是一篇弘扬天主教宗旨的布道之书。

为了避免在阅读《七克》时，中国士大夫会对书中渗透的天主教教义有所反感，庞氏所使用的语言，总是以人类普遍的思想这种假设为前提，尽量模糊天主教教义和儒家学说之间的界限，着意寻找两者

① 参见张铠《庞迪我与中国》，第381页。

② 参见［法］费赖之《在华耶稣会士列传及书目》，冯承钧译，第74页。

的契合点，亦是实施“驱佛补儒”政策的手段之一。庞氏不遗余力地对佛教进行批判，将矛头主要集中在佛教的“轮回”说及因果报应的说教上，借攻击佛教达到与儒家学者结盟的目的。①

此著作一经问世即受到好评，徐氏曾为之润色，郑以伟、陈亮采、彭端吾等为之作序，而且得到不断翻刻。徐氏曾撰有《克罪七德箴赞》。② 李之藻辑录《天学初函》，亦将其收录。

福建名士李嗣玄，曾从艾氏处得到一部《天学初函》。当他读完《七克》后感叹道：

> 至哉，言乎！夫以德报德，报施适足相偿，何功之有？必爱仇庶（始）克，当主心耳。乃惩忿熄傲，从家庭始。③

山西绛州韩霖在其所撰《铎书》第六篇亦对《七克》进行了介绍：

> 此外有罪宗七端，由爱荣名而生骄傲，由爱财物而生悭吝，由爱身体而生迷食迷色，与懈惰于善，所爱未得，则生忿怒；若未得而他人得之，则生嫉妒，是为七端，万罪之根，万祸之胎也。（中略）克七罪有七德：傲如猛狮，以谦伏之；妒如涛起，以恕平之；悭如握固，以惠解之；忿如火炽，以忍息之；迷饮食如壑受，以节塞之；迷色欲如水溢，以贞防之；怠如驽疲，以勤策之。有《七克》一书，其中微言奥义，即未深领其旨者，皆喜读其书焉。

《熙朝崇正集》（闽中诸公赠泰西诸先生诗初集），收录了桃源郑璟的诗，亦曾提到《七克》：

---

① 参见朱幼文《从〈七克〉看庞迪我的自我修养观》，《法制与社会》2007 年第 8 期，第 748—749 页。

② 参见（明）徐光启撰《增订徐文定公集》卷首下，徐家汇天主堂 1933 年版，第 16 页。

③ 参见［意］艾儒略撰，叶农整理《艾儒略汉文著述全集》，第 388 页。

> 滨隐桃源见美人，西方怀我好音春。兢兢七克同邹吻，翼翼千篇敷教神。一事主天分苦乐，偏惊处事易缁磷。得君载授珠玑日，痞痱欢吟又日新。①

直至清代，仍然有学者对《七克》进行评说，如孙柳庭撰《舆地隅说》等。清乾隆时，修《四库全书》，此著作被收录到了子部杂家类存目二。方豪评价道："乾隆四十三年（1778）敕修《四库全书》，《七克》仅被收入子部《杂家类》存目二。《四库全书总目》卷一二五评曰：'其言出于儒、墨之间，就所论之一事言之，不为无理，而皆归本敬事天主以求福，则其谬在宗旨，不在词说也。'亦可见当时士大夫反天主教的情形。"②

《七克》亦曾对清初"程山之学"产生过影响。刘耘华曾撰文对清初江右以谢文洊为中心的"程山之学"与天主教文化的关系进行了研究。对谢氏与天主教徒刘凝的"上帝"观做出了同异辨析，指出二者差异的焦点是"上帝"是否曾经"降生为人（耶稣）"，并结合"日录"，对"七克"与谢氏思想的内在相通之处进行了细致的探讨。③

清姚莹指出："又《七克》七卷，明西洋人庞迪我撰，书成于万历甲辰。其说以天主所禁罪宗凡七，一谓骄傲，二谓嫉妒，三谓悭吝，四谓忿怒，五谓迷饮食，六谓迷色，七谓懈惰于善。迪我因作此书发明其义，一曰伏傲，二曰平妒，三曰解贪，四曰熄忿，五曰塞饕，六曰防淫，七曰策怠。其言出于儒、墨之间，就所论之一事言之，不为无理，而皆归本敬事天主以求福，则其谬在宗旨，而不在词说也。其论保守童身一条，载或人难以人俱守贞不婚，人类将灭？乃答以傥世人俱守贞，人类将灭，天主必有以处之，何烦过虑？其词已

① 参见［意］艾儒略撰，叶农整理《艾儒略汉文著述全集》，第423页。

② 参见方豪《中国天主教史人物传》，第106页。

③ 参见刘耘华《清初"程山之学"与西学：以谢文洊为中心》，《史林》2011年第1期，第74—85页；《谢文洊与西学》，《中国比较文学》2011年第3期，第121—128页。

遁；又谓生人之类，有生必有灭，亦始终成毁之常。若得以此终，以此毁，幸甚大愿，则又词穷理屈，不觉遁于释氏矣。尚何辟佛之云乎？”①

民国徐世昌指出：“诗话，明万历间利玛窦、庞迪我辈入中国，始有《二十五言》、《七克》诸书。”②

自清代以来，此书多被相关著作收录与中国学人提及。《续通志》著录“《七克》七卷，明西洋庞迪我撰”③。

《朔方备乘》著录“又《七克》七卷，明西洋人庞迪我撰。书成于万历甲辰……”④

《时务通考》载：“庞迪我有《七克》。”⑤

《善本书室藏书志》著录：“《七克》七卷明万历刊本。西海庞迪我撰述，武林杨廷筠校梓。前有万历甲寅庞迪我自序。大抵谓谦让以克骄傲，仁爱以克嫉妒，舍财以克悭吝，含忍以克忿怒，淡泊以克饮食，绝欲以克色迷，勤事以克懈惰。著为七篇，曰伏敖，曰平妒，曰解贪，曰熄忿，曰塞饕，曰防淫，曰策怠。郑圃居士杨廷筠首为序云：‘庞号凤阳子，未与一面。闻其居长安，大官授餐，朝廷礼遇。名流多与之游。’晋人曹于汴、上饶郑以伟、甫州熊明遇、江东崔淐及陈亮采，皆为撰序。”⑥

《八千卷楼书目》著录：“《七克》七卷明西洋庞迪我撰　明刊本。”⑦

---

① 参见（清）姚莹《康輶纪行》卷14，《四库未收书辑刊》第5辑第14册，北京出版社2000年版，第340页。

② 参见（民国）徐世昌辑《晚晴簃诗汇》［民国天津徐世昌退耕堂刻本（1929年）］卷39，第20页。

③ 参见乾隆官修《续通志》卷160《艺文略》5，浙江古籍出版社2000年版，第2406页。

④ 参见（清）何秋涛撰，黄宗汉等辑补《朔方备乘》2，《续修四库全书》第741册，第446—447页。

⑤ 参见（清）杞卢主人撰《时务通考》，第531页。

⑥ 参见（清）丁丙辑《善本书室藏书志》卷18，《续修四库全书》第927册，第616页。

⑦ 参见（清）丁仁撰《八千卷楼书目》卷12，《续修四库全书》第921册，第184页。

《清经世文编》著录："《七克》一卷，明西洋人庞迪我撰。"①

清徐乾学辑《传是楼书目》著录："《七克》七卷，明耶苏庞迪我述 二本。"②

（二）《天主实义续篇》

利氏有一个编撰一本论述"天主实义"的计划。利氏去世之后，作为其追随者，庞迪我继续完成利玛窦原定的规划。费氏说："《实义续篇》一卷，玛窦《天主实义》之续编也。"③《天主实义》为利氏名著，并不是正面阐述天主教教义，而是引用大量中国先哲的引语和西方古代哲学及神学大量的警句来暗示宇宙万物的和谐发展全仰赖于创造和治理万物的上帝。但《天主实义续篇》则侧重于直接表述天主教教义，如将中国典籍中的"上帝"，改为"西国称为陡斯"等。故它并没有像《天主实义》那样受中国文人的欢迎，因而流传不广。

（三）《人类原始》一卷

收藏在梵蒂冈教廷图书馆，藏书号为 Borgia Cinese，350. 1b；收录在《庞子遗诠》中。

（四）《天神魔鬼说》

收录在《庞子遗诠》之中。

（五）《天主耶稣受难始末》一卷

亦名《受难始末》，有明万历三十八年（1610）天衢堂刊本。④

---

① 参见（清）葛士浚辑《清经世文编》卷 69《礼政》16，《近代中国史料丛刊》正编第 75 辑，文海出版社 1966 年版，第 1727 页。

② 参见（清）徐乾学辑《传是楼书目》（清道光八年味经书屋钞本），桑兵主编《六编清代稿抄本》第 271 册，广东人民出版社 2014 年版，第 110 页。

③ 参见［法］费赖之《在华耶稣会士列传及书目》，冯承钧译，第 76 页。

④ http：//books. google. com. hk/books/about/% E5% A4% A9% E4% B8% BB% E8% 80% B6% E7% A9% 8C% E5% 8F% 97% E9% 9B% A3% E5% A7% 8B% E6% 9C% AB. html? id = Myg-mAEACAAJ. （t） k249. 06/20078270 – 271.

费氏指出“一九二五年土山湾有重刻本”①。方豪认为：“又《受难始末》一卷，风行教内，为早年教友在封斋期内必读之书。”②

（六）《庞子遗诠》四卷

此书共四卷，前三卷系庞氏诠解宗徒信经之作，第四卷为《人类原始》与《天神魔鬼说》。③

方豪指出：“迪我所著又有《庞子遗诠》，四卷，为《宗徒信经》作诠解，多用音译，如宗徒作‘亚玻斯多罗’，信经作‘信簿录’。末附《天神魔鬼论》及《人类原始论》。”④

徐宗泽亦指出：“耶稣会士庞迪我著；共四卷，是一部诠解信经之论道书。信经译为信簿录后，有天神魔鬼论，人类原始论。此书文理奥雅，道理切确，开卷有益也。”⑤

清徐乾学辑《传是楼书目》著录：“《庞子遗诠》四卷　明庞迪我　一本。”⑥

（七）《具揭》

庞氏撰写此文，是因为“南京教案”爆发，他受到驱逐而所写的辩词。在此文中，辩解了下列问题：“大西国”“天主”“天体七重”“祖宗祭祀”“赀财与人”“左道乱政，佯修善事，煽惑人民，师巫小术”“戎夏之防”“工为黄白，挥金如土”“香山澳夷商细作”“南京住房”“招倭沓、海鬼诸恶夷”“释道二氏。流传既久，犹仅存之，天堂地狱之说，有助于儒术”“江浙闽广，处处布列，煽惑从教，受人朝拜”“尽观图史，识边境之盈虚，知山川之险易”“入贡无勘合表文”“异教怪诞之说，荧惑耳目，外煽内乘，岭南鱼烂之虞，四海

---

① 参见［法］费赖之《在华耶稣会士列传及书目》，冯承钧译，第 76 页。

② 参见方豪《中国天主教史人物传》，第 107 页。

③ 参见［意］柯毅霖《晚明基督论》，王志成等译，第 136—145 页。

④ 参见方豪《中国天主教史人物传》，第 107 页。

⑤ 参见徐宗泽《明清间耶稣会士译著提要：耶稣会创立四百周年纪念（1540—1940 年）》，第 83 页。

⑥ 参见（清）徐乾学辑《传是楼书目》（清道光八年味经书屋钞本），第 110 页。

鼎沸之虑”“奇淫诸物，交结中外”“归籍”“从教者，每人与银叁两”“呪术呼召，不约而至”“房虚星昴，瞻礼日期”“花园一所，在孝陵卫之前”“本揭传送，速于置邮”“刻揭遍送长安”。

费氏认为“《辨揭》一卷，一六一六年仇教时所上之辨揭也，疑在一六一八年刻于广州或澳门（注：徐家汇藏书楼有手抄本，题曰《庞迪峨熊三拔具揭》）”①。

此《具揭》作于沈氏第一次上书之后。但当时沈氏之上书，并未公开，庞迪我是阅读了“邸报”之后，才与熊三拔一起写了此文。因此，此举甚为不妥，大有刺探中国国家机密之嫌。因此，庞迪我等最终要被驱逐出境，与此举必有牵连。

除此之外，庞氏还有一些给明朝皇帝的奏疏，如为利氏申请墓地所写的奏疏、《奉旨再进新译图说疏》等。

（八）《海外舆图全说》二卷

此著作应为万历皇帝所作。② 费氏指出：“迪我曾为中国皇帝明神宗绘有四大洲地图，每洲一幅，复由倪雅谷（Jacques Néva）修士装饰甚丽，图之四周附以说明，略志各国之地理、历史、政治、产物。徐光启并以教义之说明附焉。皇帝及诸近臣见图，颇赏其绘事之精。”③

在明清时期书目著作中，均有著录：如《明史》著录“庞迪我《海外舆图全说》二卷”④。又明祁承㸁辑《澹生堂藏书目》著录“《海外舆图全说》二卷　册　庞迪我”⑤；清黄虞稷撰《千顷堂书目》著录“庞迪我《海外舆图全说》二册”⑥。《续通志》著录“西洋人

---

① 参见［法］费赖之《在华耶稣会士列传及书目》，冯承钧译，第 76 页。

② 参见［比］钟鸣旦、［比］杜鼎克《简论明末清初耶稣会著作在中国的流传》，孙尚阳译，《史林》1999 年第 2 期，第 59—60 页。

③ 参见［法］费赖之《在华耶稣会士列传及书目》，冯承钧译，第 76 页。

④ 参见（清）张廷玉等撰《明史》卷 97《志》第 73《艺文志》第 2，第 2045 页。

⑤ 参见（明）祁承㸁辑《澹生堂藏书目》，《续修四库全书》第 919 册，第 615 页。

⑥ 参见（清）黄虞稷撰《千顷堂书目》，《丛书集成续编》第 151 册，上海书店 1994 年版，第 001 页。

庞迪我《海外舆图全说》”①。

（九）《日晷图法》一册

此书系庞氏与孙元化合作而成。首先介绍了圆规和直尺两种基本作图工具、基本的几何作图方法以及子午线方向和北极高度的测量在日晷制作中的重要性，然后以23个条目叙述了日晷制作的基础技术。全部条目可分为下列部分：第1、2条，介绍圆规与直尺制法及要求；第3条至第14条，介绍了一些必备的几何作图方法：作引长线式、作并行线法、作垂线法、平分直曲线诸法、平分圈为细分秒法、求不平行两直线之交法、分直线与依圈所分之直线分比例等法、作一直线与圈等及作一直线与圈等法、作截度捷法、平分圈法、随圈大小截几何度且知某圈分为几何度分法、量几何分法；第15条至第23条介绍了必备的测量法和日晷面上一些曲线和图形的作法：随地随日测北极出地度分、量太阳高于地平度分以测北极出地度分法、测太阳高以测北极度又法及测子午向法、定子午线又法、范天图分节气作法、随圈大小分节气线捷法、分百游晷极出地度法、作节气曲线捷法、正表法。

继这些基本条目之后介绍的，是各种日晷的具体作法：地平晷、面南天顶晷、百游赤道晷、百游方晷、百游空晷、盘晷、百游十字晷、百游四正向晷、百游四偏向晷、百游轮晷、面东面西面南晷、面南北偏东西晷、偏晷、东西向上向下晷、南北向上向下晷、偏方向上向下晷的作法，几乎每种晷都提供多种作法供选择。

另外还谈到了如何制作“节尺”和测偏度的方法。测偏度法则是先制作一种带有指南针和象限仪功能的器具，然后用它来判定晷面和地平的夹角，以及晷面子午线方向和实际南北方向的偏角。

据张铠先生推测，该书完成于1612年前后：“可能出于天文观测和修订历法的实际需要，大约在1612年前后，庞迪我又与孙元化合作，共同完成了《日晷图法》一书的写作。该书佚散已久。所以在以往有关庞迪我的研究著述中，很少有提及该书的。近年我国学者李斌

① 参见乾隆官修《续通志》卷166《图谱略》下，第4250页。

从档案资料中发现了该书的抄本。”[①] 这一发现相当重要，不仅可以推动对庞氏的研究，也可以推动晚明中西文化的交流。

许杰、石云里曾就此书与明清时期一些日晷著作之间的关系问题，进行了探讨：首先，他们的研究公布了该书被发现的消息；其次，对《日晷图法》的整体状况进行介绍；最后，将之与陆仲玉抄《日月星晷式》、汤若望（Johann Adma Schall von Bell，1592—1666）校《日晷图法》以及徐朝俊撰《日晷图法》等书进行比较，认为庞氏此书，与汤氏及徐氏《日晷图法》之间存在着渊源关系。[②]

原载《世界宗教研究》2015 年第 6 期，与罗诗雅合著

① 参见张铠《庞迪我与中国》，第 372 页。

② 参见许杰、石云里《庞迪我、孙元化〈日晷图法〉初探：兼论牛津本〈天问略〉中的三种晷仪》，《自然科学史研究》2006 年第 2 期，第 149—158 页。

明清时期天主教“圣母领报”故事版画研究

——兼论天主教《圣经》的图像化翻译

圣母崇拜传入中国，始于天主教传教士。在传教士向华人传播圣母崇拜的过程中，又以“圣母领报”的故事最为特殊。因为圣母玛利亚是童身生子，故不易被华人所理解。天主教在中国的传播，汉译《圣经》是一项很重要的工作，它关涉传教工作之成败，故受到教会与传教士的重视。即使这样，《圣经》的文字翻译，也不被华人，特别是中国文人所接受。传教士为了向中国人传教，唯有另辟蹊径。这条路径，就是用图像来表达《圣经》的内容。明清时期，传教士绘制的《圣经》故事版画，超过400幅，讲述的故事有200余个。如此庞大的版画数量及所叙述的故事，实际上已经形成了一种《圣经》翻译的新方式，即图像化译经。本书将选取“圣母领报”故事版画为样本，从天主教传华史与图像艺术的角度，来探讨明清时期《圣经》故事版画的一些基本情况及《圣经》图像化翻译的相关问题。

一　圣母崇拜入华

天主教认为耶稣的生身母亲玛利亚，是木匠若瑟的妻子。《圣经》记载：玛利亚生耶稣前，从未和若瑟同房。玛利亚是耶稣的亲人中第一个认定耶稣是天主圣子的人，也是全世界第一个恳请耶稣首次施行神迹的人；在耶稣被钉十字架时在场，被耶稣托付给了使徒若望照看；耶稣复活后，玛利亚是第一批赶赴空坟墓的人之一。《圣经》关于玛利亚的记述散见《新约》的《四福音书》《保罗书信》和《宗徒大事录》（或称“使徒行传”）等篇章。[①] 天主教中的圣母崇拜在历史长河中不断增强，逐步形成内容繁复的敬拜仪式和祈祷文，以及体系化的圣母神学。

圣母崇拜曾随着天主教在唐代、元代与明清时期三次来华而传入中国。代国庆说：“玛利亚是圣经中的重要神学人物。随着基督教的东传，玛利亚也由之被引介入华。在历史上，玛利亚的神学形象曾分别是由唐时的景教徒、蒙元时期的方济各会士输入中国，但出于种种历史机缘，玛利亚神学形象并未在中国获得充分地宣扬。明清之际，天主教传教士借助海途来华传播天主福音，玛利亚再次被输入中国。此次入华宣教的耶稣会士、方济各会士、多明我会士等均推崇玛利亚，正是在他们的不懈努力下，玛利亚的神学形象终立足于中国大地。”[②]

在明清之际天主教第三次来华，是圣母形象入华的最为重要的时间。虽然入华各个天主教修会都为此做出过贡献，但耶稣会的贡献最大。耶稣会来华传教时，圣母玛利亚的形象就出现在传教士的汉文著述、圣像画、《圣经》故事版画中，促使圣母形象传入中国。耶稣会尊敬与敬礼玛利亚，因为她是耶稣的母亲，被称为圣母。[③]

圣母形象与崇拜在华传播，历经了四个阶段。前两个阶段，耶稣会起到了主导作用：

1. 利玛窦（Matteo Ricci）时期。此时，圣母形象与崇拜传播的特点是，以利玛窦为首的耶稣会会士采取隐秘的方式宣扬，而且得到了中国民间自发的崇拜。1583 年，利氏在肇庆建造的“仙花寺”内将一幅圣母小像展示给时肇庆知府王泮及随行参观的官僚们，引起他们的极大兴趣。教堂内张挂着海外携入中国内地的彩绘圣像画，引来诸多好奇的绅民前去观瞻。民人误以为圣母像是观音像，见像即叩头跪拜。利玛窦亦不以为意，希冀借由激发绅民的猎奇心理以进一步获

① 参见顾蓓《圣母崇拜的历史研究》，博士学位论文，复旦大学，2003 年。

② 代国庆：《童贞女玛利亚入华历程及其中国形象探析》，《文化杂志》2011 年第 77 期，第 150 页。

③ ［法］马若瑟（Joseph de Premare）：《圣母净配圣若瑟传》（清同治十一年上海慈母堂刊刻），藏法国国家图书馆。

取他们的“灵魂和意愿”[①]。戴国庆说：“在利玛窦时代，玛利亚的神学形象便广被宣扬，谢和耐先生所言之‘耶稣会士们试图传入东亚的第一种信仰恰恰就是对圣母的信仰’并不为诬。尤为值得注意者，玛利亚圣像早早地便流入中国民间社会并被民众自发崇拜。”[②] 龙华民（Nicolas Longobardi）在韶州注意到，当地民众把圣母和其他五十多位佛道等教神祇一同进香供奉。为免于急切宣扬教义触及“敏感”问题以致招致烦扰甚至危险，利玛窦的调适策略在此表现为和缓与部分妥协，甚至隐瞒耶稣受难救世的要理，对已受洗的中国天主徒亦不例外。方济各会以及多名我会会士对此无法容忍，他们自认为天主教具有无比的优越性。方济各会会士甚至认为孔子和皇帝与蛮人无异，由此触怒中国民众而被捕收监。[③]

2. 公开宣扬时期。利玛窦去世之后的半个世纪里，耶稣会士开始公开宣扬基督论，逐渐将玛利亚的生平事迹及神学含义阐明清楚。这大大减少了中国民众对玛利亚产生误解的机会。因此，到 17 世纪中叶左右，玛利亚形象已经在中国得到相当广泛的宣扬，不信教的中国人亦同样可以较为容易地获知玛利亚的生平事迹。而且，不但是普通的中国民众可以了解玛利亚，作为精英阶层的士人官宦，对玛利亚圣像的兴趣与好感并不亚于下层民众。当然，他们的尊崇，具有更多的理性色彩和思辨倾向。

代国庆说：“玛利亚童贞引发了教内、教外人士广泛的关注。就此问题，双方展开了颇具尝试的攻防、辩难。正是在此种互动态势下，颇具中国本土色彩的玛利亚童贞神学理论初步形成。由此，在明末清初相对和平的传教环境下，华化玛利亚神学已初露端倪。”[④]

此时，在各类流行的画册中、教堂内供奉的或是传教士所赠送

---

① Pasquale M. D'Elia, *Fonti Ricciane*, Vol. 1, 1942, pp. 188 – 189，转引自陈慧宏《耶稣会传教士利玛窦时代的视觉物像及传播网络》，《新史学》第 21 卷第 3 期，2010 年 9 月，第 65 页。

② 代国庆：《童贞女玛利亚入华历程及其中国形象探析》，第 158 页。

③ Ludwig von Pastor, *The History of the Popes from the Close of the Middle Ages*, London: Kegan and Company, Vol. 29, 1938, pp. 250 – 251.

④ 代国庆：《童贞女玛利亚入华历程及其中国形象探析》，第 160 页。

者，多是圣母画像。明人沈德符称：“利玛窦……途经天津，为税监马堂……尽留其未名之宝，仅以天主像及天主母像为献。”① 利玛窦给明神宗的上疏中亦提及进献的贡品有“天主图像一幅，天主母像二幅”②。

圣母形象占据了中国人对天主教认识的重要领地。张岱家族与在华耶稣会士略有交往，其所知天主教中，圣母地位高于天主。晚年所著史传《石匮书》载，欧洲“家家皆像天主母、天主及圣人而祝之”③。明人杨廷筠在所撰《代疑篇》中认为，世人敬礼圣母、绘制圣母像的缘由之一是宣扬圣母之功。“圣母为人性人身犹属同类可藉之，以转达臣民章奏，必藉大纳言，始得上闻。耶稣极爱圣母，故圣母之求耶稣，无不允许。循理之求，圣母无不转达，特绘此像，导人祈求之法。耶稣初生，即是全体，全能非可小大分见，岂曰婴孩至视圣母与俗所谓观世音者比伦，尤万不相侔也。”④

耶稣会士还塑造出多种圣母形象，如明末清初意大利籍耶稣会士高一志（Alphonse Vagnoni）撰写的《圣母行实》是明清时期著名的玛利亚传记。李奭学认为，高一志在该著作中，整合了欧洲中古以来盛行的众多玛利亚奇迹故事，塑造出圣母在华的人神中保、悍妇妒女和赐子女神三种形象。⑤

天主教教会对圣母崇拜的传播，集中于圣母对天主的“信”、圣

---

① （明）沈德符撰：《万历野获编》卷30之《外国·大西洋》条，中华书局1959年版，第783页。

② ［意］利玛窦撰：《上大明皇帝贡献土物奏》［万历十八年（1601）十二月］。

③ （明）张岱撰：《石匮书》，《续修四库全书》第320册，上海古籍出版社2002年版，第46页。

④ （明）杨廷筠《代疑篇》之《答降孕为人生于玛利亚之童身》条，吴相湘主编《天主教东传文献》，第591—592页。

⑤ ［意］高一志撰：《圣母行实》三卷，1631年初刻于绛洲，另有1680年广州大原堂本，1694年北京报领堂本，另1917年上海土山湾有重刻本。李奭学：《三面玛利亚——论高一志〈圣母行实〉里的圣母奇迹故事的跨国流变及其意义》，台湾“中研院”中国文哲研究所编《中国文哲研究集刊》2009年第34期，第53—110页；《天人约契：试论高一志〈圣母行实〉中的圣母奥迹故事》，《域外汉籍研究集刊》第5辑，中华书局2009年版，第3—49页。

母的“德”、圣母的“尊”以及圣母的权位才能。① 对于圣母童贞受孕生子，“人苦不解”，杨廷筠则取玻璃瓶为喻：“太阳正照，光射瓶中，玻璃不损；太阳既去，光出瓶外，玻璃不伤。圣体清虚，出入无碍，何以异此。”②

3. “礼仪之争”后禁教时期。圣母形象在华的传播，受到猛烈的攻击。在天主教教义中，圣母有四端教义，即天主之母、终身童贞、无染原罪、圣母升天。其受孕之时，天使告诉玛利亚，她将会应“圣灵”感孕，生下耶稣。然而，玛利亚受孕时，已与若瑟订婚，又未婚先孕，这有悖儒家伦常，故“圣母领报”往往成为中国反教士人攻讦天主教的依据，客观上影响着传教士对《圣经》的传译和圣母形象的塑造。

杨光先在《不得已》之《辟邪论》上篇中辟斥道：“玛利亚为天主之母，童身尚犹未坏……噫！荒唐不诞亦至此哉？”③ 意大利籍耶稣会士利类思（Ludovico Buglio）亦记述杨光先的质疑：

> 若天主即是耶稣，孰抱持之而内于玛利亚之腹中？《齐谐》之志怪，未有若此之无稽也。男女媾精，万物化生，人道之常经也。有父有母，人子不失之辱；有母无父，人子反失之荣。四生中（惟）湿生无父母，胎卵化俱有父母。有母而无父，恐不可以为训于彼国，况可闻之天下万国乎？世间惟禽兽知母而不知父，想彼教尽不知父乎？不然，何奉无父之鬼如此其尊也？尊无父之子为圣人，实为无夫之女，开一方便法门矣。又曰，“玛利亚既生耶稣，更不当言童身未坏。而孕胎何事，岂童女怡然之所允从？且童身不童身，谁实验之？《礼》内言：‘不出公庭，不言归女’。”所以明耻也。母之童身，即禽兽不忍出诸

---

① 刘丽敏：《圣母崇拜在中国近代天主教民中的兴起与扩展》，《北京科技大学学报》2007年第3期，第115—120页。

② （明）杨廷筠撰：《代疑篇》之《声母童身受孕释疑》条，郑安德编《明末清初耶稣会思想文献汇编》第3卷第29册，北京大学宗教研究所2003年版，第193页。

③ （清）杨光先撰：《辟邪论》（上），《不得已》（附二种），黄山书社2000年版，第16页。

口，而号为圣人者，反忍出诸口，而其徒反忍鸣之天下万国乎？耶稣之师弟，禽兽之不若矣。童身二字，本以饰无父之嫌，不知欲盖而弥彰也。①

4. 鸦片战争之后开教时期。天主教在华传播的形势发生重大转变。清政府被迫弛禁天主教，天主教获得了传教的空间；天主教传教士也放弃了适应中国文化的策略。因此，冲突、教案不断产生。在此背景下，催生了全国两个玛利亚朝拜中心和“中国圣母”。代国庆说：“1870 年天津教案和世纪之次反洋教的义和团运动分别催生出本土圣母玛利亚朝拜中心——上海佘山和河北［清苑县］东闾，这两个朝拜中心都因圣母玛利亚‘显灵’而闻名。这如同佛教的四位菩萨，玛利亚在中国也拥有了自己的‘道场’，其意义自不待言。1924 年第一届全国主教会议在上海举行，会议期间全体人员至佘山敬拜圣母，通过了奉献中国于圣母的提议，并决定把东闾圣母像作为标准中华圣母像……圣母玛利亚终究根植于中华大地……”②

二　明清《圣经》故事版画

天主教在华传教，遇到过诸多困难，尤其是通过文字传教。然而，天主教会有着利用圣像画传教的传统，而且当时欧洲耶稣会为了对抗宗教改革派，积极推广艺术创作，展开宣传攻势，耶稣会内有了多部可资参考的、系统的《圣经》故事铜版图册，尤其是耶稣会最初核心成员纳达尔（Belgium Girolamo Nadal）创制的《福音故事图像》更是各地耶稣会士摹刻翻版的典范。因此，圣像画和版刻图册成为他们借助的重要工具。天主教宗教画最早是由阿尔法罗等首批方济各会传教士于 1579 年 8 月带入中国内地的。③ 绘画作品强烈的艺术感染

① ［意］利类思撰：《不得已辩》，吴相湘编《天主教东传文献》，第 260—264 页。

② 代国庆：《童贞女玛利亚入华历程及其中国形象探析》，第 160 页。

③ 汤开建、陈青松：《明清之际天主教的传播与西洋宗教画的关系》，《安徽师范大学学报》（人文社会科学版）2005 年第 6 期，第 663—664 页。

力、特有的艺术魅力及直观易懂，能够深深地打动观众，使他们在心灵深处产生震撼，更容易皈依天主教。

明人顾起元在论及其所见圣母画像时称：“利玛窦，西洋欧罗巴国人也，面皙，虬须，深目而睛黄如猫。通中国语，来南京居正阳门西营中，自言其国以崇奉天主为道，天主者，制匠天地万物者也。所画天主，乃一小儿，一妇人抱之，曰‘天母’。画以铜板为幀，而涂五采于上，其貌如生，身与臂手俨然隐起幀上，脸之凹凸处，正视与生人不殊。人问画何以致此，答曰：‘中国画但画阳，不画阴，故看之人面躯正平，无凹凸相。吾国画兼阴与阳写之，故面有高下而手臂皆轮圆耳。凡人之面，正迎阳，则皆明而白，若侧立，则向明一边者白，其不向明一边者，眼耳鼻口凹处皆有暗相，吾国之写像者解此法，用之故能使画像与生人亡异也’……”①

明人姜绍书亦称：“利玛窦携来西域天主像，乃女人抱一婴儿，眉目衣纹，如明镜涵影，踽踽欲动，其端严娟秀，中国画工无由措手。”②

其中最著名的实例，就是徐光启在观看了利玛窦的圣母像后而皈依天主教。“癸卯秋公复至石城。因与利子有旧，往访之不遇。入堂宇，睹圣母像一，心神若接，默感潜孚。”他也曾在1609年撰写了《圣母像赞》称：“作造物之尊母，为至洁之贞身。原之于胎无罪，秉之于性全仁。频施光兮照世，职恩保兮救人。义镜垂而群法，天门启而众臻。位越诸神兮益上，德超庶圣兮特张。福既极而难并，美非常而莫伦。”③

绘画作品虽然作用很大，但是制作不易，流传很难，故大大地限制了传教工作的开展。要大量复制这类绘画作品，制作木刻版画是一个理想的途径。明清时期是中外版画发展的重要阶段，版画成为当时大众文化的重要媒介，可以充当传教手段。英国美术史家苏立文

---

① （明）顾起元撰：《客座赘语》卷6《利玛窦》，中华书局1987年版，第193—194页。

② （明）姜绍书撰：《无声诗史》卷7《西域画》，上海人民美术出版社1963年版，第133页。

③ （明）徐光启撰：《圣母像赞》，《增订徐文定公集》，上海慈母堂1909年版。

(Michael Sullivan)曾说：“耶稣会士带来的油画虽然更受人赞赏，可是最终还是书籍版画和雕版印刷品的影响更广一些，因为这些东西更便于广泛流传，也便于大量复制或被中国的木板雕刻师改作。”① 然而，传教士或因路途遥远，或因海难等多方面原因，从西方输入有插图版画的图书也绝非易事。

文艺复兴后，欧洲铜版画艺术水平空前提高。进入16世纪，荷兰画家伦勃朗（Rembrandt Harmensz van Rijn）造诣深厚，把欧洲铜版画推向一个更高的境界。同一时期，中国版画业随着印刷技术的发展和市民文学的繁荣趋于繁盛。明代雕版印刷已经普及全国。从此，天主教传教士就将版画艺术服务于传教。

在中国，最早的天主教《圣经》故事版画，系利玛窦撰《西字奇迹》所收录的4幅版画。1619年，葡萄牙籍耶稣会士罗儒望（Jean de Rocha）以欧洲著名耶稣会版画家纳达尔绘《福音故事图像》为依据，编辑刊刻了《诵念珠规程》，共收录15幅版画。这些插图版画由中国画师董其昌或是其徒弟刻成。② 1637年，意大利籍耶稣会士艾儒略（Giulio Aleni）编辑刊刻了《天主降生言行纪像》，收录50余幅版画。艾儒略在序中直言其刊印耶稣生平故事图册的经过和意图，即“仿西刻经像，图绘其要端，欲人览之，如亲炙吾主，见其所言所行之无二也”。以后参合《天主降生言行纪略》，频繁改编和重印。③ 1640年9月8日，德国籍耶稣会士汤若望（Johann Adam Schall Von Bell）向崇祯皇帝进贡了一些欧洲宗教礼物，其中有一本画册，描绘耶稣事迹，由45幅版画组成。与此同时，他出版了《进呈书像》一书，收录版画48幅。

① ［英］苏立文：《东西方艺术的汇合》，朱伯雄译，《美术译丛》1982年第5期，第73页。

② 顾卫民：《中国基督宗教艺术的历史》，《世界宗教研究》2008年第1期，第92页。另可参见蔡秀卿《叙事与救赎：晚明〈诵念珠规程〉图像中的与神圣会遇》，《哲学与文化》第37卷第11号，2010年11月，第125—139页。柯毅霖认为该书“标志着第一批中国基督徒团体信仰生活的成熟”。参见柯毅霖《论耶稣会视觉文化在中国晚明时期的适应》，《世界汉学》，中国人民大学出版社2010年版。

③ 宋刚：《从经典到通俗：〈天主降生言行纪略〉及其清代改编本的流变》，《天主教研究学报》2011年第2期，第213页。

在历次教难中，天主教《圣经》故事插图版画曾被利用来作为攻击天主教的手段。在最著名的例子——震惊中外的清初历狱案中，就是杨光先利用汤若望撰《进呈书像》中的3幅版画来攻击天主教。杨光先在《临汤若望进呈图像说》一文中称“上许先生书后，追悔著《辟邪论》时，未将汤若望刻印‘国人拥戴耶稣’及‘国法钉死耶稣’之图像，刊附论首，俾天下人尽见耶稣之死于典刑，不但士大夫不肯为其作序，即小人亦不屑归其教矣。若望之《进呈书像》，共书六十四张，为图四十有八。一图系一说于左方。兹弗克具载，止摹‘拥戴耶稣’及‘钉架’、‘立架’三图三说，与天下共见耶稣乃谋反正法之贼首，非安分守法之良民也。”

杨光先并就汤若望所述耶稣受难与耶稣升天之故事予以驳斥，进而在文末提出“（耶稣）是圣人，是反贼？是崇奉，是正法？”的质疑，[①] 指出恶人多行不义遭天谴，而被处酷刑，此说极具煽惑力。杨光先的言论成为晚清反教的重要资源。湘人周汉刊刻《谨遵圣谕辟邪全图》版画册子中将耶稣天主污化为“天猪”，书中有雷击猪精、射杀被钉十字架的猪等插图和文字注解，意在鼓动绅民抵制传教，围攻教会、传教士以及中国教民。

晚清天主教重新在中国活跃起来。为了传教的需要，又有一批《圣经》故事插图版画得以出版。其中，清同治八年（1869），耶稣会接管的金陵天主堂出版了一批版画著作：《教要六端全图》《救世主预像全图》《救世主实行全图》《诸圣宗徒行实圣像》《圣教圣像全图》。光绪十三年（1887），上海土山湾慈母堂出版了《道原精萃》，收录了7部天主教著作：艾儒略撰《万物真原》《天主降生引义》《天主降生言行纪略》《圣母传》《宗徒大事录》《诸宗徒列传》《历代教皇洪序》。为了方便读者阅读，这套丛书插入了大量版画。该次编印的《天主降生言行纪略》为图文合本，插图非艾儒略

---

① 此处杨光先的引言，均见（清）杨光先等撰《不得已》卷上《邪教三图说评》，吴相湘编《天主教东传文献续编》第3册，台湾学生书局1966年版，第1136、1138、1140页。

原书版画，而是土山湾刘必振率慈母堂学生绘刻而成。[1] 此外，清光绪十八年（1892），上海慈母堂出版了《古史像解》与《新史像解》。

在华出版的这些版画，所依据的对象都是在欧洲颇为流行的同类著作。除开纳达尔绘《福音故事图像》外，还有萨克索聂（Ludolphus Saxonia）著、1474 年刊印的《基督生平》（*Vita Christi*）。它在 16、17 世纪十分流行，对耶稣会影响很大，依纳爵（Ignacio de Loyola）制定《神操》（*Exercitia Spiritualia*）即受其影响。

三 “圣母领报”[2]故事版画简介

在上述的《圣经》故事版画中，为了向中国民众阐明“圣母领报”所含教义，天主教传教士绘制与出版了下列“圣母领报”故事版画：

1.《天使喜报图》，收录于罗儒望撰《诵念珠规程》［明万历四十七年（1619）刊本］。它收录在《圣母欢喜事》第一条。这幅版画，没有标题，采用中国绘画技艺，有浓郁中国画风，石阶、小草、门廊、假山、回廊及室内家具布置，场景为一典型的明代民居宅院。圣灵之光自天而降，照耀玛利亚，天使手持花枝而来。飞鸟，即圣灵，降孕玛利亚胎中。其故事来自《路加福音》第一章。内容为赞颂玛利亚接受圣灵降孕，成为救世主之母。此图版式为：天使在左，玛利亚跪于右边房屋的大厅内，圣灵之光，自左上角向右下角斜射而来，照耀着玛利亚。

罗儒望来华前，欧洲“圣母领报”绘画即已形成传统，以某一相对固定的图像叙述（illustration）《圣经》故事。刻工与信徒都以这种象征性圣像画（motifs）来辨识《圣经》故事及其奥义。“圣母领报”

① 方殿华撰：《道原精萃》之《像记》，《中国宗教历史文献集成》之《东传福音》第 4 册，黄山书社 2005 年版，第 4 页下。

② “圣母领报”，又称“圣母喜报”“受胎告知”，拉丁文为 Annunciatio，是圣母奥迹之一。它一般用三幅图像来表达：天使来报、童身受孕、若瑟释疑，本文仅选取天使来报进行研究。

主题圣像画的主要特征是，天使与圣母各在画像的一边，嘉俾阨尔乘着彩云而来，圣母在几案旁念诵经文（见图1）。①

图1　圣母领报

2.《圣母领上主降孕之报》（见图2），收录于艾儒略撰《天主降生言行纪像》［明崇祯八年（1635）刊本］。此画翻刻自纳达尔绘《福音故事图像》（见图3）。此图版式分为三栏，第一栏为标题，第二栏为版画，第三栏为版画的说明文字。通过与《福音故事图像》底本比较，就可以看出，两者几乎是一模一样的（见图3）。

① 关于《诵念珠规程》图像文本与"基督宗教图像美学价值"的论述，参见蔡秀卿《叙事与救赎：晚明〈诵念珠规程〉图像中的与神圣会遇》，《哲学与文化》第37卷第11号，2010年11月，第125—139页。

图2　圣母领上主降孕之报

图3　圣母领报

这两幅版画不但版式设计雷同，其说明文字亦系翻译，两者之间能够对应，参见表1。

表1　《圣母领上主降孕之报》与《圣母领报》说明文字对照①

《圣母领上主降孕之报》		《圣母领报》	
编号	说明文字	编号	说明文字
甲	天神聚会主前，恭闻降生之旨，嘉俾阨尔尊神受命下界，报知圣母	A	Conuentus Angelorum, vbi declarat Deus Incarnationem Christi, & designatur Gabriel legarus
乙	嘉俾阨降世，藉气显像	B	Veniens Nazareth Gabriel, sibi ex asibi ex aëre corpus accommodat
丙	从天云光照圣母	C	Nubes è coelo, vnde radij ad Mariam Virginem pertinent
丁	圣母居室，今现存极西老勒多郡	D	Cubiculum, quod visitur Laureti in agro Piceno, vbi est Maria
戊	天神朝圣母，传上主之旨，圣母允命，天主费略降孕	E	Ingreditur Angelus ad Mariam Virginem; eam salutat; assentitur Maria: fit Deus homo, et ipsa Mater Dei
己	造物主初生人类与降孕之期，先后同日	F	Creatio hominis, quo die Deus factus est homo
庚	天主受难救世之期，亦先后同日	G	Eadem die Christus moritur, vt homo perditus recreetur
辛	降孕日，必有天神报知在灵簿	H	Pie credi potest, Angelum missum in Limbum, ad Christi incarnationem Patribus nunciandam

3.《圣母领天主降孕之报》，收录于佚名撰《玫瑰经十五端图经》[清同治八年（1869）上海慈母堂刊本]。此版画采用《玫瑰经》

① 参见伊藤信博《法国国立图书馆所藏传教士写的西书汉译著作》，2011年3月4日，在其供职的名古屋大学作题为《法国国立图书馆写本室藏“天主降生出像经解”与杰罗姆·纳达尔绘制福音书》的学术报告。

经文配图，故事为：天使为一女子，在一宫殿内与玛利亚相会，玛利亚正跪着读经，房子为带拱券与有装饰头柱子的宫殿。其版式为上下两栏。上栏为版画，天使在左上部，玛利亚在右下部，代表圣灵的飞鸟与光芒，在玛利亚的头上，她亦因此头上有了光环。玛利亚、天使嘉俾阨尔以及飞鸟是“圣母领报”圣像画最主要的三个绘画元素。下栏为标题（见图 4）。

图 4　圣母领天主降孕之报

4.《天神报知古今第一圣德童女为天主降生之母像》，收录于汤若望撰《进呈书像》［清顺治十八年（1661）武林昭事堂刊本］。此书是汤若望系列宗教著作之一，1640 年呈献给明朝崇祯皇帝。此图版式分为左右两栏。左边为版画，右边为标题。此图版式为左右构图，左为玛利亚，右为天使，圣灵在右上角。场景为一个宫殿的一角（见图 5）。

5.《圣母领天主降孕之报》，收录于佚名撰《救世主实行全图》［清同治八年（1869）金陵天主堂活字排印本］。此画系将佚名撰《玫瑰经十五端图经》中同名画刊入而已，两者完全一样（见图 6）。

图5　天神报知古今第一圣德童女为天主降生之母像

图6　圣母领天主降孕之报

6.《圣母领报图》，收录于李杕撰《圣母传》，载《道原精粹》［光绪十三年（1887）上海慈母堂活字排印本］。此图为上下两栏。上栏为版画，下栏为说明文字，没有标题。其版式亦采用左右构图法，圣母在左下角，天使在右边中部，天主圣灵居中上部，其光芒照在玛利亚身上（见图7）。

图7　圣母领报图

7.《玛利亚领报图》，收录于前揭《天主降生言行纪略》，载前揭《道原精萃》。此图分为上下两栏。上栏为版画，下栏为说明文字，没有标题栏。版画用左右构图法，天使在左，玛利亚在右，天主圣灵在中上部。背景为带拱券的宏大建筑物（见图8）。

8.《嘉俾阨尔来报圣母》，收录于沈则宽识《新史像解》不分卷［清光绪二十年（1894）上海土山湾慈母堂书馆绘图印刷］。此版画采用彩色印刷，分上下两栏。上栏为标题，下栏为版画。版画采用左右构图，天使嘉俾阨尔身着红袍，在左边；玛利亚身着绿袍，坐在右下角读经，由飞鸟代表的圣灵之光芒，照在她身上，场景为玛利亚居室内（见图9）。

图8　玛利亚领报图

图9　嘉俾阨尔来报圣母

上述这些版画的绘制，有一个共同的特点，就是它们均有仿制的原始母本。艾儒略绘制的这类版画，其渊源相当清楚，但其他的几幅版画，则未能探究出来。

另外，原始母本亦有其仿制的油画。从目前的这类油画来看，意大利腓力波·利比（Fra Filippo Lippi）作《天使报喜》、达·芬奇（Leonardo da Vinci）在1470—1475年绘《圣母领报》、基多·雷尼（Guido Reni）在1627—1631年绘《圣母领报》及尼德兰的伯多禄·克里司图斯（Petrus Christus）绘《圣母领报》，可能性较高。①

从这些版画，也可以看出天主教传教士，特别是耶稣会士在华传教政策的前后变化。从罗儒望的《天使喜报图》来看，它的中国风特色，反映了当时耶稣会所采取的是对中国文化的“适应政策”。为此，他们绘制的“圣母领报”版画均采用中国式场景，人物也是中国化的。而从艾儒略开始，这种政策开始发生转变，艾儒略认为他应该向中国人传播原汁原味的欧洲天主教教义，故他绘制的版画，均放弃中国化人物与场景，而采用欧洲化的人物与场景。这一做法，后来就一直延续了下来。

四　“圣母领报”版画与中国天主教界《圣经》翻译

透过上述对明清时期“圣母领报”版画的初步介绍，我们可以看到，天主教传教士绘制与刊刻这些版画，主要有两个目的，一是向中国人传播圣母崇拜；二是以版画（图像）的形式，进行《圣经》的翻译，至少是对《圣经》汉语文字翻译的补充与发挥。

（一）天主教传教士对《圣经》的汉语文字翻译

《圣经》汉语文字翻译，广义来看，包括经文翻译、信理著述、弥撒书、日课经和圣咏唱颂等形式，反映了“中国天主教会如何理解

① 单墨田编著：《圣母名画赏析》，河北信德社2004年版，第2—8页。

和运用《圣经》的神学及仪礼”[1]。但本文所指的《圣经》翻译，仅限于对《圣经》本身的汉语文字翻译，不涉及其他。

《圣经》汉语文字翻译可推至唐朝，唐代景教之《大秦景教流行中国碑》是留存至今《圣经》汉译最早的明证。明清时期《圣经》文字翻译，最初由天主教传教士展开。16世纪末，利玛窦与意大利籍耶稣会士罗明坚一同翻译了一些最基本的文字，如《祖传天主十诫》（1582年）。而在17世纪，艾儒略撰《天主降生言行纪略》，此为《旧约全书》《新约全书》的最早汉语精华本，是天主教传教士来华之后，汉译《圣经》的最早尝试。

明崇祯元年（1628），意大利籍耶稣会士罗雅谷（Jacques Rho）著《天主经解》一卷，由李瀛海、李天经阅润，韩云校梓。崇祯十五年（1642），葡萄牙籍耶稣会士阳玛诺（Emmanuel Diaz，Jr.）译《圣经直解》八卷。它系诠解《圣经》而加以箴言，一年中的瞻祀亦详解清晰，文理古雅。另一本汉译《圣经》为比利时籍耶稣会士柏应理（Philippe Couplet）的《四末真论》，有康熙十四年（1675）北京刻本等版本。18世纪，巴黎外方传教会教士白日升神父（Jean Basset，又译巴设）将《四福音》《保罗书信》及《希伯来书》从拉丁文翻译成汉语（即《巴设译本》）。法国籍耶稣会士贺清泰（Louis De Poirot）亦将部分《圣经》从拉丁文翻译成中文。

虽然明清时期天主教传教士对《圣经》文字翻译做过一些努力，[2] 但他们的《圣经》翻译工作仍然有待改进，因为他们未能将《圣经》全文译出。究其原因有：

1. 罗马教廷的严格限制。由于罗马教廷对在华各个修会的《圣经》汉译控制得相当严格；修会与传教士未获允许，均不能随便将《圣经》翻译成为中文。这些机构及个人的译经申请，也多被拒绝。钟鸣旦认为，17世纪罗马教廷成立传信部，对《圣经》在世界各地

---

① 蔡锦图：《天主教中文圣经翻译的历史和版本》，《天主教研究学报》2011年第2期，第12页。

② 据徐宗泽《明清间耶稣会士译著提要》载，仅《圣经》文献即有60多种。

的传译予以严厉管制，中文《圣经》才未能译介、刊印。[①] 因此，天主教在华传教士，转为利用十字架、圣水、圣牌、圣像和圣像画等圣物来传教。虽然天主教自16世纪末以来，就持续不断地在中国活动，但第一部天主教《圣经》全译本在1968年才得以印行。

2. 清代经常出现的禁教，也阻碍了天主教《圣经》的翻译工作。康熙五十九年（1721），康熙帝宣布禁教。雍正、乾隆、嘉庆三代皇帝管理时期，均出现过禁教行动，时间长达百年。

3. 在华传教士，虽然学习过汉语，但他们的汉语水平，相对译经工作来说，仍然相去甚远，不合要求。而中国文人，因对《圣经》中的教义，多不接受，甚至反感，故他们也不愿意提供译经协助。天主教传教并不依赖《圣经》，不过，明清中国天主教信徒却完全没有《圣经》权威概念。

为了绕过这些障碍，传教士们采用了一些办法，其中包括提供《圣经》故事版画，从而开辟了《圣经》翻译工作的新领域——《圣经》图像化翻译。

图像化译经的方法，主要是通过版画的图像及其所附的说明文字，来展开对《圣经》的翻译工作。为了更好地说明此问题，必须以同时代的、天主教界所汉译的《圣经》来进行比对。鉴于中国天主教界目前全译本《圣经》，最权威者系思高圣经，故采用该本作为比对的基础版本，虽然它并非明清时期所翻译与出版。

首先来看思高圣经对“圣母领报”故事的译文，《路加福音》第一章：

> 预报基督诞生：到了第六个月，天使加俾额尔奉天主差遣，往加里肋亚一座名叫纳匝肋的城去，到一位童贞女那里，她已与达味家族中的一个名叫若瑟的男子订了婚，童贞女的名字叫玛利亚。天使进去向她说：“万福！充满恩宠者，上主与你同在！”[在女人中你是蒙祝福的]。她却因这话惊惶不安，便思虑这样的

① ［比］钟鸣旦《〈圣经〉在十七世纪的中国》，《世界汉学》2005年第1期，第3期，第69—70页。

> 请安有什么意思。天使对她说："玛利亚，不要害怕，因为你在天主前获得了宠幸。看，你将怀孕生子，并要给他起名叫耶稣。他将是伟大的，并被称为至高者的儿子，上主天主要把他祖先达味的御座赐给他。他要为王统治雅各布伯家，直到永远；他的王权没有终结。"玛利亚便向天使说："这事怎能成就？因为我不认识男人。"天使答复她说："圣神要临于你，至高者的能力要庇荫你，因此，那要诞生的圣者，将称为天主的儿子。且看，你的亲戚依撒伯尔，她虽在老年，却怀了男胎，本月已六个月了，她原是素称不生育的，因为在天主前没有不能的事。"玛利亚说："看，上主的婢女，愿照你的话成就于我吧！"天使便离开她去了。

再来看上述这些版画，是如何来表述《圣经》这个内容的：

首先，"圣母领报"的故事，其内容应该由三部分组成，一是玛利亚是如何接受圣灵；二是玛利亚系童贞受孕；三是若瑟怀疑的消除。在这些版画中，均只突出"圣灵感孕"的圣迹，而淡去已有婚约在先的"童女生子"的内容。在这一点上，艾儒略刊《圣母领上主降孕之报》最为典型。"童女生子"，在中国传说中，并不罕见。《诗经·大雅·生民》与西汉史家司马迁的《史记·周本纪》中记载，周人始祖后稷，其母姜嫄，在野外践巨人脚印而感孕，这些"履迹生子"的神迹一般都归为"感生神话"的范畴。历代王朝为使自身统治神圣化及合法化，在纂修前朝正史及本朝之史时，亦多沿用此法记述皇族祖辈事迹。中国民间亦广泛流传着感生神话及神灵转世传说。[①]

在"圣母领报"的故事中，天使嘉俾阨尔受天主之命降世，"藉气显像"。圣灵之光照耀着圣母。玛利亚应允后，天主降孕，此版画的图像再现了圣灵感生的神话场景。书籍和纺车，烘托出玛利亚知书达理，善为女红。天使将耶稣降诞与受难之日的时间与情形，一并告知玛利亚，"前因后果"，一目了然。

---

① 刘丽敏、李勇：《中国乡土文化视域里的耶稣降世——以近代华北天主教为中心》，《山东大学学报》2010 年第 1 期，第 1—11 页。

这种类似于“纪事本末体”的叙事技巧上的融通，顺应了中国民众的阅读习惯。艾儒略试图“以史证经”，“融汇了中国史传写法和天主教会史料而生成一种混合型叙事体例”。参合《四福音书》，构成了一个完整的叙事文本，但又不囿于此，自由加入各种灵异传说和圣物遗迹。[①]

其次，这些版画均附有说明文字。这些文字，实际上就是对《圣经》进行的另外一种形式的汉语文字翻译。这些说明文字参见表2。

表2　《圣母领报》版画说明文字一览

标题	出处	说明文字
《天使喜报图》	《诵念珠规程》	欢喜一……昔日谙若嘉俾阨尔，奉天主的命，来报于尔，致恭致敬。说道：“亚物玛利亚，满被额辣济亚者，主与尔偕焉!”又奉报于尔，说道：“天主费略，选尔为母，将降孕于尔最净最纯的圣胎，为人救世。”尔于是时，谦恭酬答，说道：“我乃主之婢女，愿赐成于我，如尔之言!”求：今我虔恭求尔，为我转求于尔极爱之子耶稣，赐我完全之谦，使我诸凡行事务之间，自能顺承天主至圣之旨。亚孟
《圣母领上主降孕之报》	《天主降生言行纪像》	见前述
《圣母领天主降孕之报》	《玫瑰经十五端图经》	献……昔日天神嘉俾阨尔奉天主之命，恭报于尔云：“亚物，玛利亚！满被额辣济亚者，主与尔偕焉。”又云：“天主费略选尔为母，将降孕于尔最净最纯之圣胎，为人救世。”尔于是时，俯躬谦言：“我乃主之婢女，愿赐成于我。”如汝之言。求：今我虔祈圣母，转祈圣子耶稣。赐我谦逊之德，使我诸凡行为，自能顺承天主至圣之旨。亚孟

① 宋刚：《从经典到通俗：〈天主降生言行纪略〉及其清代改编本的流变》，第208页。

续表

标题	出处	说明文字
《天神报知古今第一圣德童女为天主降生之母像》	《进呈书像》	有翼者，天神凭气凝成人形，以与人接也。翼表捷，承主旨不留如飞之意。回顾天神者，天主圣母玛利亚也。玛利亚方跪诵经言，因天神来至而相顾语也。盖玛利主特佑，躬备万德，超越古今，自矢永守童真，精心昭事，主用选为降生之母，因遣天神传示。玛利亚允从主命，而天上真光，旋施功用，天主遂降孕于其童身
《圣母领天主降孕之报》	《救世主实行全图》	尔时有达未王派圣女，命曰玛利亚，局纳杂勒郡，壹意虔奉天主，躬备万德。天主亲欲降生，原择为母，乃遣上品天神嘉必阨尔朝而报曰："亚物，玛利亚！满被圣宠，主与尔偕焉，女中尔为殊福！"玛利亚骤闻且惊且赧。天神复告曰："玛利亚毋骇。幸获上主福宠，将怀孕而产圣子，当称耶稣，实为天主子。上主将与之达未之座，而为世世主；其国亦为世世国，教泽无疆也。"玛利亚谨对曰："吾矢志童贞，孕产如何？"天神曰："此非繇人，乃天主全能庇尔；且不观尔戚依撒伯尔乎？至兹暮年，特蒙主佑，赐孕六阅月矣。"于是，玛利亚俯首对曰："主之婢女在兹，恭惟致成于我，如尔之言，盖心适许之。"而天主费略不因人道，惟以圣神之功。即于玛利亚腹中，全能默授，自成圣胎，赋之灵魂，以人性接己性，真为人，真为天主矣

续表

标题	出处	说明文字
《圣母领报图》	《圣母传》	同居四阅月，玛利亚年抵十五。天主遣天神嘉俾阨尔报曰：“亚物！满被圣宠者，主与尔偕焉，女中尔为赞美！”……玛利亚闻语惊疑，不知所措。天神告曰：“玛利亚勿畏。幸获主宠，将孕一子，宜名耶稣，必登达未位。此系天主费略，其国无限也。”玛利亚闻谕，不解何义，恐受孕或损贞德，因谨对曰：“婢不识男子。子所云，将何以行之？”……天神曰：“自有圣神庇汝，上主垂佑；且不观尔戚依撒伯尔乎？平生未孕，年今高迈，亦已受娠六月矣。”玛利亚对曰：“主婢在兹，愿如尔言，成事于我。”言讫，瞬息之间，天主费略因圣神之功，降于玛利亚胎内，合于净血化成之体……
《圣母领天主降孕之报》	《救世主实行全图》	尔时有达未王派圣女，名曰玛利亚，居纳杂勒郡。壹意虔奉天主，船备万德详见《圣母行实》。天主亲欲降生，原择为母，乃遣上品天神嘉必阨尔，朝而报曰：“亚物，玛利亚，满被圣宠！主与尔偕焉。女中尔为殊福！”玛利亚骤闻，且惊且赧。天神复告曰：“玛利亚毋骇，幸获上主福宠，将怀孕而产圣子。当称耶稣，实为天主子。上主将与之达未之座，而为世世主。其国亦为世世国，教泽无疆也。”玛利亚谨对曰：“吾矢志童贞，孕产如何？”天神曰：“此非繇人，乃天主全能庇尔。且不观尔戚依撒伯尔乎？至兹暮年，特蒙主佑，赐孕六阅月矣。”于是玛利亚俯首对曰：“主之婢女在兹，恭惟致成于我，如尔之言，盖心适许之！”……

续表

标题	出处	说明文字
《嘉俾阨尔来报圣母》	《新史像解》	问："依撒伯尔怀孕六个月后，天主又做什么?"答："天主打发加俾阨尔天神，到纳杂勒去。"问："去那里做什么?"答："去报信。"问："报给那一个?"答："报给玛利亚的。"问："玛利亚是童贞女么?"答："真是卒世童贞。"问："玛利亚许配了人的么?"答："许配了若瑟。"问："若瑟是谁?"答："是个德行十全的圣人，也是达未圣王的子孙，如同玛利亚一般。"问："天神向玛利亚说什么?"答："说庆贺的话。"问："玛利亚听了这话。怕么?"答："怕的很。"问："天神怎样安慰他?"答："天神说：'玛利亚你不要怕。天主拣选你，做救世主的母亲。将生一个儿子，名字叫耶稣'。"问："玛利亚怎样回答天神?"答："他说我矢志守贞，这件事怎能成功呢?"问："天神怎样回话的?"答："天神说这是天主圣神的全能不是人力。玛利亚听了这话。"问："当时便应允么?"答："便应允了的。"

上述这些文字，有直述，有祈祷文，有问答等形式，大大地丰富了《圣经》汉译文字。

再次，这些版画，还是明清时期许多《圣经》汉译工程的组成部分。如艾儒略撰《天主降生言行纪像》，其实是艾儒略庞大的《圣经》文字翻译工作的补充部分。图像解经，是《圣经》诠释学研究的应有内容，有助于了解著者的意图、技艺和效用。借助图像处理《圣经》内容，或将《圣经》视作天主圣言，或是历史文献，或是民间故事传说，《天主降生言行纪像》的绘制融合了这些翻译的途径。

艾儒略曾经有一个庞大的译经计划。但限于条件，此计划被迫缩小规模，其成果有两个，一是《天主降生言行纪略》。该书是首部中文耶稣传，生平故事几乎完全出自《圣经》，部分故事则几乎照原文翻译。[①] 艾儒略写道：“此《降生纪略》，止约识吾主耶稣所经之迹与所垂之训而已。若其奥旨妙义，西籍充栋，一时未能阐发，有志未逮。兹略述一二，恐有未明，而稍为之注也。”[②] 二是《天主降生言行纪像》，这是耶稣生平的图像表述。在此版画集中，艾儒略在每幅版画的说明文字后，都会提示读者翻检《纪略》相关章节，如《圣母领上主降孕之报》说明文字之后，有“诸古圣人云卷一第二章”。而《天主降生言行纪略》相关文字则对此故事，有更为详细的说明文字：

> 尔时达未王派圣女，命曰玛利亚，居纳杂勒郡，一意虔奉天主，躬备万德（详见《圣母行实》）。天主亲欲降生，原择为母，乃遣上品天神嘉必厄尔，朝而报曰：“亚物玛利亚，满被圣宠，主与尔偕焉。女中尔为殊福。”玛利亚骤闻，且惊且赧。天神复告曰：“玛利亚毋骇，幸获上主福宠，将怀孕而产圣子，当称耶稣，实为天主子。上主将与之达未之座，而为世世主，其国亦为世世国，教泽无疆也。”玛利亚谨对曰：“吾矢志童贞，孕产如何?”天神曰：“此非由人，乃天主全能庇尔。且不观尔戚依撒伯尔乎？至兹暮年，特蒙主佑，赐妊六阅月矣。”于是玛利亚俯首对曰：“主之婢女在兹，恭惟致成于我，如尔之言。”盖心适许之，而天主费略，不因人道，惟以圣神之功，即于玛利亚腹中，全能默授，自成圣胎，赋之灵魂，以人性接己性，真为人，真为天主矣天主欲不借母胎而从霄降世，降日即成大人之身，固于天主全能无难也。第若然，人必以为怪幻，非真人体，不足为人之表也。必也降孕圣胎而生，真人血脉，乃知虽为天主，亦真是人。吾侪所当感恩而师法者。然不用人道而生，盖古来大圣之生

---

① 潘凤娟《述而不译？艾儒略〈天主降生言行纪略〉的跨语言叙事初探》，台湾“中研院”中国文哲研究所编《中国文哲研究集刊》2009 年第 34 期，第 111—167 页。

② ［意］艾儒略：《天主降生言行纪略凡例》，［意］艾儒略著，叶农整理《艾儒略汉文著述全集》下册，广西师范大学出版社 2011 年影印，第 16 页。

世，多异于凡人，况天地真主、诸圣之至圣者乎？盖即此正显其全能，而示其钟爱贞洁之德焉。

艾儒略的此种做法，其实在欧洲已经有先例，如其依据的对象就是在欧洲颇为流行的同类著作。其中之一，是纳达尔奉耶稣会创立者罗耀拉之命而编著、在安特卫普印制的《终年圣弥撒所诵福音书之注释与默观》（*Adnotationes et Meditationes in Evangelia quae in Sacrosanto Missae Sacrificio Toto Anno Leguntur*）和《福音故事图像》。这两种著作，一为文字，一为图像，两者相互配合，缺一不可。

最后，这些版画，也是天主教传教士以图像的形式，在《圣经》翻译过程中的再创造。如艾儒略，在其绘制版画时，在叙事结构和内容上，都对《圣经》在中国传译予以个人化、忠于原文的再创作。《圣母领上主降孕之报》，凭借图像本身的象征性和启示性，着重向世人介绍圣母由圣灵感孕、童女生子、产后仍保终身童贞、无染原罪的基本教义。而后天主道成肉身，降生为耶稣救世，玛利亚身为天主之母，功德圆满而升天。

明清天主教传教士编印圣经故事版画，主要突出耶稣和玛利亚两个神学人物，成为图像化翻译的两条叙事主线，贯穿始终。理解和领悟圣母领报故事之要理是天主教徒树立圣母崇拜的初阶，而后进一步把握数十个圣经故事之间的内在联系，建立起完整的教义体系。圣经故事图像翻译的意图和功用，倪怀纶主教揭示得最为详尽，从天主信仰、教会存续、教士布道和信徒灵修四个方面阐发："保道不可□人也，而圣母之佑要矣；传道不可无据也，而宗徒之功尚矣；道统不可无寄也，而教皇宝系尊矣；余仔肩巨任，宣教是司，思所以传布圣教莫如以大道原委汇集一编，俾阅者知所从来，考其究竟而身后归天，借此为阶梯。"①

原载《世界宗教研究》2013 年第 3 期，与陈焕强合著

① （清）倪怀纶撰：《道原精萃序》，《中国宗教历史文献集成》之《东传福音》第 4 册，黄山书社 2005 年版，第 3 页。

明清时期《几何原本》传承问题探略

明末，来华的意大利籍耶稣会士利玛窦口译、徐光启笔录《几何原本》问世，这是明清中西文化交流园地中的一朵奇葩。平面几何学是明清中西文化交流的一项重要内容，也是以耶稣会为主体的天主教来华传教时进行“科学传教”的主要内容之一。究其原因，是中国人对平面几何学的需要，故作为西方平面几何学重要代表著作——《几何原本》一经问世，在中国就受到了热烈的欢迎。[①] 明清时期，直到晚清重新翻译之前，《几何原本》曾被多次翻刻，许多中国学者在自己的著作中，引用其内容。此著作所传播的欧洲近代平面几何学，由此而得到了很好的传承。

学术界目前对此问题的研究，主要集中在科学史与版本学方面，[②] 本文将主要从版本的比勘与中西文化交流的视角，对其展开一些研究工作：1. 透过明清时期《几何原本》的各个版本及其比勘，反映其

---

① 毛子水指出：“几何原本的中译本，出版于一六〇三年。这是由意大利传教士利玛窦口译而由吴淞徐光启笔受的。利玛窦的日记里有关于翻译几何原本的叙述（一九五三年纽约出版的英译本，四七六一七页）：‘徐光启有这么一个意思在心里；教义和道德的书，印出来的已有好些本了；现在应该印些介绍欧洲科学的书，有新义和实证的。这件事情照做了。为中国士人所最欣赏的，莫过于《几何原本》。这大概是因为世界上没有民族比中国人更重视算学的，虽然他们的传授算学是胪列论题而不加以证明的。这种方法的结果，是任何人对于算学都可凭空构想而没有缜密的证明。但在几何学上，他们开了新眼界：论题按部就班的列出，而且证明得那么确定，即使是最顽固的人也不会不心服’。”参见毛子水《徐译几何原本影印本导言》，《天学初函》第1册，吴相湘主编《中国史学丛书》第23种，台湾学生书局1965年影印本，第6页。

② 学术界对《几何原本》，曾进行过大量研究工作，成果丰富（在此不再赘述），仅研究理论体系、解题方法、版本等诸问题，国内学者就有许多成果，据中国期刊全文数据库收录，以《几何原本》为关键词检索，论文达到了459篇。

版本传承之关系；2. 透过耶稣会内部不断编撰的几何学著作（特别是以《几何原本》为例），研究耶稣会传教策略的传承；3. 透过中国学者对《几何原本》与《几何要法》的研究，探讨其对欧洲几何学的传承。

一 《几何原本》版本传承问题

《几何原本》一经问世，便被不断翻刻。莫德针对其版本流传情况指出，从版本学角度来看，中国出现的各种版本的《几何原本》，共有26种，可以分为3类，第1类是根据古代希腊时期形成的一些手抄本、注释本以及修订本整理或翻译而成的，包括《天学初函》在内共有18种；第2类是中世纪以后人们根据不同的需要而改编的版本，包括《数理精蕴》本在内共有5种；第3类是以I. L. Heibrg最新希腊版本为底本翻译的版本，共4种。[①]

《几何原本》众多的版本与译本，成为明清天主教在华传播文献中最为重要者之一。毛子水认为“就泰西的书林而言，在版本和译本的数目上，欧几里得的几何原本仅次于耶教的圣经”[②]。

利玛窦入华后，曾将与中国文人交游，当作传教的重要手段与策略。在与中国文人交往过程中，向他们传播欧洲的科学知识，以引起他们的兴趣，是利玛窦当时的重要工作之一。因此，利玛窦翻译《几何原本》，最早始于明万历十七年（1589）。当年，瞿太素来到广东韶州，向利玛窦学习炼金术。但利玛窦教给他的却是西式算术与天文。安国风指出：“利玛窦传播传授的不是炼金术而是西式算术与天文——教材即是利氏随身的克拉维乌斯《萨克罗博斯科〈论天球〉评注》以及欧几里得《原本》第一卷。瞿氏还学习了几何测量以及日晷制作法。根据利玛窦的记载，这种集中学习持续了一年之久。”[③]

---

① 参见莫德《〈几何原本〉版本研究》（一），《内蒙古师范大学学报》（自然科学汉文版）2006年第4期，第495—496页。

② 参见毛子水《徐译几何原本影印本导言》，第2页。

③ 参见［荷兰］安国风《欧几里得在中国》，纪志刚等译，江苏人民出版社2008年版，第67页。

瞿太素在学习过程中，还将《几何原本》第一卷翻译成中文，但其文稿已经失传。安国风指出："瞿太素还将欧几里得《原本》第一卷译成了中文。遗憾的是，他的这类文稿均已失传。"①

1606年，利玛窦与徐光启开始了翻译工作，三易稿后，至1607年第一版问世（即初刻本）。此版可能系用于馈赠友人，故印数较少，收藏在耶稣会北京住院里。② 从此本开始，《几何原本》在华流传，就有了下列本子。

1. 明万历三十九年（1611）再校本。由利玛窦手订，徐光启、庞迪我及熊三拔等校阅重修。③ 据王红霞指出："徐光启北上，从利玛窦'遗书中得一本，其别后所自业者，校订皆手迹'。一六一一年，徐光启又在利玛窦校订基础上与庞迪我、熊三拔'重阅一过，有所增订'，《几何原本》再校本问世。"④

2.《天学初函》本。明崇祯初年，李之藻将之辑入《天学初函》，作为"器编"十种之一。许多人是此本问世之后才阅读到《几何原本》的。其校对团队相当庞大与杰出，共有5人，有许乐善、周炳谟、姚士慎、徐光启等。⑤

---

① 参见［荷兰］安国风（Peter M. Engelfriet）《欧几里得在中国》，纪志刚等译，第67页。

② 同上书，第143—144页。

③ 参见纪志刚《汉译〈几何原本〉的版本整理与翻译研究》，《上海交通大学学报》（哲学社会科学版）2013年第3期，第29页。另据安国风指出，存在着两份修订稿，第一份是徐光启丁父忧期间校改，然后呈利玛窦核准，后者于1608年1月将该本寄还徐光启，同意在上海刊印，此稿后存徐家。第二份由利玛窦新校，后在利氏遗稿中发现，经过徐光启、庞迪我、熊三拔的润饰，加入徐氏再校本"题记"，于1611年付印。参见［荷兰］安国风《欧几里得在中国》，纪志刚等译，第145页。王红霞指出，此第一份稿，据徐光启之孙徐尔默《跋几何原本三校本》，1611年之后，徐光启又做了三校，"今此本中仍多点窜，又辛亥（一六一一）以后之手笔也"；并且"译本曾转寄西土，彼中学人谓，经先公订正之后，较之原文，翻觉屈志发疑，心计成数"。惜三校本并未刊印，而是"重加装潢，藏弆家塾"，参见王红霞《点校说明》，［意］利玛窦述《几何原本》，（明）徐光启译，王红霞点校，上海古籍出版社2011年版，第2页。

④ 参见王红霞《点校说明》，第2页。

⑤ 参见［荷兰］安国风《欧几里得在中国》，纪志刚等译，第146页。

据初刻本与《天学初函》[①]本比勘，《天学初函》主要是订正了初刻本的一些错误，如初刻本卷一第三十二题，作“与甲乙丙三角并等矣公论一”，实际上应为“公论二”；又如卷三第十二题，初刻本作“二边钝角形之对钝角边上”，“二边钝角形”，应为“三边钝角形”；卷四第十三题，初刻本作“自己作己丙、己丁、己戊二线”，应为“自己作己丙、己丁、己戊三线”；卷六第二十七题，初刻本作“次每加一内己形”，应为“次每加一丙己形”，《天学初函》本均已改正。同样，《天学初函》亦有误改之处，如卷五之首第六界作“于一甲三丙，任加几倍”，“一甲三丙”，应为“一甲二丙”；卷六第三十三题作“即丙丁直线形与己辛己壬相似之两形并等本篇卅一”，“本篇卅一”，应为“本篇卅”，《天学初函》本误改。

3.《四库全书》抄本。该抄本收录在《四库全书》子部六《天文算法类·算书之属》。这成为《四库全书》收录的欧洲传教士著作之一。《四库全书》是清朝中叶完成的浩大文化工程，收录了明清来华天主教传教士所著的、以《几何原本》为代表的著作20余种，这亦是明清中西文化交流园地中的一朵奇葩。

此本虽为抄本，仍为《几何原本》的传播做出了巨大贡献，但存在着一些问题，如纪志刚指出：“四库本《几何原本》系两江总督采进《天学初函》本，据《四库全书总目提要》称‘今择其器编十种可资测算者，虽著于录’。因四库本系抄录，故或因明刊本字迹漫漶致误抄，或继承明刊本的误文，或抄写新出讹漏，但是个别校勘颇具价值。”[②]

以现存完整的文渊阁[③]与《天学初函》本的比较来看，两者之间就存在着一些不同，仅从序文来看，就可以发现。如《几何原本序》中，《天学初函》本下列文字“顾惟先生之学，略有三种。大者，修

---

① 所用底本为（明）李之藻辑《天学初函》，台湾学生书局1965年影印金陵大学藏万历天启间刊本。

② 参见纪志刚《汉译〈几何原本〉的版本整理与翻译研究》，第29页。

③ 所用底本为由台湾商务印书馆影印、上海古籍出版社缩印的文渊阁《四库全书》，1999年香港迪志文化出版有限公司、上海人民出版社、香港中文大学出版的文渊阁《四库全书》电子版。

身事天；小者，格物穷理。物理之一端，别为象数，一一皆精实典要，洞无可疑。其分解擘析，亦能使人无疑。而余乃亟传其小者。趋欲先其易信，使人绎其文，想见其意理，而知先生之学，可信不疑，大概如是。则是书之为用，更大矣”，为文渊阁本所未收录；《天学初函》本还比文渊阁本多收录了利玛窦撰《几何原本引》（共计2500余字）、徐光启撰《几何原本杂议》（计600余字）、《几何原本再校本》（计200余字）。

文渊阁本，抄出了新的讹漏。如卷一第四十二题，《天学初函》本作“次作丙戊巳角与丁角等本篇廿三，次自甲作直线”，“本篇廿三”，文渊阁本作“本篇廿”，经查对，《天学初函》本不误。如卷六第三十三题“即丙丁直线形与己辛、己壬相似之两形并等本篇卅……末作乙庚辛己直角方形，即五倍大于甲丙。向者？乙庚既为戊乙、乙甲之中率线”，“本篇卅”与“向者”，《天学初函》作“本篇卅一”与“何者”，应不误。

而文渊阁本修正《天学初函》本的错误，请参见上述初刻本与《天学初函》的比勘。

4.《海山仙馆丛书》刊本。清道光年间，潘仕成刊刻。纪志刚认为“海山仙馆本《几何原本》校正了明刊本大多数错误，颇有贡献。但是，曾国藩谓其‘近时广东海山仙馆刻本纰缪实多，不足贵重’，此评价似有失公允。其书不过是制图随意手绘，略显粗陋。此外，该本既无四库本的新出讹误，又未吸收四库本的校正，故断定是其未曾参见四库本”①。

但《海山仙馆》本，亦有误改之处。如卷一第二题，《海山仙馆》作“则所存亦等公论四”，《天学初函》本作“则所存亦等公论三”，应不误。

5. 金陵书局印本。清同治四年（1865），曾国藩在金陵资助出版了《几何原本》全十五卷。由基督教新教传教士伟烈亚力（Alexander Wylie，1815—1887）与当时中国最优秀的数学家李善兰合作翻译了第7卷至第15卷，并将明译前六卷合并印行，《几何原本》遂成完

① 参见纪志刚《汉译〈几何原本〉的版本整理与翻译研究》，第29页。

秩。之后，各版本，基本以此作为底本进行刻印或石印，其中刘铎的《古今算学丛书》本，以明刊本互校，并列示于各卷之后，较为精良。此本的“前六卷继承和吸收了海山仙馆本对明刊本的多数校正，但也承袭了海山仙馆本的讹误，并有新出讹误。但其也有少数新出校勘，如将第三卷第五界‘杂圆’校正为‘杂角’即是著名例证”①。

从上述可以看出，《几何原本》以后，出现了众多的版本，但其官私传承的线路却相当清晰。民间从明万历初刻本、再刻本至《天学初函》本，入清后，清朝政府对其极其重视，从乾隆时期收录到《四库全书》之中；进入晚清，它先被收录到著名的《海山仙馆丛书》，然后在太平天国被平定之后官书局刻书高潮中，它又有了官书局本。从此之后，又有《算学丛书》本、《丛书集成》本等众多版本。

二　耶稣会内部的继续努力

鉴于《几何原本》在传播西学中的良好效果，耶稣会面临着如何继续努力，将此工作发扬光大的问题。利玛窦翻译《几何原本》，是想借西方数学严密推理和精确的新异特点打动中国人，以废旧立新，传播天主教，而徐光启参与翻译笔录，本着富民强国的目的，排斥理学之空疏学风而推崇和敬重西人西学，特别是利玛窦和《几何原本》。②

而《几何原本》也的确打动了中国学者，利玛窦死后能获赐葬地，与其《几何原本》不无关系。但是，《几何原本》既然精密复杂，必然带来一个问题，那就是普通中国学者难以读懂。③ 中国数学家李子金曾描述了学士们对《几何原本》的困惑：“京师诸君即素号

① 参见纪志刚《汉译〈几何原本〉的版本整理与翻译研究》，第 29 页。

② 参见宋芝业《明末清初中西数学会通与中国传统数学的嬗变》，博士学位论文，山东大学，2010 年，第 212—216 页。

③ 利玛窦曾经指出：“那些矜持自傲的文人学士用尽了努力，却也无法读懂用他们自己的语言写成的书（即《几何原本》）。”参见［荷兰］安国风《欧几里得在中国》，纪志刚等译，第 332 页。

为通人者，无不望之反走，否则掩卷而不谈，或谈之也茫然而不得其解。”①

究其原因，主要有以下两个方面：一是中西文化的差异。冯呈指出：“从文化背景来看，以儒学为核心的‘经世致用’的中国传统文化和实用哲学指导着中国数学以制定历法、丈量田亩，制造兵器等实际问题为根本，限制了公理化科学的发展，更限制了数学本身的前进。”② 因此，《几何原本》中所反映出的数学模型的建立、数学的逻辑化、公理化，就不为中国学者理解。③

二是《几何原本》翻译的术语在中西语言表述上存在着差异，这使得《几何原本》的公理化思想与理论，在译本中有所偏差，导致了中国读者对欧几里得几何精神理解不正确。冯呈指出“在解释‘postulate’（公设）一字时，徐利的说法极其简略：‘求作者不得言不可作’，也就是将 postulate 译为‘求作’，而这与公设的目的和内涵是相符的。造成这种情况的原因是沿袭了中算传统的术语‘求’字，在《九章算术》等中国古算书中，‘求’仅被使用于一个问题需要数值解，但与《原本》所指不尽相同。徐利译本中随处可见‘求作之法’，其意不过是作图的实际操作，事实上，这使得公设的地位湮没不彰。于是造成诸多中算家的误解……《几何原本》译本在令中国读者感到疑惑的同时，影响了国人接受欧氏几何的态度，并造成了‘学者畏之，多不能终卷’的局面。”④

这样的误解例子，为数不少。以梅文鼎为例，他曾经指出《几何原本》只给出了将一条线段分为中末比的方法；李子金在《几何易简

---

① 参见（清）杜知耕撰《数学钥序》，《四库全书》本。

② 参见冯呈《明末清初〈几何原本〉影响下的几何作图（1607—1723）》，硕士学位论文，内蒙古师范大学，2009 年，第 25 页。

③ 从实际情况来看，冯呈指出，《几何原本》初刻本问世之时，徐光启曾满怀期望地预言“百年之后必人人习之”，然而这种局面并没有出现。相反，“百年之后”，康熙皇帝决定弃用欧几里得原著、克拉维斯评注的《几何原本》，而将法国耶稣会数学家巴蒂（I. G. Pardies）更近实用的《理论与实用几何学》纳入其钦定颁行的《数理精蕴》之中。这说明中国传统定式对理论和抽象的体系的接受与吸收不是一件容易之事。参见冯呈《明末清初〈几何原本〉影响下的几何作图（1607—1723）》，第 26 页。

④ 参见冯呈《明末清初〈几何原本〉影响下的几何作图（1607—1723）》，第 22 页。

集》中，认为《几何原本》卷的求作“相结之理”法虽然很巧妙，但不具有普遍性，便又独创了一种作图方法。徐光启在他的《勾股义》中，创立的“勾服弦互求”，也使用了“求”字，但其义与传统“以……求……”的模式是相符的，但他完全没有意识到欧氏几何与中算传统语境上的差别。[①]

因此，针对上面存在的问题，天主教传教士——耶稣会士在后利玛窦时代，如何以《几何原本》为基础，继续促进欧洲几何学在中国的传播？

《几何原本》问世之后，新一代耶稣会士来到中国，其中的佼佼者、意大利人艾儒略来华后，继续执行利玛窦的“科学传教”政策，曾于1628年（明崇祯元年）刊刻出版了一部新的几何学著作——《几何要法》。

郑洪猷认为“《几何原本》之帙，译自西国，裁自徐太史先生之手，其中比分栉解，义数详明，可以佐隶首商高所不逮，可补十经九执之遗亡。而梓甘翟襄不擅长焉者，神而明之，引类而伸之，先王制器，前用之法备见矣。特初学望洋而叹，不无惊其繁。余因睹西先生，得受《几何要法》。其义约而达，简而易从，如攻坚木，先其易者，后其节目。”[②] 彭良祯认为曾依照克拉维斯的评注编撰，用以作为学习《几何原本》的“衔接教材”。[③]

《几何要法》，是艾儒略执行利玛窦“科学传教”政策的极好表现，亦体现了其对中国文化的深度理解。首先，从书名来看，所谓“要法”，实际上就是简要解题法。因此，整部著作，实际上是说明几何解题法的。而中国学术界欢迎《几何原本》，其实就是欢迎它所带来的新解题法。因此，《几何要法》是对《几何原本》最好的传承。

清代阮元在《畴人传》中说：“艾儒略，万历时入中国，著《几何要法》四卷，即《几何原本》求作线面诸法，而较《几何原本》

---

① 参见冯呈《明末清初〈几何原本〉影响下的几何作图（1607—1723）》，第22页。

② 参见（明）郑洪猷撰《几何要法序》，载［意］艾儒略著，叶农点校整理《艾儒略汉文著述全集》，澳门文化艺术学会2012年版，第235页。

③ 参见彭良祯《艾儒略〈几何要法〉之研究：纪念几何原本》，转引自冯呈《明末清初〈几何原本〉影响下的几何作图（1607—1723）》，第22页。

为详。”[①] 艾儒略号称“西来孔子”，其获得的荣誉比号称“西儒”的利玛窦还要高。《几何要法》是艾儒略所有著作中唯一一部严肃的“器”（科学）类著作，曾被《明史》卷九十八《艺文志》三著录。他所传播的西洋数学知识集中体现在此书中。因此，本书将讨论《几何原本》与《几何要法》之间的关系。

比较利玛窦著《几何原本》与艾儒略著《几何要法》，可以发现，这两部著作均是以古希腊的《欧几里得（Euclid）几何》为蓝本的。而且，后者是以前者为底本的，正如阮元所说，现代西方学者也已证明了这一点。但艾儒略对《几何原本》有许多增删。

首先，《几何要法》对《几何原本》进行了删减。《几何要法》只有四卷，而《几何原本》有六卷。《几何要法》删减的主要是《几何原本》中的理论部分。《几何要法》通篇都讲点线面的实际运用，同《几何原本》相比，它取消了后者中许多理论部分。

表1　《几何原本》与《几何要法》比较　单位：条

	项　目	卷一	卷二	卷三	卷四	卷五	卷六	总计	《几何要法》/《几何原本》之比
《几何原本》	“界说(则)”	36	2	10	7	19	6	80	60%
	“公论(则)”	19						19	(总论/公论)5.26%
	解题(题)	48	14	37	16	34	33	182	
	“求作”	4						4	
《几何要法》	“总论”	1						1	
	“界说(则)”	16	12	10	8			46	
	“章数(则)”	17	19	14	13			63	(求作/章数)6.35%
	“要法”	48	32	14	14			108	(要法/解题)59.34%

从表1可以看出，《几何要法》与《几何原本》相比，两书的侧重点的不同之处在于：理论部分，公论（即公理），《几何要法》只

① 参见（清）阮元撰《畴人传》卷44，清光绪二十二年（1896）石印本。

相当于《几何原本》的5.26%；界说（即原理），《几何要法》只相当于《几何原本》的60%；但是求作（绘图仪器的制作法），则恰恰相反，《几何原本》只相当于《几何要法》的6.35%，《几何要法》是《几何原本》的16倍。即使解题法，《几何要法》也相当于《几何原本》的59.34%。当然，不同的侧重点也带来了相应的问题，如果读《几何原本》，则因理论部分与逻辑推理太复杂，中国学者无法卒读，也没有办法读懂；而《几何要法》又过于简单，而无法理解其中的理论问题。

除侧重点不同外，艾儒略之《几何要法》为几何学在华传播做出了一些新的贡献：

1. 新增解题法。卷三“于有界直线上求立一不等边三角形”“于有界直线上求立三不等角形”“有角任分为若干分”。

卷一，有“并行线法之第三法”（见图1）：

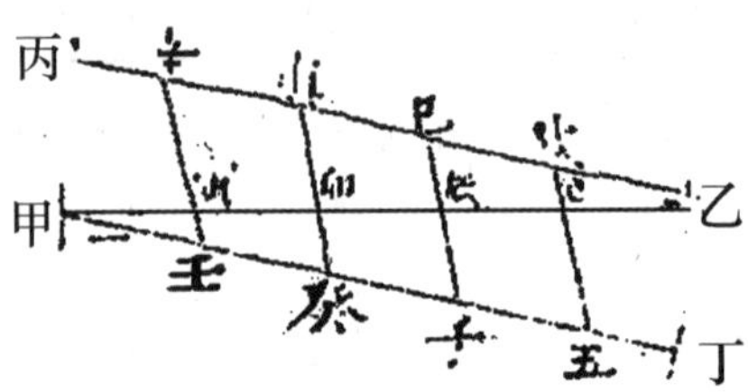

图1　求分一直线任为若干平分章第一之第三法

资料来源：《几何要法》，下同。

如甲乙线，求五平分。即从甲从乙，作甲丁、乙丙两并行线，次从乙任作戊己庚辛四平分，次用元度，从甲作壬癸子丑四平分，末作戊丑、己子、庚癸、辛壬，四线相连，即分甲乙于己，于辰，于卯，于寅为五平分。[①]

卷二，谈到一种圆内接正五边形作法（见图2）。

① 参见［意］艾儒略著，叶农点校整理《艾儒略汉文著述全集》，第239页。

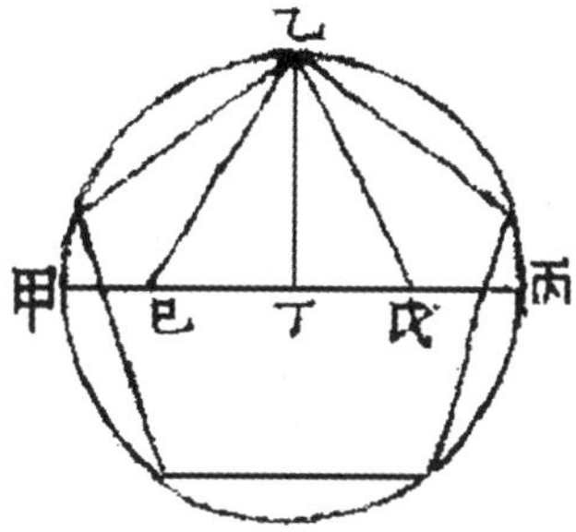

图2　有一圜求作内切圜五边及十边形章二十三

如有甲乙丙圆，心为丁，先作甲丙过心线；次作乙丁垂线；次平分丁丙线于戊，作乙戊线；次取戊乙度移于径线为戊己；次作乙己直线。盖乙己为甲乙丙圆五分之一。以此为度，可作内切圆五边形，丁己度，可作内切圆十边形。[①]

这种作法，不同于《几何原本》中先作黄金三角形再作正五边形的方法。

2. 推动了几何学绘图器械与作图法的发展。[②] 艾儒略还对几种几何应用器械作了十分详细的介绍。如卷二“造规章”，介绍了四种圆规的制造方法，并绘有图示。图示如下：[③]

第一法（见图3）：

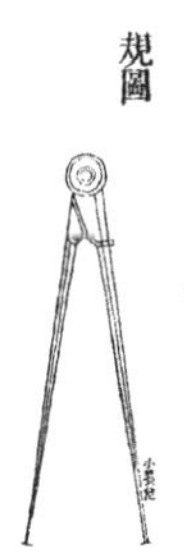

；

图3　造规章第三之第一法

① 参见［意］艾儒略著，叶农点校整理《艾儒略汉文著述全集》，第247页。

② 参见冯呈《明末清初〈几何原本〉影响下的几何作图（1607—1723）》，第25页。

③ 参见［意］艾儒略著，叶农点校整理《艾儒略汉文著述全集》，第244页。

第二法（见图4）：

；

图4　造规章第二之第二法

第三法（见图5）：

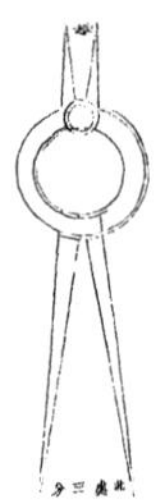

；

图5　造规章第二之第三法

第四法（见图6）：

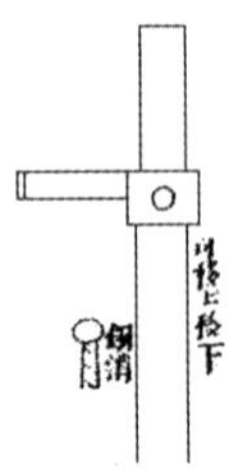

图6　造规章第二之第四法

卷三介绍了新式的“三髀规”制作方法：“旁一髀即附于二髀之

枢，稍引长之出头，其头端上有眼，衔旁一髀，令其圆活，可上下左右如下图，用法见后。”（见图7）①

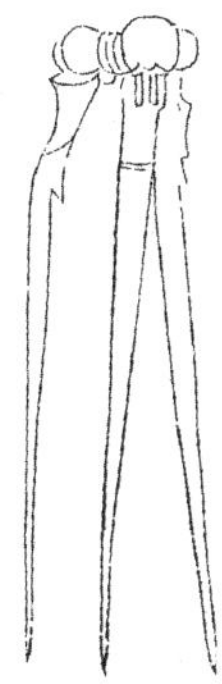

图7　三髀规章第二

此规用于从一个已知三角形，求作另一个与之相等的三角形，但它仅限于作三角形。

3. 补充了希腊几何学中的一些难题的解法，如希腊几何学难题三等分角，这在《几何原本》六卷中没有提及，只是出现了三等分直角的标尺作法，《几何要法》做了补充：

如乙甲丙角，欲分为四，为八，为十六等分，则先分两分，又各两分之，得四；又各两分之，得八；又各两分之，得十六，愈分愈倍。如任欲分为几分，如二五七九之类，则先以甲为心，向乙作一圆分，次以规分圆分，任作几何分，末从所分度至甲作直线，即所求。如图8所示。②

又如“化圆为方”这个问题，自古吸引了众多学者的探究。《几何原本》没有解决化圆为方，其卷六末有正方形化为初月形的命题。在《几何要法》卷四末，艾儒略提出了一个新方法：

---

① 参见［意］艾儒略著，叶农点校整理《艾儒略汉文著述全集》，第250页。

② 同上。

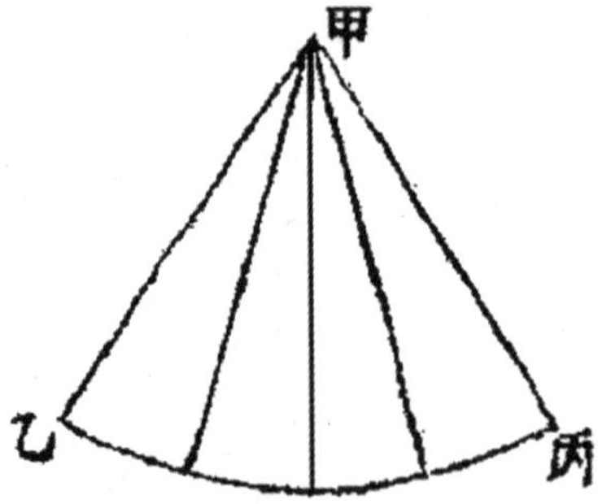

图 8　有角任分为若干分章第八

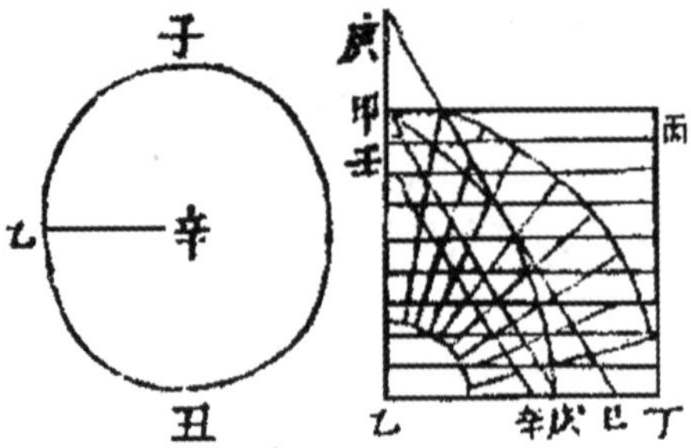

图 9　有圜求作一直角方形与之等章第十二（一）

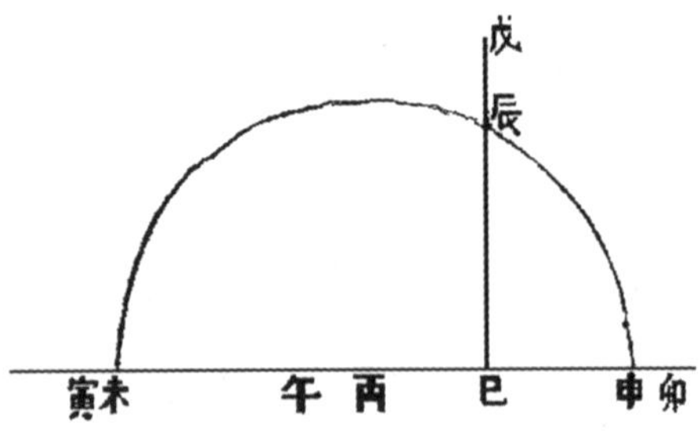

图 10　有圜求作一直角方形与之等章第十二（二）

方圆圆方之法，自古名贤究折而未准，吾师父丁先生《几何》六卷之末，设此神法，其法之用甚广，今撮其要，以推作方

> 圆圆方之法。先设甲乙丙丁直角方形；次以乙为心，以甲为界，作甲丁限象，任分为若干度，今姑分为九十度，又分甲乙丙丁两线，如前数为九十；次自乙心至象限，逐度皆作虚线；次从甲乙丙丁两线对望，作并行线，其与限象线交处，俱作点；次从甲作曲线贯诸点，贯诸点之线则甲戊线为方圆圆方之根线，而乙甲为边，乙丁为底；次自甲至戊作一直线，若乙戊直线与所设欲方之圆半径等，则甲乙线为所设圆象限之界线；若圆半径长，则于乙丁在线，截乙己与半径等。引长甲乙线，作已庚，与戊甲线平行，庚至乙，即长径圆限象之界线；若圆半径短，则于乙丁在线截乙辛与半径等，作辛壬线与戊甲平行，则壬至乙，即短径圆象限之界线。今有子丑圆，或大或小，其半径与乙辛等。先作一寅卯直线，立一辰已垂线；次从已起取已午、午未，各与乙壬等；次取已申与乙辛等；次两平分申未于酉，以酉为心，以申或未为界，作半圆切垂线于辰，末取已辰作直角方形之一边，则此方形与所设圆等，以此可推，不特一方与一圆，即方之一边线，与圆之一限象等，方之半边线，与圆半限象等。①

除与徐光启翻译了《几何原本》六卷之外，利玛窦又与其他中国学者一起，翻译了另外一些几何学著作：1.《测量法义》一卷（1607—1608），利玛窦参与编译的测量几何学著作。2.《圜容较义》（1608），利玛窦和李之藻编译的几何学与测量学著作。

除开利玛窦外，其他传教士亦翻译过几何学著作：如罗雅谷（Giacomo Rho）等编译的《测量全义》十卷（1631），是介绍西方平面、球面三角学和几何学知识的编译著作。书中介绍了积化和差公式和球面三角（直角三角形的弧与角的关系式和一般三角形的正弦定理及余弦定理）定理。邓玉涵（Johann Schreck）著译《大测》《割圆八线表》；罗雅谷的《测量全义》《筹算》；这些都促进了中国近代几何学的发展。

---

① 参见［意］艾儒略著，叶农点校整理《艾儒略汉文著述全集》，第255页。

三　中国学者对《几何原本》的传承

在中国数学史上的苍白时期，利玛窦、艾儒略两人传入的欧洲几何学知识，很快就以它的“新奇”和“有证明”征服了许多中国学者，从而掀起中国人学习几何学的热潮，中国数学也因此进入更新期。因此，明末以降，以数学为代表的西学东渐，构成中国近现代学术史的重要环节。梁启超认为“明末有一场大公案，为中国学术史上应该大笔特书者，曰欧洲历算学之输入”，而《几何原本》“字字精金美玉，为千古不朽之作”[①]。

正是《几何原本》的翻译，开启了中国学者研究欧洲几何学的序幕。有的学者称此过程为“中土化”[②]。这个“中土化”过程，其实就是中国学者对欧洲几何学的传承。

中国学者传承的内容有以下几个方面：一是《几何原本》《几何要法》等欧洲著作中所带来的标尺作图的基本规则和作图要求，如角平分张、并行线、垂线、黄金三角形等，中国学者可以直接学习。如《几何原本》以作黄金三角形的方式进而作出了圆内接正五边形，很为中国学者所认同。如方中通在《几何约》中，杜知耕在《几何论曰》中都原封不动地引用了《几何原本》的作法；而清代学者庄亨阳在其《几何原本举要》中也以同样的方法来作正五边形。同时，中国学者还有所创新，庄亨阳是从“角度”的概念解释此作法；梅文鼎、杨作枚、李子金对正五边形、正十边形的作法都有独到见解，并以不同方法探讨了线段黄金分割比的作法。

一是欧洲数学的逻辑方法和思想。这在《几何原本》是用而不讲其要求与方法，故中国学者一时抓不住其核心。中国学者没有学好是因为，知其法而不知其理。因此，许多中国学者，做过一些解读工

---

① 参见梁启超《中国近三百年学术史》，东方出版社2003年版，第9页。

② 如冯呈指出，西方几何体系进入中国时，徐光启、李之藻等人怀有“绝对信仰”的态度研习其法，从某种角度来看，这种表现可以理解为中算家“本土化”工作的先导。参见冯呈《明末清初〈几何原本〉影响下的几何作图（1607—1723）》，第27页。

作。冯呈指出："郑洪猷为《几何要法》作序时，看到中国人学习《几何原本》的窘境则是'时初学望洋而叹，不无惊其繁'。很多中算家也有同感。于是他们以通俗化和中国化的方式对其进行解读，再以论著的方式公布于世，完成了《几何约》《几何论曰》《几何原本举要》等著作，在一定程度上减轻了初学者学习《几何原本》的难度，同时激起更多的中算家对西法进行本土化的研究。"①

一是其所隐含的作图习惯与方法。它们需要中国学者发现和研究，才能逐步被认识到，并被中国学者学习和使用。如《几何原本》中，对理分末线的介绍不是很完整，需要在前六卷前后互相参考，有的还要参考六卷以后的内容，而当时只译了六卷，在这种情况下，中国学者必须将自己的理解和工作融合起来，把传入的知识系统化，形成对中国算术有用的知识。②

从徐光启开始，这个工作就已经开始。他最早试图仿照欧氏几何学的逻辑，通过几何图图形，对中国传统的勾股算术给予严密的证明。故作《勾股义》（1609），以推阐古勾股算法未有之义。他指出"勾股遗言独见于九章中，凡数十法，不出余所撰正法十五条"③。其门生孙元化于明万历三十六年（1608）撰《几何用法》；李笃培于明崇祯四年（1631）撰《中西数学图说》。

入清之后，在此理念之下，中国学者继续努力，陈荩谟撰《数度衍》（1661），李子金撰《几何易简集》（1679），杜知耕撰《数学钥》（1681）、《几何论约》（1700），王锡阐撰《圜解》，梅文鼎撰《几何通解》《几何补编》（1692），庄亨阳撰《几何原本举要》等。④

以清初数学家李子金为例，在其所撰《几何易简集》中，指出他欣然接受了传入的欧氏几何，是因为"几何家者，西洋之法也"，中国传统数学中没有"几何"，而《几何原本》"解论说明，了无可

① 参见冯呈《明末清初〈几何原本〉影响下的几何作图（1607—1723）》，第26页。

② 同上书，第25—26页。

③ 参见（明）徐光启撰《勾股义序》，载（明）徐光启撰，王重民辑校《徐光启集》上海古籍出版社1984年版，第84页。

④ 参见纪志刚《汉译〈几何原本〉的版本整理与翻译研究》，《上海交通大学学报》（哲学社会科学版）2013年第3期，第27页。

疑”，而欧洲传教士艾儒略又作《几何要法》，其书“文约而法简，盖示人以易知、易从之路也”①。因此，他按照《几何原本》与《几何要法》二书中的逻辑体系，“取《要法》删而注之，于《要法》之外复取《原本》中之不可不载者，亦删而注之，或旁通其说，或发明其理，无非使读《要法》者知几何之有《原本》，而不至有学而不思之弊而已矣”②。他另辟蹊径，在删注两书的过程中，增补了《几何原本》与《几何要法》所未提及的作图问题，完成了《几何易简集》四卷（卷一为《几何要法删注》，卷二至卷四为《几何原本删注》）。③

李氏之贡献在于：一是新增两种作图法。《几何原本》卷四中有“求作一平行直方形与已知平行直方形相似，且其面积是已知形的二倍”一题，他以此题“止言以小作大而不言以大作小”，特举例解释了以小求大之法（见图11），“有甲乙丙丁平行方形，而取其三分之一作一形，与甲丙形想尽，而与其三分之一相等”④。

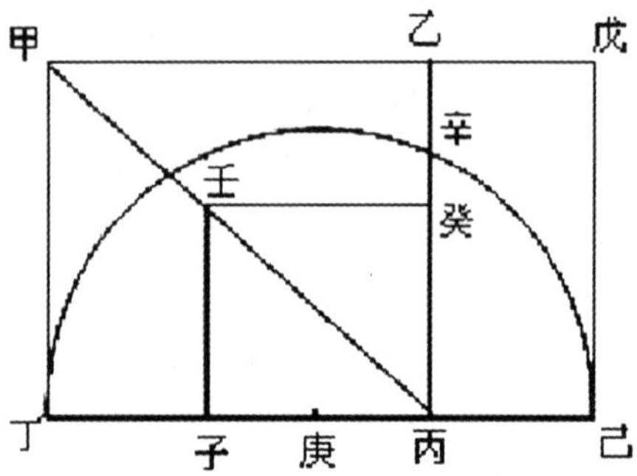

图11　以小求大之法

其作法为“先将甲乙线引增三分之一为乙戊，作一平行方形为乙戊己丙，次作甲丙对角线，次平分丁己于庚，即以庚为心，以丁己为

① 参见（清）李子金撰《几何易简集自序》，李子金撰《隐山鄙事》（清康熙刻本影印本），《北京图书馆古籍珍本丛刊》（84），书目文献出版社1989年版，第50页。

② 参见（清）李子金撰《几何易简集》卷1，第58页。

③ 参见冯呈《明末清初〈几何原本〉影响下的几何作图（1607—1723）》，第35页。

④ 参见（清）李子金撰《几何易简集》卷1，第99页。

界，作丁辛己半环而与乙丙线相交于辛”。

《几何原本》卷一第一题明确地给出了正三角形的作图方法，且被称为“平边三角形”，《几何要法》也有提及，参考西法的作图规则，他又创造了圆内接正三角形的两种作法：1. “若作三边等之角形，只以半径为度，周圆界六步而三分之界，以直线即得”，即以圆半径为边长，作圆内接正六边形，在其六个顶点中取间隔的三点连接，即得正三角形。2. “以半径为度，任用圆界一点为心，作两圆相交，又移一心，以交线为界，再作一交圆，其三线相交处为一角，其两线相交处为两角，直线界之亦得所求”。他并未提供图形，据此复原，参见图12。①

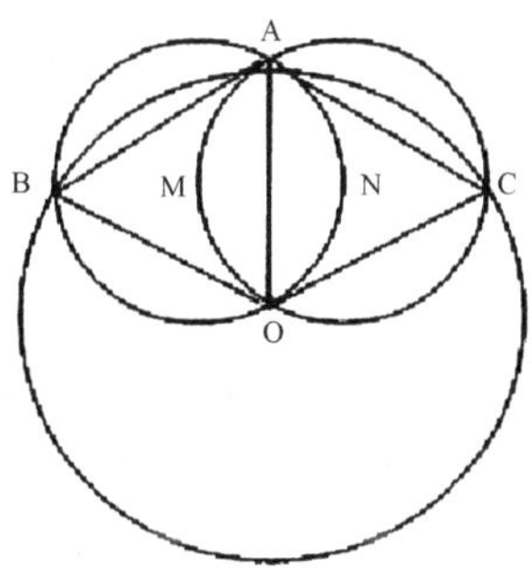

图12　平边三角形作法复原图

二是能将中算西法融会贯通（对于《几何原本》与《几何要法》中出现的与中算相似或者曾见过的问题，他会追根溯源，找出与中算的差别，实现中算西洋的融通）。以其对“一线分身连比例”的研究为例，《几何原本》卷六第十七题，讲述了求三直线为连比例的作法，《几何要法》有“求一线为连比例之中率”，而李氏求“一线分身连比例”的作法很可能就是受《几何要法》的启发而来的，通过此题，实现了以西法补西法，以中算补西法。②

① 参见冯呈《明末清初〈几何原本〉影响下的几何作图（1607—1723）》，第36—37页。

② 同上书，第38—39页。

三是发明木枝式“规”①。

总之，李子金是明清中算家中第一位对《几何要法》进行详尽研究的学者，第一位探究古希腊“化圆为方”作图法的中算家，这在当时是一个进步之举。他将《几何要法》中的图形和原理应用于《几何原本》未解决或解决欠妥的问题上，并结合中国式的算术，得到了圆满的结果。此融会中西的方法，启发了其他中算家。②

庄亨阳曾著《庄氏算学》八卷，就曾借鉴过《几何要法》。《庄氏算学》收入了《四库全书》，四库提要认为此书“……大皆旨遵《御制数理精蕴》，而参以《几何原本》《梅氏全书》。分条采摘，各加以剖析，颇称明显。末为七政步法，亦本之《新法算书》，而节取其要……”③ 而《新法算书》中就收录了《几何要法》。《庄氏算学》中所谈求体积、求面积法即可能借鉴了《几何要法》中相关内容。

又如杨作枚，在其研究工作中，亦有类似的贡献。④

中国学者往往仿照《几何原本》的体例，同时也注重挖掘《几何原本》未曾提及的命题，掀起了几何学研究的高潮。其中，王锡阐与梅文鼎，还开拓了中国历算独立研究之路。⑤

结　论

综上所述，本书通过对其流传过程的各个版本的比勘，厘清了《几何原本》在传播过程的官私本的传承关系。又以“科学传教”策略为纽带，探讨了耶稣会传教士继续在华传播欧洲几何学的努力，特别是以艾儒略撰《几何要法》为例，介绍了《几何要法》所做的贡

---

① 参见冯呈《明末清初〈几何原本〉影响下的几何作图（1607—1723）》，第39—40页。

② 同上书，第40页。

③ 参见（清）永瑢等撰《四库全书总目》卷106子部16《天文算法类二》。

④ 参见冯呈《明末清初〈几何原本〉影响下的几何作图（1607—1723）》，第40—43页。

⑤ 同上书，第27页。

献。还探讨了中国学者受到《几何原本》与《几何要法》影响，而在华传承欧洲几何学，并将欧洲几何学与中国算学进行融会贯通而做的努力。

原载《暨南史学》2014 年第 9 辑，与熊丽丽合著

下编　港澳史研究

明清时期澳门城市发展研究

澳门早在新石器时代，就有人类活动，澳门半岛可能在南宋王朝最后倾覆之际开始有人定居。它本是中国海滨一处不为人注目的地方，但自从葡萄牙人入居之后，它逐步发展成为中国领土上一个具有欧洲风情的城市，充满传奇色彩，魅力无穷。今天，我们要探求其传奇色彩与魅力的来源，以城市史学为理论基础，从澳门城市发展史着手，肯定是一条探索此秘密的捷径。

澳门城市发展过程，与这座城市的功能、其所处的政治环境是紧密联系在一起的。经历明清两朝至近现代，澳门城市功能从葡萄牙东方贸易据点，转变为西方侨民聚居点，再转变为以旅游博彩业为支柱的现代城市。据此，澳门城市发展经历了以下阶段：第一阶段，1554 年葡萄牙人入居至 19 世纪中叶，为澳门城市发展的“葡城”时期。第二阶段，19 世纪中叶至 20 世纪中叶，为“澳门城”时期。

城市史学研究的主要内容有：城市化过程，城市社会的政治、经济和价值观念的演变与发展，城市设施以及与市民生活有关的问题，对城市进行病理学研究。澳门城市发展史同样包括这些内容。限于篇幅，本文的研究重点放在澳门城市化过程，即澳门城市形成、演变、发展等。

澳门城市发展史研究目前正在成为澳门史研究中的一个重要话题。为了澳门古建筑群申报世界自然和文化遗产，澳门特别行政区文化局出版的《文化杂志》，不遗余力地开展了许多关于澳门城市发展史研究的专题。一时中葡史家云集，有一批非常有见地的澳门城市发展史研究论文面世。这些论文有如巴拉舒著《澳门中世纪风格的形成过程》，汤开建教授著《明代澳门城市建置考》《明代澳门地区华人居住地钩沉》《委黎多〈报效始末疏〉笺正》，罗德理格斯·柯斯塔（Maria de Lourdes Rodrigues Costa）著《澳门建筑史》，康纳著《钱纳利眼中的澳门建筑》，巴列托著《澳门港从开埠至20世纪70年代社会经济和城建方面的发展》，费尔南德斯著《1820—1920年的澳门》，阿丰索著《澳门的绿色革命》，王水文著《澳门建筑中葡合璧相得益彰》，波尔奈著《变动与建筑、澳门的建筑与殖民主义》，菲格拉著《澳门建筑、澳门究竟是怎样的一座城市》，等等。这些论文都从不同的侧面论述了澳门城市发展中的重要方面。

一　澳门城市发展之“葡城”时期

虽然，在葡萄牙人入居澳门之前，已有中国人在此定居，但此后的300年里，澳门城市发展的主体是葡萄牙人居住区——澳门的葡城，故称为“葡城”时期。在此时期，澳门葡萄牙人的海外贸易，在开埠后历经近百年的兴盛之后，逐步走向了停滞衰落。因此，葡萄牙人贸易兴盛之时，积极推进澳门葡城的建设，奠定了其发展的基本格局；而在停滞时期，其城市发展是处于停滞状态的。与葡萄牙人海外贸易发展相适应，澳门葡城亦经历了不同时期。

1554—1582年，澳门葡城的开创时期。尽管初期的建筑多为竹木结构，但主要宗教建筑地点都已选定，城市社区用地范围都已明确。澳门华人亦确立其居住区。据汤开建教授考证，澳门此际已形成了一条“中贯四维”的十字大街，华人已在这街区的“德”字街上居住。[①]

1583—1637年，澳门城市基本框架的形成时期。1583年，葡萄牙人得到两广总督陈瑞的口头承诺，允许在澳门居住。[②] 澳门议事会成立后，澳门城市的建筑开始以砖石材为主，尤其是教堂建筑向持

① 参见汤开建《明代澳门城市建置考》，《文化杂志》1998年第35期，第80页。

② 参见汤开建《委黎多〈报效始末疏〉笺正》，广东人民出版社2004年版，第5页；另参见汤开建《澳门开埠初期史研究》，中华书局1999年版，第212页。

久、稳固、庄严方向变化。随着贸易的飞速发展，荷兰人开始图谋进攻澳门。澳门先后建设了城墙和防御系统，尤其是1623年以后，澳门的主要炮台均已建立。[①] 1626年，澳门城墙的建成和1637年作为澳门城市象征的大三巴教堂竣工，标志澳门葡城基本成形。

1637—1757年，澳门城市发展停滞时期。此期间因为贸易衰落，葡萄牙人在东方的竞争力下降，澳门一蹶不振。澳门城市几乎没有大的城市建设工程。

1757—1849年，澳门城市转型时期。[②] 此一时期，澳门由葡人的贸易港，转型为来华西人聚居地，这带动了澳门城市功能的转型。1784年，澳葡当局买下了现议事会的地方，建成了新的议事会大楼，城市重心进一步向南湾发展。

1554年至1637年，澳门葡城初建。有以下几个问题值得探讨：

第一，葡萄牙人对澳门的选择。

澳门被选择符合葡萄牙人的一贯原则：将城市和商站建在河口、海口、半岛、海岛之上。在葡萄牙人的东方航线上，他们建立了一系列的城堡与商站，这些城堡与商站选址的共同特点均是航线上重要的河口、海口、半岛或海岛。珠江口西岸的澳门，地理位置优越，在葡萄牙人入居之前，已经是多国商船聚集之地。

葡萄牙人选择澳门，另有一个重要的宗教原因，那就是澳门之南有一处地方叫“十字门”[③]。十字门，在澳门南面由舵尾、鸡颈、横琴、九澳四山对立、海水纵横成十字而得名，是一处重要的海舶锚地，此名在葡萄牙人入居澳门之前就已经存在。葡萄牙是一个信奉天主教的国家，其臣民亦多虔诚而坚定的天主教徒，当他们来到澳门地区，得知此处有地名为“十字门”，这一定会深深地打动他们，认为这是上帝的启示，他们必须在此地居留。关于这一点，中国人都注意到了。在许多中国文人的诗文中，均将十字门与澳门天主教的标志性

① 参见汤开建《澳门开埠初期史研究》，第244—245页。

② 参见郭卫东《论18世纪中叶澳门城市功能的转型》，《中国史研究》2001年第2期，第149—160页。

③ 参见（明）黄佐编纂《（嘉靖）香山县志》卷1《山川》。

建筑——圣保禄教堂［即华人所称“（大）三巴寺”］联系在一起。

第二，葡萄牙人在澳门定居的最初选点。

葡萄牙人获准入居澳门后，经过1554年至1557年的犹豫与观察，便开始了澳门葡城的建设。其城址的选择，葡萄牙人考虑到了制高点、港口这些军事、宗教和商业的原因，故选择了在今大炮台所在的大三巴山与西望洋山之间的山谷地带。据清徐继畬辑《瀛寰志略》载：“隆庆初，抵粤东香山县之濠境，即澳门，请隙地建屋……葡萄牙人遂立埔头于澳门。”① 这块“隙地”，南北两头有山，东西分别面临外海与通往广州城的内港河道，便于防守且交通便利，战略位置很重要。

此外，最重要的考虑因素应该是水源：在16世纪的澳门半岛上，沙梨头有一条淡水河通向内港，因此那个地方可以成为重要的贸易点和人口聚集点。在妈阁庙附近的亚婆井，也可以成为一个重要的定居点，因为那里有一口著名的水井。因此，我们基本上可以看出，最初的聚集点应该是沙梨头附近的内港，风顺堂附近的教堂区和亚婆井附近的妈阁庙区，这些点是最初的聚集定居点。

第三，澳门城市早期建设者。

早期葡城建设者，有以下几类：葡国商人、他们的葡亚混血后裔、为葡萄牙人提供服务的中国仆人中的精英、耶稣会士。葡萄牙学者奥利维拉说：“创建城市的居民（我们已经可以称之为澳门人）是一群与马来、暹罗、日本和中国妇女有关系的商人和葡—亚混血儿。他们是这个项目的第一批投资者，在这种商人团体的基础上，澳门开始迅速地发展起来。”② 此外，澳门人至少还拥有其他两个重要群体的支持：

一是中国仆人中的精英，即一些给担任“嘴巴和耳朵”的翻译。即庞尚鹏所言：“其通事多漳、泉、宁、绍及东莞、新会人为之。”③

---

① 参见中国第一历史档案馆、澳门基金会、暨南大学古籍所合编《明清时期澳门问题档案文献汇编》第6册，人民出版社1999年版，第663页。

② 参见［葡］奥利维拉《葡中接触五百年》，杨立民译，纪念葡萄牙发现事业澳门地区委员会、东方基金会1997年版。

③ 参见（明）庞尚鹏撰《百可亭摘稿》卷1《抚处濠镜澳夷疏》。

他们在葡萄牙人同中国当局进行活动时起着不可缺少的作用。

二是耶稣会士。澳门人想方设法吸引耶稣会士参与建设澳门这个葡亚基地中来。由于耶稣会士知识渊博，能言善辩，以及他们对不同种族、宗教和习俗的宽容，澳门人首先期望利用他们的参与给中国当局留下深刻的印象。其次，澳门人希望借助耶稣会在中国人心中的好印象来消除葡萄牙人在中国人心目中的负面形象的影响。最后，澳门人希望耶稣会神父在澳门社会内担当调解个人及团体之间冲突的角色。

第四，葡城早期布局方式：村街模式。

在澳门，葡萄牙人对城市布局相当重视，他们选择的是传统的村街布局。其中，“街”，应该指直街及以后形成的街道网。“澳门也有一条直街，它没有摆脱葡萄牙的这一传统。”[①] 澳门建城是从直街开始的。直街在1557年左右开始于沙栏仔街附近建设，连接圣安东尼堂（即花王堂），直达大三巴街附近。然后向营地大街发展。而营地大街作为一个聚集点，街道向两个方向发展。一是连接大三巴街，二是连接龙嵩街，通过龙嵩街向圣奥斯定堂（龙嵩庙）及圣老楞佐堂（风顺堂）方向发展，这是直街的主干。它中间连接了两个“前地”（广场）：一是大三巴堂前地，二是议事亭前地。通过沙栏仔街、花王堂街、大三巴街、营地大街、龙嵩街，又鱼骨式地向两边延伸，形成街道网。而其中的“村”，指澳门的三大堂区：花王堂区、望德堂区、风顺堂区，就是城中的定居区。人们根据自己的信仰和贸易的需要，散居在这几个教堂周围，进而逐渐形成不同的街区。这些居民区后经发展，形成了澳门葡城。随着澳门直街的形成和居民区的发展，澳门不断朝着中世纪城市的方向发展。

第五，澳门葡城的建设。

在这个阶段，一座中世纪城市所应有的要素，基本建筑完毕。许多中国政府与华人的公私建筑亦完成。西式建筑则以大三巴教堂为代表，“石作雕镂，金碧照耀，上如覆幔，旁绮琉瑰丽”[②]，

---

① 参见［葡］官龙耀（Cunha，Luís Sá）《葡萄牙图文并茂》之“直街”，澳门文化学会1990年版。

② 参见（清）印光任、张汝霖撰《澳门记略》卷下《澳蕃篇》。

雄伟庄严，甚似梵蒂岗的教堂，它是17世纪意大利巴洛克式建筑风格和东方色彩相融的体现。中式建筑议事亭、关闸门、妈阁庙等，红墙绿瓦，周墙环抱，具有南中国建筑之特征。具体而言有以下几组建筑：

（1）炮台与城墙

澳门炮台的建筑，从葡萄牙人入居至1639年，建成的炮台见表1。

表1　澳门炮台一览

炮台名	建筑时间	地点	备注
沙梨头炮台（Fort of Patane）	1562年	花王堂附近的沙梨头（near the Calçada of Palanchica, on the small elevation of Patane close by a small Chape dedicated to S. Antonio）	
大炮台（Fortaleza de S. Paulo do Mont）	1617—1626年	大三巴山顶（Prodominant S. Paulo do Monte Hill）	又名：三巴炮台、漫地炮台、圣保禄炮台
东望洋炮台（Fortress of Nossa Senhora da Guia）	始建于1622年，1635年拆除，1637—1638年再建	东望洋山顶（the Nossa Senhora da Guia Hill）	又名基亚炮台
西望洋炮台（Forte de Nossa Senhora da Penha de Franca）	1622—1623年	西望洋山顶（Penha Hill）	又名：竹仔室炮台、佛兰姗圣母炮台。1892年被拆除
妈阁炮台（Fortress of S. Tiago da Barra）	1622—1629年	妈阁山下（on the shores of Barra Hill）	又名：娘妈角炮台、罢辣炮台、圣地亚哥炮台

续表

炮台名	建筑时间	地点	备注
南湾炮台（Fortress of Nossa Senhora do Bomparto）	1622 年	西望洋山东南面，南湾西头（the extreme western side of Praia Grande Bay）	双名：烧灰炉炮台、蓬巴而底台、圣母炮台。1892 年被拆除
嘉思栏炮台（Fortress of S. Francisco）	1629 年	南湾湖南端（the extreme southern end of the Praia Grande Bay）	又名：噶斯兰炮台、法兰济斯炮台、圣方济各炮台
圣伯多禄炮台（Fortlet of S. Pedro）	1622 年以后建造	南湾湖中点的海边（at the mid-point of the Praia Grand waterfront）	1934 年被拆除
仁伯爵炮台（Fortlet of S. Pedro, and Fortlet of S. Januario）	1622—1626 年	山顶医院附近（on the top of the hill above the Fortress of S. Francisco）	又名：伯多禄炮台或耶路尼炮台，俗称山顶炮台。1640rh 被中国政府拆除
圣若昂炮台（Bulwark of S. João）	未知	与城墙相连，在城墙与水坑尾街相交之处（on the crossing of the Campo street and the old northeast section of the City's Walls）	

资料来源：据 Jorge Graça, *The Fortications of Macau: Their Desigh & History*, Macau: Direcção dos Serviços de Turismo de Macau, 2nd edition 及汤开建《澳门开埠初期史研究》，第 246—247 页编制。

澳门城市城墙的建设则较为复杂，由于它违反中国明朝政府的规定，多次筑好后，又被明朝政府拆毁，所以是一个曲折的过程。它的建筑分为几个时期：1569 年至 16 世纪末被明军拆毁；1604 年至 1607 年，基本筑好，但又在张鸣岗任两广总督时被明政府拆毁；从 1617 年起，澳门葡人违反海道副使俞安性《海道禁约》中关于“禁擅自兴作”的规定，在“通贿中国官员，使其不加干涉”的情况下，开始偷偷地进行。至1621年，在荷兰的威胁之下，筑城墙速度大大加快，1622年，基本完成了北部城墙的修建。1623年，马士加路也（Don Francisco Mascarenhas）出任兵头后，他以更快的速度完成了澳门城墙和军事防御体系，城墙于1626年完成。①

从绘制于1632年的澳门城市图可以清楚看出，当时澳门的城墙分为南北两段：澳城西起海边至沙梨头，复稍南至三巴寺，复向西至山顶，城墙从仁伯爵炮台复南折沿海滨至嘉思栏炮台，复南折至西望洋炮台、烧灰炉炮台，最后至妈阁炮台。整个澳门城除西部内港处，北部、东部及南部均建有城墙，并于诸要塞处建置炮台，使澳门城成为一座在军事上防范甚为严密的城堡。②

城墙的建成，意义非同一般。由于城墙是中世纪时期的防御系统，更重要的是，它把城市生活与周边地区分割开来，故城墙成为城市的标志。所以，澳门城墙的建成，就标志着澳门葡城的建成，我们不应该仅仅把它作为一个防御体系来看待。此外，城墙亦给葡城划定了界限，正如格拉萨指出的：“这个早期的澳门有它的界限：在北面，是仁伯爵炮台与大炮台之间的城墙；南面是南湾炮台与西望洋炮台之间的城墙。东面是大海与嘉思栏炮台至仁伯爵炮台之间的城墙。最后，西面是部分地方有城墙保护的内港。”③

（2）教堂与庙宇

1586年，澳门获得了“天主圣名之城”的称号。获得这个名称，说明澳门葡城天主教文化占据了主导地位。这有两层含义：首先，从物质层面来说，它是一座教会建筑之城。1557年至17世纪中叶，澳门葡城内建起了许多天主教教堂，为后来澳门成为世界上教堂密度最高的地方打下了基础，亦凸显了澳门的天主教文化特色。参见表2。

---

① 参见汤开建《澳门开埠初期史研究》，第239—243页。

② 参见［葡］雷曾德《17世纪澳门图》，《文化杂志》1992年第10期。

③ Jorge Graça, *The Fortifications of Macau: Their Design and History*, Macau: Direcção dos Services de Turismo de Macau, 2nd edition, 1984, p. 121.

表2

教堂名	位置	建筑时间	备注
圣老楞佐堂（Igreja de São Lourenço）	风顺堂街	1558年至1560年木棚时期，1618年建成石质结构	又名：风顺堂、风信堂、海神庙
望德堂（Igreja de São Lazaro）		1558年至1560年木棚时期，1637年建成石质结构	又名圣拉匝禄堂、发疯寺
圣安东尼堂（Igreja de São António）	花王堂街	1558至1560年木棚时期，1638年建成石质结构	花王堂
圣保禄教堂（Igreja de São Paulo）	大炮台脚	1563年原始教堂建成，1959年焚毁重建，1601年焚毁，1602年至1603年完成教堂，1637年完成了教堂的前壁——著名的大三巴牌坊	大三巴堂
噶斯兰庙（Igreja de São Francisco）		1579年	方济各会堂
玛尔定堂	半岛东部	1580年	罗明坚建
大堂（Sé Cathedral）	大庙顶	1581年	
圣奥斯定堂（lgreja de Santo Agostinho）	岗顶	1586年	又名龙嵩庙、龙松庙
圣多明我堂（Igreja do São Domingos）	板樟街	1587年	又名板樟堂，圣母玫瑰堂。西班牙多明我会士建
圣母堂	西望洋山顶	1622年	卑拿炮台改建
主教山小堂	西望洋山顶	1622年	原属圣奥斯修道院
雪地殿	东望洋山东望洋城堡内	1626年	供奉“雪地圣母”
圣家辣堂	南湾街与水坑尾街交界处	1633—1634年	又名尼姑庙

资料来源：本表根据汤开建《澳门开埠初期史研究》，吴志良、杨允中主编《澳门大百科全书》（中国大百科全书出版社1999年版）等编制。

其次，教会的贡献。教会，尤其是耶稣会，对于澳门葡城的规建设，影响很大。以耶稣会为例，它的影响体现在两个方面，一是在葡城的规划上。耶稣会规划了澳门的市中心——议事亭前地。贝尔特朗（Coelho，R. Beltrão）说，“按照 Rodrigo Rodrigues Dias 则师的一项研究工作，具有组织或宗教特色的澳门旧市区中心主要建筑物位置的排列，可能是耶稣会士特别的设计。专家的绘图正肯定这个理论。”① 二是耶稣会在圣保罗山，以圣保禄教堂为核心建成了一个庞大的宗教建筑群和军事综合体——大三巴炮台，成为澳门的制高点——顶峰。大三巴不仅是一座教堂，而且是一规模宏大的公共建筑群。《澳门记略》称“僧寮数十区”②，可证大三巴的规模。大三巴成为当时澳门城市的一大象征。颜东莱（Fernando António Baptista Pereira）说：“顶峰一词字面意思为‘城市制高点’，在古希腊米塞纳斯时期用于表示政治中心（尤指宫殿），后来指城市或国家的宗教中心……澳门也有自己的城市中心广场，即市政厅前地及其邻近街道，而其‘顶峰’则是由目前的大三巴遗址和大炮台组成的，这原是教会的一个宏伟的综合建筑物，包括教堂、神学院和其他附属建筑物，与防卫工事相依共存。这两个历史性的建筑物均是耶稣会建造的。”③ 耶稣会士兴建这个综合体的目的，就是要在澳门表达出宗教至上的理想，将信徒们引入一个人间的天国。从目前保留下来的大三巴牌坊亦可以看出这样的宗教理念。它由五层组成。从下至上，表现出从人间教权到天国圣殿的过渡。④

再次，从精神层面上说，葡萄牙人在这里建立的城市是一座上帝之城，有许多教堂和忠诚的传教士，城市里的人们对上帝无比忠诚。

澳门华人也建设了许多庙宇，这是其宗教信仰的反映。中西文化

① Coelho R. Beltrão, *Leal Senado de Macau: Esboço de um Edifício*, Macau: Leal Senado de Macau, 1995, p. 3.

② 参见（清）印光任、张汝霖撰《澳门记略》卷下《澳蕃篇》。

③ 参见［葡］颜东莱《澳门的“顶峰”：耶稣会宗教、文化及军事综合体》，澳门博物馆项目组编《与历史同步的博物馆：大炮台》，澳门博物馆 1998 年版，第 15 页。

④ 同上。

在澳门和平共处，宗教景观是最明显的表现。中国庙宇的建设情况见表3。

表3 澳门中国庙宇一览

庙名	始建时间	地点	庙名	始建时间	地点
妈阁庙	1579年以前	澳城南端（官庙）	路环天后庙	乾隆时	路环
观音堂	1627年	澳城北部望厦村	新庙	1811年前	莲峰山
聚龙社	明朝	关前街	火神庙	1820年前	沙梨头
永福古社	1644年以前	澳城东北沙梨头	福德祠	1820年	下环河迦新街
水月宫	1644年以前	澳城东北沙梨头	旺厦观音古庙	1820年	美副将马路
哪吒庙	17世纪50年代	柿山	阁塔	1828	新村尾
正觉禅院	康熙时	妈阁庙内	先锋庙	1820—1840年	莲峰山麓
关帝庙	1692年前	营地街（官庙）	北帝庙	1844年	氹仔
天后庙	1722年前	澳城北部望厦村	三婆庙	1845年	氹仔
关帝庙	1780年	新市西街	莲溪庙	道光时	新桥

（3）广场、市场和公共建筑

城市中心广场：澳门的城市中心广场是议事亭前地及其邻近街道。这里有澳门自治权力中心——议事亭，有慈善机构——仁慈堂，有医院——白马行医院，有教堂——圣母玫瑰堂等，有市场——营地大街，有一条通往前地的街道——直街。其规划与耶稣会士有关。

市场：在澳门葡城区的西部，形成了市场区。这片市场，在营地大街以西至内港海边的区域内。从现在这里留下的街名，我们就可以看出当时这里是一个有产业分工特色的市场。营地大街在葡语中称

“商人街”，即 Bazar，也即汉语中所说的“澳门街”，“澳门街”意即“澳门街市”。

澳门公共建筑则主要包括工场、医院、学校等，见表4。

表4　　澳门公共建筑一览

类型	名称	建筑时间	地点	备注
工场	铸炮工场	开埠初期	西望洋山腰	
	石灰工场		烧灰炉	
	织造工场			
	制镜工场			
	制钟工场			
	制席工场			
医院	圣辣法耶医院	1569 年	伯多禄局长街	卡内罗（D. Belchior Carneiro，主教创办，又称为“医人庙”、白马行医院、慈善医院、贫民医院
	两座医院	1623 年		
慈善机构	仁慈堂	1569 年	议事亭前地	华人称为“支粮庙”
学校	圣保禄公学	1565 年	大炮台下	1594 年成为远东第一所西式大学。拥有图书馆、印刷所、诊所、药房和天文观象台，与圣保禄教堂组成一个宏大的公共建筑群

资料来源：根据汤开建《澳门开埠初期史研究》第 234—237 页及吴志良、杨允中主编《澳门百科全书》相关内容编制。

6. 澳门葡城建设的核心理念：表现圣保罗精神

澳门城市最初的建立同葡萄牙人的宗教观念紧密关联，并同耶稣会士（同样被称为“保罗主义者”）直接相关。事实上，葡萄牙人就是把自己当成像圣保罗那样到东方异邦人中传教的使徒。葡萄牙人的圣保罗精神（澳门视圣保罗为主保圣人）在澳门葡城建设中亦时时体现。首先，城市的“顶峰”被命名为圣保罗山，整个宗教、军事综合体都被命名为大三巴（São Paulo）教堂、圣保禄书院（保禄亦为圣保罗的译音）、大三巴炮台。其次，它周围的街道被命名为大三巴斜巷、大三巴右街、大三巴街、大三巴巷等。另外，澳门北部城墙里一个通往内地的城门亦叫三巴门，三巴门即圣保罗门。将此门命名为圣保罗亦反映出葡萄牙人希望像圣保罗那样，传教异域，以基督征服中国的理念。这说明葡萄牙人把他们对于宗教的信念从一开始就带入了这个城市的建设中，成为澳门葡城建设的核心理念。

总之，到了16世纪中期，澳门房屋建筑成区成片，公共建筑规模庞大，各种军事防御设施基本完成，城市格局基本形成。出现了一座座的西式教堂，一幢幢的西洋风格公共建筑物，加上形形色色的西洋式民居，一座完全欧化的中世纪城市出现在大明帝国的南海之滨。

从葡城建成至18世纪中叶，澳门葡萄牙人的海外贸易走向了衰落，反映到澳门城市建设方面，出现了澳门城市发展的停滞。

在澳门海外贸易衰落后，澳葡当局在澳门实行自闭政策，尽力不许其他外国人插足，在此后的一个世纪里，错过了几次使澳门城市转轨重获生机的良机，使澳门陷入了困境：经济濒临崩溃，葡人极度贫穷，生活无以为继。陆希言称："至入其境，见城无百堵，众无一旅，家无积粟，凄凉满襟。"① 马士称1704年"澳门只剩下两艘船，既无从操使，也不适合外出。这个居留地近乎解体"②。议事会在1752年讨论澳门的贫穷状况时称："呼吁解决几千人的紧迫需要，他们之中大部分无法维持哪怕是贫困的生活……贫穷之极，似乎这三千多极度贫困的人没有任何办法打发每天的二十四小时，这种紧迫的需要，大部分人无法活下去……澳门的贸易急剧衰落……留下了无依无靠的孤儿寡母。他们贫穷至极，因衣不蔽体而不能出门乞讨。"③ 此外，因为贫穷，负责巡夜的3名军官与21名士兵，也无钱支付他们工资，澳门主教的工资亦只能用火药支付。

在这种窘境之下，澳门已经不能，也无须再进行城市建设，故澳

---

① 参见陆希言撰《墺门记》，中国系历史档案馆、澳门基金会、暨南大学古籍研究所编《明清时期澳门问题档案文献汇编》第6册，第595页。

② 参见［美］马士《中华帝国对外关系史》第1卷，张汇文等合译，第50页。

③ 参见［葡］施白蒂《澳门编年史》，小雨译，澳门基金会1995年版，第146—147页。

门的城市建设陷入了令人悲叹的停滞期。

18 世纪中叶至 19 世纪中叶，澳门城市功能从葡萄牙人贸易港转型为所有来华西方人的居留地。随着城市功能的转变，澳门城市建设又重新起步，以适应澳门城市功能的转变。

澳门城市功能转变的原因，主要有两个：一是清政府政策的变化。18 世纪 30 年代，清政府开始改变政策，要求来华贸易的外商，一律在澳门居留，到 50 年代，特别是清政府开始一口通商后，这条政策从临时性规定变成了既定国策，要求在澳门的葡萄牙人遵照执行。这与澳葡排斥其他外国人入居澳门的政策相抵触，虽然葡萄牙人不愿执行，但他们不得不执行，否则他们就要冒与中国政府对抗的风险，他们当时有这个能力吗？二是澳门葡萄牙人窘迫的经济形势所逼。这样，澳葡当局不得不开放澳门，接纳来华的外国人，从而实现了澳门城市功能的转型，这无异于澳门的“第二次开埠”。

这个转型开始于 1757 年。1 月 15 日，澳门总督高定玉（Francisco António Pereira Coutinho）同意外国人在路过澳门“等待交通工具时”停留。[①] 2 月 9 日，议事会议决：“为了向外国人表示好客，而准许他们暂时在澳门居住。”[②] 澳门房东可以租房给外国人，特别是那些作为各国某种意义上的代表人物，如各公司的大班。4 月 10 日，清政府宣布独口通商政策，澳门葡人开放澳门，就标志着澳门“第二次开埠”的开始。

英国散商是澳门葡萄牙人房屋的最早租客。1769 年 1 月 24 日，议事会批准“伊纳希奥·德·索萨（Inácio de Sousa）神父之姐妹把房屋出租给一个英国私人的申请”[③]，这标志着散商居澳合法。从此，大批各国洋商，甚至一些国家的政府代表、外交使节亦进驻澳门，18 世纪 80 年代之后，外人居澳已经是大势所趋了。1809 年 5 月 7 日，两广总督百龄亲赴澳门，了解到长驻澳门的外籍居民是：葡属 4963

① 参见［葡］施白蒂《澳门编年史》，小雨译，第 153 页。

② 参见［瑞典］龙思泰《早期澳门史》，吴义雄等译，第 48 页。

③ 参见［葡］施白蒂《澳门编年史》，小雨译，第 163 页。

名、英国人 40 名、人 9 名、荷兰人 7 名、瑞典人 4 名、普鲁士人 2 名。[①] 这些人，人数不算太多，但他们多为来华经商者，其背后多代表一些颇有实力的洋行公司，经济实力不可小看。此外，临时来澳的外籍人数，远比这大得多，仅外籍水手，每年就数以千计。

大批外国人入居澳门，使澳门的经济结构发生了根本的变化，澳门的贸易功能降低了，消费功能增长了，过去出海贸易是经济的支柱，现在面向外侨的服务行业成为澳门经济的支柱。至 1827 年，大部分澳门葡人“藉他们的土地所有权的独占为生”，向各国来澳人员出租房屋，“澳门最近盛行房屋投资，现在留居澳门居民的唯一可行的资本投资办法就是出租房地产”。1832 年，仅外侨向当地居民支付的房租一项就超过了 3 万元。[②] 而难以估量的还有，仓库租金、代理佣金、租船运费以及常年居住在此的吃穿行乐等各项生活开销。这些均带动了澳门经济的复苏与发展。马士称：“葡萄牙人的贸易衰落了，但澳门地繁盛起来，它在中国人的监督下，变成各国与广州间贸易的基地。一切进口船只都在那里雇佣引水和买办，它们也从那里出发的方向；商人们在每季季末，都从广州商馆回到那里，并在那里等待下一季度的来临。”[③]

上述这些因素，反映到澳门城市发展方面，表现为澳门城市建设又重新活跃起来，西式建筑物发展较快，尤其是葡人居住区，“屋多楼居。楼三层，依山高下，方者、圆者、三角者、六角、八角者，尚诸花果状者，其覆俱为螺旋形，以巧丽相尚”[④]。在这一阶段，欧洲新的建筑风格——新古典主义传入澳门，具有代表性的建筑是沿着南湾的一排排楼宇和一条宽敞的海滨大道。这些建筑物有私邸，公司的货栈和政府官员官邸，建筑物正门一律向外开，构成较为划一、整齐的建筑群。

---

① 参见故宫博物院编印《清代史料》嘉庆三年（1932），第 2 页。

② 这几处引文等，参见［美］马士《东印度公司对华贸易编年史》卷 4，中国海关史研究中心译，中山大学出版社 1991 年版，第 162 页及［瑞典］龙思泰《早期澳门史》，吴义雄等译，第 49 页。

③ 参见［美］马士《中华帝国对外关系史》第 1 卷，张汇文等合译，第 50—51 页。

④ 参见（清）印光任、张汝霖撰《澳门记略》卷下《澳蕃篇》。

二　澳门城市发展之“澳门城”时期

19世纪中叶起至20世纪40年代，澳门的城市发展出现了一个新的局面：澳门城市发展突破澳门葡城的局限，向近现代都市逐步演进。城区扩展到整个澳门半岛及氹仔与路环部分地区，这个时期可称为“澳门城”时期。

导致这种转变的出现的原因是澳门经济结构的再次转变。在19世纪中叶前，澳门转型为来华外侨居留地，为其提供服务已经成为经济支柱。此后，澳门经济继续朝这个方向发展，逐步形成了现代以旅游博彩业为支柱的产业结构。这种结构的转变，意义深远，在城市发展方面，表现为城市空间上葡城被突破，澳门城区被扩展。因此，澳门由葡城发展成澳门城，进而发展成一座现代化都市。而且这种演变的模式还将继续下去，影响澳门未来的发展。这个发展过程，主要体现在以下几个方面。

（一）都市格局形成

经过近百年的发展，到20世纪40年代，澳门已形成了几个不同性质的功能分区。

第一，行政机关。主要在南环，议事亭前地及龙嵩街一带。

第二，工业区。主要分布在半岛西北部提督马路和青洲等地。提督马路一带是造船、木材加工、火柴、神香等厂的集中地，青洲则主要有水泥、酿酒、制酱油等厂。

第三，住宅区。半岛各地均有分布。半岛的南环、柯高路、荷兰园、东北部的二龙喉一带为葡人住宅区。白鸽巢公园以南一带沙梨头等地以及商业区外围是中国居民主要的住宅区，且历史较为悠久。以后，中国人居住区又向下西环妈阁一带拓展。在台山和筷子基有新开辟的住宅区，一式平房，主要为中国平民居住。

第四，商业区。以新马路和十月初五街为中心，包括清平街、康公庙前地、火船头路、营地街、草堆街一带。当时澳门最大的商业建筑如国际酒店、中央酒店、东亚酒店及百货公司、匹头洋货店均集中此间。还有金融银行、兑换银号和各类服务行业也在此开业。这一街区，酒楼相连，商店稠密，行人车辆往来如织，入夜灯红酒绿，通宵达旦。

（二）城区的扩展过程：从澳门葡城到澳门城

澳门城市的扩展，从以前的澳门葡城到扩大到整个澳门城，出于两方面原因：一是澳门葡萄牙人的武力殖民扩张：1846 年起，葡澳当局开始实行将澳门变为“绝对自治的殖民地”的计划，突破澳门葡城的界限，侵占界墙以北地区，到 19 世纪 80 年代，终于实现近占七村，远夺三岛的目标，占据了界墙以北，关闸以南的沙岗、新桥、沙梨头、龙环、龙田、塔石、望厦村以及氹仔、路环、青洲岛。中外居民陆续来到半岛北部地区定居，这一带出现许多中式和西式的房屋，开辟了多条街道，华人传统村落，变成了澳门城区的组成部分。二是填海造地。参见表 5。

表 5　　19 世纪 50 年代以来澳门填海造地一览

时间	地点	备注
1850 年	三巴仔横街与下环街之间	
1863 年	南湾与烧灰炉炮台之间	
19 世纪 60 年代初至 70 年代	清平戏院前临海地	华商王禄承担，填成清平直街、福隆新街、白眼塘等街区
1866—1910 年	北湾和浅湾	填成现在提督大马路、沙梨头、海边街、新马路西端、快艇头街、新埗头街、柴船尾街、福隆新街、宜安街、福德新街、下环正街等街区，使澳门半岛的面积扩展至 3.3 平方公里
20 世纪初至 1933 年	内港填海、氹仔填海	填成台山与筷子基；至 1919 年氹仔面积达到 1.5 平方公里，1927 年 3.48 平方公里

续表

时间	地点	备注
1923年至20世纪30年代初	拓宽妈阁至沙栏仔至莲峰庙的沿海边筑起的堤岸	筑成河边新街、火船头街、巴素打尔古街、海边新街、沙梨头海边街、罅些喇提督马路，河边新街至妈阁的南码头
20世纪20年代开始	路环填海	该岛从5.61平方公里，增至1927年6.662平方公里
1930年至抗日战争前	南湾	华商集资，填成殷皇子马路、友谊大马路等地区，与新口岸填海地相连

资料来源：据梅士敏著《澳门填海史话》（《澳门日报》1983年2月4日、28日）、吴志良、杨允中主编《澳门百科全书》及邓开颂著《澳门历史：1840—1949》（珠海出版社1999年版）相关内容编制。

总之，到1927年，澳门半岛因填海造地增加了约2.5平方公里的土地，等于增加了一个澳门。城区面积的扩大，对于澳门城市的发展具有不可低估的意义。

（三）城市道路网建设

城市道路网的建设大致可以分为三个部分：一是新填海地上的道路修筑。二是对旧澳门城街道的开拓和兴筑；三是望厦等原有近郊道路的开辟。参见表6。

表6　　19世纪40年代以来澳门街道开拓与兴筑一览

时间	街道	备注
1848年	关闸马路	从澳门界墙的水坑尾门起，经龙田村背后，出马交石、黑沙湾直达关闸，是葡澳当局向北扩界行动的一个重要组成部分
1863—1866年	连胜街	

续表

时间	街道	备注
1872—1874 年	若宪马路	
1872 年之后	福隆新街等	王禄陆续填成福隆新街、清平直街等地区，并在填海基础上筑成福隆新街等十多条街道
1879 年	龙环村	
1883 年	龙田村、望厦村	将龙田村编列马路门牌；开辟水坑尾、荷兰园正街；修筑望厦马路
1884—1897 年，1900—1904 年	高士德马路	
1893 年	青洲大马路	
1901 年	高士德马路	二龙喉马路连接嘉路米耶环形地
1910 年	达加马路、民国马路	
1910 年之后	提督大马路、沙梨头海边街、西湾街	
1912—1925 年		疯堂至高士德一带的交通网建立起来
1915—1918 年	新马路	到 1918 年与南湾相接，成为贯穿澳门东西的主要交通干线；使澳门的南北东西交通得以畅通，并且打通了大街与通天街、风顺堂街的道路联系
1919 年	田畔街、沙栏仔街和妈阁海边马路	
1924 年	木桥街和妈阁前地的马路	
1918—1919 年，1926 年，1937—1940 年	巴波沙坊陆续兴建	巴波沙坊附近的道路也开辟出来；巴波沙大马路也因此而起
1927 年	巴素打尔古街	经填海得以拓宽
20 世纪 30 年代	罗理基博士大马路	

这样渐渐地建立起有规则的城市道路网来，形成了以新马路、大街和高士德马路为中心的道路网的格局。但由于受到三面环海和丘陵地形限制，也有某些地段如半岛南部的风顺堂区和三盏灯一带，顺应地势和海傍，形成环状街道和放射状街道，这种交通道路网络结构充分反映了澳门城市中西结合的特征。

澳门半岛的地理条件，决定了其街道的特点，即西北东南走向的街道为短轴，东北西南走向的街道为街道框架的主长轴，长短轴相交，形成基本上是方格棋盘式的街道格局。东北西南走向的几条主长轴是：民国大马路—西湾街—南环街—水坑尾街—荷兰园正街，友谊大马路，罗理基博士大马路，河边新街—火船头街—沙梨头海边街—罅些喇提督大马路—关闸马路；新马路—殷皇子大马路是横贯全半岛的西北东南走向的唯一的一条马路。另外还有一些长度不足一公里的其他马路，如美副将大马路、雅廉坊大马路和高士德马路。其余西北东南走向的马路较弯曲迂回。

（四）澳门建筑风格

澳门建筑最大的特点是新古典主义建筑风格反映在公共建筑物上，如陆军俱乐部、水警总部、岗顶医院、峰景酒店和耶稣宝血女修院。与此同时，私人别墅建筑风格也有很大发展，继贾梅士花园建筑后，还有圣萨山庄和二龙喉宫等，它们都古朴壮丽，在欧洲建筑特色的外表之下，其内部乃采用中国建筑物之空间结构。20 世纪初开始建造的卢九花园，是一座港澳闻名的江南苏州式园林，园中池塘石山、亭台楼阁、廊榭厅堂、翠竹红荷、古榕苍柏，优雅怡人，具有浓郁的古典韵味。

这一时期在建筑中还出现了一种有特色的设计——连拱廊。这种既能缀景又实用的设计成为澳门建筑的一大特色，至今保留下来的建筑中仍可看出它的特别之处，这种设计使楼宇在线条上出现了变化，它往往以厚重的圆式砖墩、壁柱、灯座和铁栅相结合。

进入 20 世纪，随着结构力学的进步，再加上建筑材料的历史性改变（水泥的使用），从而使新建筑出现了装饰主义风格。如在 20 世纪二三十年代，新马路的一些建筑和1925年开辟的助学会学校都带有新几何艺术的特征。在20世纪三四十年代，现代派建筑最有代表性的是新马路的总统酒店（现在的新中央酒店）、国际大酒店和中葡学校。总统酒店和国际大酒店曾是全澳最有特色的建筑。伯多禄小学和中葡学校的建筑，采用简单的几何线条，无雕饰，反映出欧洲先锋派艺术对澳门建筑的强烈影响。不过它们仍或多或少地保留了一些古典成分。

综上所述，澳门城市发展经历了两个阶段：第一阶段，澳门葡城建设时期。这个时期，随着葡萄牙人海外贸易的兴衰及澳门城市功能的转型，经历了葡城建设的高速发展时期、停滞时期及转型时期。第二阶段，随着葡萄牙人在澳门的殖民扩张，澳门城市发展从葡城时期进入了澳门城时期，经过一个世纪的努力，澳门城变成了近现代都市。

原载《文化杂志》2007年第65期

澳门《知新报》与中国教育近代化

《知新报》是维新派于1897年创办于澳门的一份旨在宣传变法思想、开启民智的报刊，是维新派在华南地区的喉舌，与当时上海的《时务报》和湖南的《湘学报》一起形成鼎足之势。它广泛记载了维新变法前后的大量社会史实，像社会的一个缩影，真实地把当时的社会状况再现给后人，为后人研究历史，揭开历史的本来面目提供了第一手资料。当时先进的思想、精当的言论、敏锐的社会洞察、大胆的政治批判贯穿于这份报纸的始终。它是维新派进行教育制度改良、培养新型人才的宣传阵地，在中国近代教育史上亦有相当重要的地位。学术界对澳门《知新报》的研究取得了许多成果，但是，对它在中国教育近代化过程中的历史地位，还是有进一步重视的必要。① 本文将从下列三个方面进

---

① 近年来，对《知新报》的研究备受重视，澳门基金会于1999年将其重新影印出版，为对其进行研究打下了基础。目前，研究工作有以下几个方面：从新闻史的角度来看，各种新闻史著作如戈公振《中国报学史》（上海书店1990年版），陈玉申《晚清报业史》（山东画报出版社2003年版），邓毅、李祖勃编《近代岭南报刊史》（广东人民出版社1998年版），方汉奇主编《中国新闻事业通史》（中国人民大学出版社1999年版），杨光辉等编《中国近代报刊发展概况》（新华出版社1986年版）等，均有一定的篇幅来介绍它。从其对西学的介绍与引进方面来看，如沈晓敏《略论〈知新报〉会通中西文化的思想》（《学术研究》2004年第7期）；董贵成《〈知新报〉对科学技术的宣传》（《山东科技大学学报》2004年第4期）、《维新派报纸对科学技术的宣传：以〈时务报〉〈知新报〉为舆论中心》（《自然辩证法研究》2005年第2期）；郭明容《浅谈澳门〈知新报〉的进步作用》（《四川师范学院学报》1999年第4期）等。对《知新报》进行整体研究的成果有，如汤仁泽《维新运动时期的澳门〈知新报〉》（《史林》1998年第1期）；徐新《中国新闻报刊的先驱——澳门〈知新报〉的成就与康广仁、何廷光的贡献》（《比较法研究》1999年第1期）；李宗桂《再谈文化名人与文化发展：以魏源、康有为、梁启超在澳门的活动为例》（《中山大学学报》2002年第1期）。研究《知新报》重要人物的，如汤志钧《丘菽园与康有为》（《近代史研究》2000年第3期）；张筱琮《同一苍黄路　英雄识所归：丘逢甲与丘菽园交往之初探》（《韩山师范学院学报》2000年第4期）；沈成飞《徐勤早年活动评述》（《广东史志》2003年第3期）；王明德《论康广仁》（《沙洋师范高等专科学校学报》2003年第3期）等。有研究其所刊诗词的，如左鹏军《澳门〈知新报〉所刊诗词考论》（《岭南文史》2006年第2期）等。

行研究：一是该报的创办与发展过程，二是《知新报》在澳门及中国报业史中的地位，三是《知新报》与中国教育近代化。

一　《知新报》的创办与发展

（一）创办《知新报》的缘由

《知新报》的创办者是以康、梁为代表的维新派。他们从西方资产阶级那里借用了进化论和社会政治学说，作为思想武器，对恪守祖训的封建顽固思想和只学西方技艺、反对西方政治制度的“中体西用”论调，展开猛烈的批判。他们于1895年创办了《万国公报》，同年11月在北京发起强学会，为了加强声势，随后在上海创立强学会的分支——上海强学会。1896年12月，群英荟萃的《时务报》一纸风行，所有这些工作都是在为维新变法作舆论准备。《知新报》亦是维新派进行变法宣传的一个重要阵地。关于其创办的必要性，吴恒炜在《知新报缘起》中说：“报者，天下之枢钤，万民之喉舌也。得之则通，通之则明，明之则勇，勇之则强，强则政举而国立，教修而民智。”[①] 正是因为报纸具有解蔽达聪、去塞求通的功能，所以维新派再三呼吁中国应该学习西方，广设报馆，以求国家昌盛。梁启超“齐州之大，神裔之系，而华文之报，未及三十，致远恐泥，可观者希。自曩时有翻述西国近事，格致汇编，惟彼二种，颇称美善。虽匪语于大备，乃有助于多识。”[②] 鉴于此，维新派在岭南地区先后出版了《知新报》《岭学报》《岭海报》《博闻报》《天趣报》《时敏报》《广智报》等一大批维新报刊，介绍西学，以宣传变法理论。

其创办在当时也出于现实的紧迫性，吴恒炜在《知新报缘起》中批评当时粤省各报刊“淆变是非，指鹿以为之马；艳说骈丽，购椟而还其珠，徒陷人心，徒堕风化，徒害政术，徒芜教学，徒亵国体”[③]。

① 参见吴恒炜《知新报缘起》，《知新报》第3册，澳门基金会、上海社会科学院出版社1996年版。

② 参见梁启超《知新报叙例》，《知新报》第1册。

③ 同上。

因此他明确宣布："今之作者……译环球之近事，异闻必录。不袭陈言，利病备陈；无取深讳，倡提圣学；无昧本原，采译新书，旁搜杂事。审其技艺，穷其新理，则明者誓不抱曲学而愈愚矣。察其土俗，知其形势，则通者势不泥旧章而解蔽矣。明其法律，谙其机权，强者势不执成法而振弱矣……"①

（二）其创办地——澳门

梁启超在《知新报叙例》中说："濠镜海隅，通商最早，中西孔道，起点于斯，二三豪俊，继倡此举。"② 这就说明选择澳门办报首先占据了消息灵通的地理环境和宽松的社会环境。《知新报》的经理何廷光和康广仁都是澳门历史上的豪俊。其次，澳门是葡萄牙的租借地，少了清政府的干扰，为其提供了相对自由的言论空间。再次，它能够顺利创刊，除了康有为、梁启超不遗余力的筹划，主要还是得益于当时澳门葡籍华裔官绅的大力支持，通过招股集资来筹措办报经费，当时不少在澳的葡籍华裔官绅纷纷入股，最终"集股万元"，"至其股东，则皆葡之世爵，澳之议员，拥数十万者也"③。梁启超甚至表示："此事欲以全力助成之，令彼知我实能办事，则它日用之处尚多也。"④

除此之外，在澳门开设报馆的成本要远远低于上海。"此间饮食起居，一切皆省于上海，翻译人乃自行报销，领薪水极薄，主笔亦不必从丰，故易易也，馆设在大井头第四号洋楼，其地之大，仿佛鸳湖金公馆，而租钱仅十五元，令我妒杀，近日报务日兴，吾道不孤，真强人意。"⑤ 这就为《知新报》的顺利刊行，提供了坚实的物质基础。这些有利条件，使《知新报》成为维新派发行时间最长的一份报纸。

---

① 参见吴恒炜《知新报缘起》，《知新报》第3册。

② 参见梁启超《知新报叙例》，《知新报》第1册。

③ 参见上海图书馆编《汪康年师友书札二》，上海古籍出版社1986年版，第1846页。

④ 同上。

⑤ 同上书，第1856页。

（三）其创办发行过程

其创刊号发刊于光绪二十三年正月二十一日，即1897年2月22日，停刊于光绪二十六年十二月一日，即1901年的1月20日，前后共出版一百三十三册，中间缺失第一百一十六期，各地图书馆、档案馆均无收藏。该报最初为五日刊，自光绪二十三年五月初一日，即1897年5月31日出版的第二十册开始改为十日刊，篇幅比以前增加一倍，从光绪二十六年正月十五日，即1900年2月14日出版的第一百二十册开始改为半月刊。在这3年多的时间里，它充当了维新派在华南地区的喉舌，对当时的社会舆论环境产生了很大的影响。

1896年11月，康有为由广州抵达澳门，鉴于报纸对宣传变法的重要作用，同时也是为了配合上海的《时务报》，形成南北呼应之势，遂决定在澳门创办一份维新报刊。维新派从此开始开始筹建该报。其一些具体情况，从梁启超于光绪二十一年十一月十七日（1896年1月1日）寄给汪康年的书信中可以得出大概："澳报已成，集股万元，而股商必欲得弟为之主笔。弟言到沪后常寄文来，而诸商欲弟到澳一行，是以来此。"[①] 这是1896年11月梁启超回粤探亲时转赴澳门时写的。信中说："此间人皆欲依附《时务报》以自立，顷为取名曰《广时务报》，中含二义，一、推广之意；一、谓广东之《时务报》也。其广之之法。"[②]《时务报》于1896年8月9日创刊，一纸风行。《知新报》的创办要以《时务报》为蓝本，形成南北呼应之势。

它在康有为的亲自领导和梁启超的帮助下创办，总理为何廷光、康广仁两人。馆址设在澳门大井头街四号，由三水何树龄、徐勤，番禺韩文举、王觉任，新会梁启超，顺德吴恒炜、刘桢麟，南海陈继俨，孔昭荧等人任撰述。徐勤任主笔，梁启超是通讯主笔，担任外文翻译的英文有周灵生、甘若云，葡文有宋次生，德文有沙士，法文有葡人罗渣，日文有唐振超（后改为山本正义），康有为的女儿康同薇也参加了该报的日文翻译和编辑工作。这些人基本上是康有为的学

① 参见上海图书馆编《汪康年师友书札二》，第1846页。

② 同上。

生、《强学报》的原班人马。他们对《知新报》的工作不遗余力，在华南地区开辟了一块宣传维新变法思想的阵地。

其内容涉及政治、经济、思想的很多方面。大致以戊戌政变为分水岭，前后两个时期的言论侧重点有所不同。政变前，维新派把改革希望完全寄托在没有实权的光绪皇帝身上，政论文章语言较为缓和，主要围绕当时社会状况提出针对性的改革建议，大量介绍西方的社会状况，揭露帝国主义侵略中国的真实面目，揭示中国贫穷落后、被动挨打的现实状况，为变法作思想准备。政变后，维新派把矛头直接指向以慈禧太后为首的顽固派，《知新报》对慈禧太后的专制夺权、扼杀维新变法、囚禁光绪皇帝的行径进行了猛烈的抨击，语言犀利，认为中国要维新变法必须扫除慈禧太后这个最大的障碍，并希望光绪皇帝重掌政权。政治色彩极为浓重，社会危机感加强，迫于政治压力，这一时期的政论文章不再署名。

就总体而言，《知新报》分为“论说”“上谕”“近事”“论西国政事”“译录西国农学、矿政、商务、格致等报”诸栏，并在发行过程中不断加以调整。版式与《时务报》相仿。

（四）其主要办报人

何廷光，总理，字穗田，广东香山人，少入葡萄牙籍，后成为澳门巨商。此人思想开放，慷慨好义，对维新变法和革命事业先后给予大力支持和资助。孙中山在香港大学学医时就曾得到何廷光的大力支持和援助，孙中山因精通医术，治愈了他们久病的家人。1892 年孙中山在香港西医书院毕业后，在何廷光的鼓励下，在澳门开业行医。何廷光当时在镜湖医院任值理，向澳门社会各界大力推荐孙中山，并盛赞孙中山医术高明，性情和厚，学识精明，还多次在《镜海业报》上刊登广告，表彰孙中山的崇高医德。1896 年，康有为到达澳门进行维新宣传，并广交澳门富商，希望得到资助，何廷光慷慨解囊，资助其创办《知新报》，与康广仁并列总理，实际上是掌握大权的董事长兼经理。康有为在评价何廷光时说：“穗田慷慨好义，力任报事。”当时《知新报》阵容鼎盛，“撰述”和“翻译”达到 14 人之多，国内外的发行代理点达 40 处，行政事务繁忙，财务开支庞大，其中何廷光承担的责任最大，所以《知新报》能在澳门名噪一时，与何廷光提供的雄厚经济支持是分不开的。与此同时，他还帮助康门弟子陈子褒、张寿波等在澳门设立学校，兴办教育事业，为澳门的现代教育事业奠定了基础。

戊戌政变后，《知新报》成为仅存的几家维新报刊之一。1898 年 7 月 20 日，康有为在加拿大成立保皇会，并将《知新报》和《清议报》定为保皇会的机关报，澳门改良派人士积极响应，组成保皇会澳门分会，由何廷光担任会长，后保皇会设于澳门，要求华侨将给予保皇会的捐款汇到澳门，并推举何廷光为大总理，总管财政。1899 年，何廷光在澳门筹办东文学校，聘日本人田野橘次为保皇会培养人才，还组织中外人士作变法演说的“澳门茶谈社”，这是保皇党在澳门的全盛时期。1900 年，因保皇党内部管理混乱、部署欠密，自立军起事失败，同时也暴露了康党侵吞华侨捐款的内幕，何廷光为此心灰意冷，遂与康党疏远。而康党也把何廷光当作外人，加以防备。1900 年 7 月，《康有为致徐勤书》中责怪徐勤没有把款项的支出及时地向他汇报，致使贻误大事，徐勤性急，遂将此事告知何穗田，康有为更为恼火：“此等握责汝与镜之事，岂可告穗……又办支数一事，盖皆汝等告穗为之，吾与汝等何事不责，正谓其信之深，爱之笃，否则以虚言外礼……此等内事，岂可告穗而生支离乎？”①

1903 年，康有为请令十八省开商务局，“现在上海、广东善堂中，公举通达时务，殷实商人试办”，“广东商务七十二行，即举何穗田为总办”②。消息传出，高山表示反对，他在给康有为的信中说，“穗田之忠义，夫谁不知，固吾党之重要人物。然人各有所长，亦各有所短。穗田之性质才调，皆不合于商人之资格，人人所共之，不能为讳，而以之任总理，人心必不悦服。而且为穗田计，强自己以不能，则事必败，事败则受众怨，反失从前之名誉，亦非所以保全穗田之地位之道”；“至谓穗田，虽非商才，而其名誉可以镇压得来，此又

---

① 参见上海市文物保管委员会编《康有为与保皇会》，上海人民出版社 1982 年版，第 147 页。

② 同上书，第 214 页。

今夕异势未必能然。今海外大率已知穗田底蕴，且因讼事更为新着，则人人虽信穗田义侠，而亦知其困乏……财权在握，安保其必不借用……故弟子竭力反对此议，仍以别选他人，务得其当”①。这段话反映了何廷光在这一时期的境况，家财散尽，虽名声在外，难免被猜疑、排斥。

康广仁，字广仁，号幼博，以字行。康有为之弱弟，“戊戌六君子”之一。1867年生于广东海南县苏村，幼年丧父，家道衰弱，饱尝了生活的艰辛。从小受到其兄长康有为的谆谆教导，对新思想耳濡目染，成人后不愿意走科举仕途的老路，颇有抱负。“以为本国之弱亡，皆由固塞人才所致，故深恶痛绝之，偶一应试，辄弃去”②。1892年春，在浙江杭州府辖下谋得一巡检小司的小官，“终以阅历宦场，耻其卑屈，挂冠而去”③。同年，在梁启超的引荐下结识了江浙名流汪康年，日后两人在上海多次共事。“康君幼博，长素先生之弟也。为贫士于浙，居两广馆，能读西书，练于时务，欲见浙中长者，今谨奉介门下。”④

康广仁凭借其出色的才能和对维新思想的热情遂成为康有为的得力助手。1896年，康广仁在澳门被委以办报重任，筹办报务之际，听说梁启超此时在家乡新会省亲，就直奔梁家，邀请梁去澳门共商办报章程。康广仁还曾为此事给汪康年写信：“穰卿先生足下：阔别四载，怀想何以，日月既逝，山河非昔，曷胜浩叹，比在澳门成一报馆，卓如在此稍有勾留，部署略定，便即放行，断不久留，至碍沪事。文字已促其拟就付上。”⑤

在梁启超和康广仁等人的操办下，报业工作顺利展开。《知新报》出版后，康广仁任总理。它人才济济，阵容强大，文笔犀利，深通时变，激人奋起。它极力鼓吹变法，着意阐发康有为的变法理论，推介康有为的著作，刊登康梁奏折，报道新政时事，言《时务报》不敢言

① 参见上海市文物保管委员会编《康有为与保皇会》，第214页。

② 参见汤志钧《戊戌变法人物传稿》上册，中华书局1982年版，第126页。

③ 同上。

④ 参见上海图书馆编《汪康年师友书札二》，第1573页。

⑤ 同上书，第1669页。

之言，在许多方面具有战斗性特色，被时人誉为“济时之利器，导风气之先声，破拘墟之成见”①。《知新报》能取得如此成就与康广仁的努力是分不开的。

康广仁在该报上共刊登过两篇文章，其一《吕宋华民托西班牙保护文书后》，其二《联英册》。其中《联英册》最能体现康广仁的变法思想。1898 年，德国抢占胶州湾，俄国强行租借旅顺，英国欲占据长江，瓜分大祸迫在眉睫，以康有为为首的维新派频频上书痛言国事。康广仁的《联英册》颇能反映当时维新派的外交路线。文章反对后党和顽固派的联俄主张，认为“惟有英、日、美是可以联合的对象”，尤其是英国“真救人之国也”②。在出版《知新报》的同时，1897 年 11 月他在上海开办大同译书局，自己担任经理。这个译书局计划将世界各国有关变法内容的书籍译给国人，以供人取法参考。

康广仁对教育事业的发展一直不遗余力。该报工作刚走上正轨，康广仁又在上海倡设女学堂，欲“振两千年之颓风，拯二兆人之吁命”③。他认为在中国进行改革最重要的就是改革中国的教育，变科举，废除八股制，吐弃守旧荒谬之学，讲求实际有用之学，为变法培育新的人才基础，开创新的人文环境，形成一种全新的思想意识。他在给汪康年的信中说：“如果学校未兴，民智未开，人才未举，虽海舰倍于英，铁路多于美，陆军强于德，亦将以穷其民，而败其国而已，盖船则驾驶无人，路则工料俱乏，军则教习器械俱仰外国。”④

开办女学就是要把妇女从精神奴役中解放出来，需要有极大的勇气来冲破世俗观念的束缚。当时，守旧的观念舆论、经济和物质方面的压力从四面八方围攻而来，但是康广仁坚持主张：“此事无论如何，亦惟有稍将就之，以为女学堂根基而已。”⑤

1898 年 3 月，梁启超带病由湖南入京，由于康广仁颇懂西洋医

---

① 参见《江西布政使司翁饬全省阅时务知新商务各报》，《知新报》第 27 册。

② 参见康广仁《联英册》，《知新报》第 45 册。

③ 参见汤志钧《戊戌变法人物传稿》上册，第 126 页。

④ 参见上海图书馆编《汪康年师友书札二》，第 1669 页。

⑤ 参见张元济《戊戌六君子遗集》，商务印书馆 1917 年版，第 616 页。

术，而且和梁启超又是挚交，因此陪同梁一起进京显得义不容辞。康广仁在写给好友何易一的信中说："弟此次三月来京，其实专为卓如病，以伯兄爱之，故弟护视其病，万里北来，亦以卓如固请不能却之。"① 正是这次入京，康广仁竟踏上了一条不归路。八月政变，康广仁被捕，一直到戊戌变法，康广仁死难。所以梁启超对此事愧疚不已。

徐勤（1873—1945），主笔，字君勉，广东三水县人，庠生出身，康有为大弟子，维新派的报刊活动家之一。1890 年 8 月，正式拜康有为为师，受业于万木草堂，在此期间曾多次周济同门中生活困难的同学。1895 年在上海创办《强学报》，出版仅两期即停。1896 年，协助梁启超办《时务报》，在该报上发表《中国除害议》一文，抨击科举制度，受到张之洞的干涉，文未刊登完而中辍。1897 年随梁启超赴长沙时务学堂教习。

徐勤先后在《知新报》刊登了 23 篇文章，其中最有名者为《地球大势公论总序》，谓古今中外，其变有三："由大鸟大兽之世，而变为土司之世，其变一；周秦之世，……，由土司之世，而变为君主之世，其变二；百余年间，智学竞开，……由君主之世，而变为民主之世，其变三。故接地球之旧俗者，亚洲也；开地球之新化者，欧洲也；成地球之美法者，美洲也。欲平天下之政，定天下之制，经天下之民，易天下之俗，而不审古今之变，中外之势，是犹治河而不知溯源，理财而不谙会计，医者而不辨状脉，治兵而不识行阵者也。"② 又论日本变法三十年而兴，中国变法三十年而败。而日本倡正名义，变法以后"易旧俗，变西法，开国会，定自主诸政事"，此日本自强之故也③。他揭橥合群之要，谓："合群之义有三：言政则议院，言学则学会，言商则公司，之斯三者而已。然学校不兴，科举不变，民智未开，国是未定，则议院末有开也；例禁未除，人心未定，举国顽嚣，知学者寡，则学会未有开也；若夫商务公司之设，则较二者为易易

① 参见张元济《戊戌六君子遗集》，商务印书馆 1917 年版，第 601 页。

② 参见徐勤《地球大势公论总序》，《知新报》第 2 册。

③ 参见徐勤《论日本自强之故 · 地球大势公论一之三》，《知新报》第 20 册。

矣。百工居肆以成其事，终日营求以谋赢绌，一省之中有会馆焉，一行之中有会馆焉，所聚之众有多至十数万或千数百者，其势之易成，其人之易合，固非学会议院所能比例者也。”他还认为“欲易立新法，强中国，开民智，而为今日之急用者，则莫西政若”，“西人之学，最重图表，技艺测算多用图学，政学、商务多用表学，列国政要岁计政要之书，表学也，通今最要之书也”①。

戊戌政变后，徐勤跟随康有为逃到日本，协助康有为成立保皇会。不久被康有为推荐为日本横滨大同学校校长，大力推行维新变法的宣传工作和组织工作，亲自撰写《日本横滨中国大同学校记》，规定了学校的教育方针、教学宗旨，制定了校规，在旅日华侨中影响很大。1899 年，在美国旧金山与梁启超创办保皇党机关报《文兴日报》。1900 年 7 月，义和团起义，八国联军攻占北京，徐勤受康有为派遣，在海外筹集经费，支持唐才常自立军，声援京师反帝爱国正义斗争。

1904 年，他与伍宪子在香港创办《香港商报》，同民主革命派的《中国日报》就革命与保皇问题展开辩论。1907 年，赴新加坡主持《南洋总汇报》，与革命派的《中兴报》进行论战达两月之久。失败后前往广州，创办《国事报》，继续同革命派报纸进行争辩。辛亥革命后在天津作寓公。1927 年组织民主宪政党，赴墨西哥等国整顿原保皇党在海外经营的企业。1945 年去世。

徐勤作为康有为的大弟子，深受康有为的信任。戊戌政变的危急时刻，康有为作两封遗书，其中一封交给徐勤，康在信上说：“吾以救中国，故冒险遭变，竟至于毕命也。然神明何曾死哉！君勉为烈丈夫，吾有老母，谨以为托，照料吾家人，力任大道，无怠变也……”②这是康有为在临危之际，所能想到的最可靠的人选，足见其对徐勤的信任。1912 年年底至 1913 年年初，徐勤被侨胞选为国会议员，由美归国，途中转道拜谒康有为，康有为为此很是感动，满怀深情地说：“贤哉，勤也!”并赠给徐勤四件“宝物”：日本五百年前宝刀、高丽

① 参见徐勤《丁酉列国岁计政要序》，《知新报》第 24 册。

② 参见陈汉才编著《康门弟子述略》，广州高等教育出版社 1991 年版，第 24 页。

千年古镜、埃及金字塔六千年古石、马丁路德滑卜垒图之铃，并在四件“宝物”上分别写了序文，来鼓励徐勤。

当然，康有为和徐勤之间，因康有为猜忌的性格和徐勤急躁的性情，也经常出现摩擦，特别是1900年徐勤在国外筹集资金支持自立军时。宣统元年夏，康有为拟派许文惠入美办会事，九月二十五日（1909年11月7日），徐勤上南海先生书曰：“夫子虽极明察，决未有相去数万里而可遥制者。此后如欲用弟子，乞切勿乱发电，乱派人，乱发函。各埠既信弟子，则他日大局或可挽回，弟子不居功。如大局更坏，则弟子当负责任。若事事遥制，日日变卦，则弟子决不办事矣。”①

除以上人物外，其他撰述人物还有吴恒炜《知新报缘起》《知新报叙例》。梁启超《致五星使书》《论美国华工六事》《西政丛书序》《说群自序》《说群一・群理一》《复陕西刘古愚山长书》《复友人论保教书》《新学伪经考序》《南皮先生赐寿记》《三先生传》《万木草堂小学学记》《日本横滨中国大同学校缘起》《说动》《万木草堂书藏征捐图书器启》《公车上书请变通科举折》《保国会演说》《创办时务报源委记》。何树龄《爱同类说》《论今之时局与战国大异》《论实学》。孔昭炎《论中国变法之害》《改管制莫先于翰林院论》。王觉任《论列国息争之公理》《寝兵说》《开储材馆议》《增广同文馆章程议》。韩文举《万国公政说》《国朝六大可惜论》《治始于乡说》《推广中西艺学说》《童蒙艺塾说》。刘桢麟《地运趋于亚东论》《地球六大罪案考总序》《论暹王出游》《论中国宜开赛会以兴商务》《论德人寻衅于中国》《论中国守旧党不如日本》《论今日西学当知急务》《公羊学问答自叙》《恭读上谕开经济特科书后》《论西学与西教无关》《论各省善堂宜设工厂以养贫民》《澳门禁鸦片烟分会序》《论变科目宜并变考官》《顺德逢简卿拟设公书会公启章程》《译书局末议》《实学始终空言说》《美德宜力保大局说》《英日宜竭力保中说》。黎祖建《说任篇上》《说任篇下》《驳龚自珍论私上》《驳龚自珍论私下》《弱为六极之一说》《说通篇一》《说通篇二》《论各国当以仁心维持

① 参见汤志钧《戊戌变法人物传稿》上册，第222页。

大局》《说通篇三》。欧榘甲《变法自上自下议》《论中国变法必自发明经学始》《春秋公法自序》《泰晤士报论德据胶州事书后》《蒙学举隅序》《南海先生五上书记序》。萧开泰《详论制造火铳始末书》。陈继俨《论粤人不知变之失计》《论自强军逃亡》《南海九十六乡倡办不缠足会叙》《忧教说》《前明科举说》《论中国今日联欧亚各国不如联欧美之害》《保教末议自叙》《论德人据胶州湾》《军机会同兵部议覆武特科折书后》《论中国拘迂之儒不足以言守旧》《说丕但》《伸民权即以尊国体说》《中国不可开议院说》《整顿刑狱私议》。张寿浯《论中国不能变法之由》。康同薇《论中国之衰由于士气不振》《女学利弊说》。吴克倬《游学宜选大臣论》《整顿福建船厂议》。林旭《春秋董氏学跋》。麦孟华《公车上书请办德人拆毁山东孔庙折》。

二 《知新报》在澳门及中国报业史中的地位

（一）发行与读者

《知新报》创刊后不久，便声名鹊起，畅销全国，影响极大，发行至北京、天津、烟台、太原、开封、西安、成都、贵阳、武昌、汉口、长沙、南昌、九江、南京、扬州、苏州、无锡、上海、杭州、福州、桂林、广州、佛山、香港等40埠，53处，仅广州一城就有龙危北约九经阁书坊、双门底圣教书楼、永清怡安纸店、油栏门鸿安栈、第七浦博文报、十三行同昌纸店、新基正中约协茂昌信馆、十八浦保和堂西药店等处，省内佛山、石岐、人良等地都有派报点。香港也有上环海傍和昌隆、中环维盛、西营盘博济堂、中环聚珍四个派点。它还远销旧金山、东京、横滨、神户、新加坡等海外城市。不仅在维新人士和进步民众中声誉很高，甚至连清朝的一些官员也称赞它“深通时变，尤能激励奋耻，博深切明。其所译西国政事，以及农商化学电等学，足见泰西富强之本，而非剿袭讹传，岂可废而不学”，“并通饬各府、厅、州、县暨各厘卡委员一体遵照”①。杭州官员也要求下属州县购阅《知新报》和《时务报》，“若兼采此报，互证参观，于论证

① 参见《广西洋务局奉史丞饬全省阅〈知新报〉札》，《知新报》第55册。

论学，更有裨益。为此特札该州、县，将《知新报》各购阅，其城乡书院，另行筹款多购，以供诸生流览”①。

日本人柴田荣七也喜欢读该报：“尤喜读贵国近时各报。自获读大报以来，将半载矣。方今海内外争读大报者，一时远近传钞，奚止洛阳纸贵！”②

戊戌政变后，康有为在侨商李富基等人的支持下，于1899年在加拿大创立了保皇会。紧接着，南洋、欧美、澳洲华侨纷纷响应，在各地成立了100多个分支机构，公推康有为为保皇总会会长，梁启超、徐勤为副会长，康有为在亲拟的《保救大清皇帝会例》中规定：澳门《知新报》、横滨《清议报》皆港澳、日本忠义殷商合股所办，主持正论，激昂钟爱。博海共信。今公推为总会所，两报即为本会之报。凡同志皆阅此二报，各埠捐款，皆汇《知新报》《清议报》妥收。③ 可见康有为不但把《知新报》作为保皇会的宣传机关，而且还将它作为保皇会的“总会所”之一，负责接受捐赠和办理“会中各事”。康有为还要求保皇会会员皆要订阅《知新报》，“以知本会之事”。

（二）《知新报》的影响

《知新报》是澳门第二份中文报纸，是维新派在华南地区的喉舌，无论在澳门报业史还是中国的报业史上都占有一席之地。它以宣传变法维新、君主立宪的改良主义为宗旨，尤其重视政论，经常刊登外国政情和最新技术发展的文章，成为中国南部宣传维新变法的重要阵地。澳门远离清政府的统治中心，思想言论相对比较自由，它所刊登政论文章大多体现了新思想对旧思想的猛烈批判，冲破了封建思想的牢笼，起到了思想解放的作用。同时，外国政情和最新技术的发展的报道，及时填补了驱逐旧思想后的空缺，开阔了人们的眼界，启迪了国人的智慧，激发了国人向西方学习的勇气和信心。

---

① 参见《杭州府林太守饬属购阅〈知新报〉札》，《知新报》第48册。

② 参见《日本狂论》，《知新报》第34册。

③ 参见上海市文物保管委员会编《康有为与保皇会》，第37页。

戊戌政变后，康、梁被迫亡命海外，内地的各种报刊迫于清政府的压力，也都销声匿迹，而澳门的《知新报》利用特殊的环境，继续宣传维新运动，并刊登维新人士的化名文章，反击以慈禧太后为首的封建顽固势力，同时发表了许多悼念死难烈士及总结变法历史经验教训的文章。因此，比起同时期的维新报刊，它十分完整地记录了维新变法运动兴起、中挫、苦斗以及稍后转向的全过程。澳门《知新报》既是港澳近代报刊的先驱，更是维新运动的历史档案。

三　《知新报》与中国教育近代化

19 世纪中叶以来，中国受到西方强大的冲击后，传统教育空疏无用的弱点暴露无遗。政治、经济制度的衰弱，决定了晚清教育的制度、内容、形式都无法适应新形势的要求。中国传统教育出现了官学完全成为科举考试的附属，书院难以为继，私塾每况愈下等局面。进入晚清时期，一批有识之士，如龚自珍、林则徐、魏源等和洋务派官僚，如李鸿章、张之洞，他们都曾主张改革科举制度的问题。但是，中国教育真正进行改革，走入近代化，是在维新运动时期。而《知新报》作为维新派的喉舌，也随着维新运动的展开而对中国教育近代产生了影响。《知新报》对中国教育近代化的影响，从本质上来说就是维新派对中国教育近代化的影响。维新派对中国教育近代化的影响主要体现在以下方面：首先，在思想上，通过大声疾呼，宣传教育改革的主张。维新派对于旧的教育制度、教育思想大力批判，维新派要求废除八股制度，改革科举制度，提出新型的人才观，阐述西学的重要性、人才的重要作用等，提出了大量鲜明而深刻的观点，启迪了人们的智慧，开阔了人们的视野，为摆脱旧式思想的束缚作了思想和舆论的准备。《知新报》的编者为发展教育，通过各种学会、商会、公司及其他社会团体将人们组织起来，在京师及各省新闻中，集中报道了各地创设新式学堂、各种团体的情况，并详细刊载了各种章程、规则，对于新式教育的宣传、发展起了很大的推动作用。

其次，在实践上，对各地书院改学堂、新式学堂创办的报道，以及对这些新式学堂的章程、规则的刊载，一方面是对旧的教育的彻底否定；另一方面是极大地宣传了新式教育，推动了教育改革的浪潮，推动了我国近代教育事业的发展。据统计，从1895年到1898年戊戌变法前夜，维新人士在全国设立的学堂达到19所之多。戊戌维新教育运动直接促进了教育事业的发展。由戊戌维新而开始的兴办新式学堂之风，以后仍长盛不衰。

（一）教育改革的新举措

1. 书院改学堂

《知新报》上记载了大量关于书院改革的史实。例如光绪二十三年二月初六日，《课算章程　广西书院添设算学季课》记载如下："一算学为六艺之一，岂能废而不讲？欲通格致制造及一切技艺之学，皆从算学始。近日各直省多有精通算学者，广西人文蔚起，自不乏留心时务之士。兹创设算学一课，以觇实学而拔真才。一各直省皆有专课算学之地，近复有学堂之设。筑室延师，固为当时急务。第广西经费支绌，筹备需时，缓不济急。查经古书院为讲求实学之所，理应附入。事既简便，且归划一。一通晓算学，人数无多。此课盖为储才备用而设，无论外省本省，举贡生监童生，但能通晓，即可应课，不分畛域，以示大公。一算学一课，既附入经古籍书院，所有请题收卷发榜发卷一切事宜，自应归经古书院监院经理，以专责成。一课期宜仿照广东学海堂章程，分为四季。每季由抚宪命题，限一月内缴卷，迟则不录。一算学课卷，须绘图演式，与应考文字不同。课卷应宜自备，交卷时由监院盖用钤记，随给回考生小票一纸。榜发后，凭票领回课卷及奖赏。一算学为育才之举，自应优给奖赏，以励向学。名次分为三等，上取四两，次取三两，又次取一两五钱，视课卷之优劣，以定每等之多少。其并不通晓者，概不列等，以示限制。一每季算课，分问算数、算理、天文、时务四项。算数必须合问。算理必发其所以然。天文已包括算学之内，必须实测，不得以灾异占验之言阑入。时务当求实济及可行之法，不得泛论无归。以上四项能全通晓者，故列上取。如不能全晓，而别有精到处者，亦可取列，贵精不贵多也。一算学灏如渊海，何从问津，宜先讲求入门之法。《御制数理精蕴》，融会中西。若能究心三月，即可全部通晓，至若代数术，为通微分、积分、重学、光学、声学、化学、力学、汽学一切格致艺学之门径，不可不学，通晓亦复不难；又宜兼习《几何原本》。此书有图有说，精妙无伦。精通算学之西人无不专之者，《御制数理精蕴》亦以采录。惟略而不全，欲读此书，另有专本，此为最要之书。不通此书，不足言算学也。一算学为培养真才起见，发榜领卷之日，必须本生亲到领卷及奖赏，山长当考问，以觇见地。如能贯通算学，志趣远大者，即可聘为教习，引导来学，以示优异。一广西虽经费支绌，未设学堂，但三年学成，如有精通算学者，岂能令其守株一隅，所学而非所用？届时自然应禀请抚宪，咨送京师同文馆肄业，或咨送各省学堂以期大用，而收实效。一算学必须指授，乃能通晓，广西灵秀所钟，自有其人。考生能自择师，群聚讲习，三年之久必大有可观，风气之开，肇端于此。勿拘故习，勿惮烦难，有厚望焉。”①

温州瑞安计是光绪乙未，瑞安同人在邑中设立的一所新式书院，目的是“皆以甄综术艺，培养人才，导厥涂彻，以应时需”。学计馆开设后，主要学习算学，并把算学作为致用之本，算学作为“小学，六艺之一端，而造乎其微，则步天、测地、制器、治兵，厥用不穷。今西人所为挟其长以雄视五洲者，盖不外是”。瑞安学计馆专为童艺而设，孩童开始学习算学，这是课程改革的一项重要举措，该书院还改变了尚文轻理的学风，“文理较优”者优先录用，推行“文理并重”的学规。②

光绪二十三年五月初八日，梧州洋务局奏请《变通书院兼课算学折》，旧有的书院纷纷进行变通，添设西学课程，购置仪器，以励实学。如《梧州洋务局复详变通书院兼课算学文》：“皇上继武前徽，于京师创设同文馆之外，近且发款改疆学书院为官书局，多购图书仪

① 参见《课算章程》，《知新报》第16册。

② 参见《温州瑞安学计馆程规》，《知新报》第6册。它是迄今所见最为详细的地方学馆规程。其中算学书院章程共有十六则，对书院的经费、开支、招生入学、培养计划、书院管理等项目进行了不厌其烦的说明。这充分表明该算学书院是经过详细筹划、认真准备的，也说明新式书院在清末已经得到了大多数人的认可和资助。因为第一条就规定“其经费蒙各宪倡捐，各绅富助捐，集资存典”，倘若没有社会的共识，是很难做到的，此外它还有二十六条详细备至的学规。

器，力倡中西实学，以济时艰。各疆臣皆视力所能为，接踵而起，其有不必另设学堂者，如江苏省改订正谊、平江两书院课程，添设西学一课，山西省变通书院章程，并课天算格致等学，江西省于友教书院，兼课算学，其余未见登报者尚多，是即未立学堂，而以次振兴，肇造之方，实基于此……奉宪台批饬善后局筹款，委员赴沪，购置经纬仪、圆盒纪限仪两种，运解回粤应用。凡此皆系就地因时，实事求是之举。愿步苏州等省后尘，不必定仿安徽省筹设二等学堂，以节靡费。"①

而《江西义宁县仁义书院变通冬课诗赋改为策论启》称："……圣上屡颁谕旨，整饬学校，务为有用之学，并于乡会试策兼问时务，学政经古场内，兼试时务策问，录取者予以补廪入泮。考选优生，及选拔各场，皆以通经致用为主，不得仍沿旧习，专于诗赋楷法中求材，功令煌煌宜恪遵守。去年以来，内外臣工，皆变通章程，讲求实学，如京师大学堂，则分十科，一曰天学科，算学附焉；二曰地学科，矿学附焉；三曰道学科，各教源流附焉；四曰政治科，西国政治及律例附焉；五曰文学科，各国语言文字附焉；六曰武学科，水师附焉；七曰农学科，种植水利附焉；八曰工学科，制造格致各学附焉；九曰商学科，轮舟铁路电报附焉；十曰医学科，地产植物各化学科附焉。"②

此外，各地新式学校如雨后春笋，纷纷兴起。当时比较著名的书院还有1895年创办于泾阳县的味经书院、1897年陕西创办的崇实书院、1891年湖北的两湖书院、1897年湖南的岳麓书院等。但是上述这些书院还没有完全从旧书院的束缚中走出，特别是在教学内容上，只能称为增加了西学课程的变通式书院。

这一时期还出现了大批以西学为主要课程的新式书院，如上海创的格致书院、浙江求是书院等。③

2. 设立新式学堂

在洋务运动中，洋务派就试图改变"专心道德文章，不复以艺事

---

① 参见《梧州洋务局复详变通书院兼课算学文》，《知新报》第38册。

② 参见《江西义宁县仁义书院变通冬课诗赋改为策论启》，《知新报》第48册。

③ 参见《万国公报》卷564，清光绪五年（1879）刊印。

为重”的局面，以培养造就与近代工业有关的技术人才。甲午战争把“洋务自强”的梦打得粉碎，使洋务派认识到只学西方技艺的皮毛于救国无益。此后，洋务派陆续创办了一些新式学堂，如天津中西学堂、上海南洋公堂、江南储才学堂、北京通艺学堂、广州时敏学堂，这些学堂都加入了西方的教育内容，并不同程度地采取了西方的教育方式，对整个中国的教育发展来说，起到了开化风气、转向实学的示范作用。

徐勤为中国教育的振兴发表了大量言论，他在1897年撰著的《中国除害议》中就分析道：“四万万之民中，既无女学，则‘去其半矣’，再加上深山邃谷，边远之地，邈无蒙学，这样二万万人中，识字而不知其义者，又十去其九，所余二百万人者，则士乎士乎，将为操觚属文，襕衫入试之侁侁胄子矣。”[①] 随后徐勤又撰《论日本自强之故》，对中国和日本加以对比，从中揭示道：“然而日本以贤君而强，中国以贤君而弱；日本以变法三十年而兴，中国以变法三十年而败者，何哉？释之曰：中国之君诚贤矣，其法诚变矣，然学术不改，学校不兴，科举不变，徒袭外国军兵砲械之末，语言文字之琐，岂云得西学之源本，振千年之积弱者耶？日本之变法也，则异此矣。不急他变，而先事三要。夫国之盛衰，系于人才，而人才之出没，系于学术，故工商器械者，政治之余事耳。使学术不明，本源未立，则国是未定，人心不一。所学非所用，所用非所学，以言变法，适自害耳。欲强其国，其易易乎。”[②]

他还把教育视为合群之首，论述教育和政治经济之间的内在联系，指出兴办学校的迫切性和重要性，以此作为办学的重要依据。他在《拟粤东商务公司所宜行各事》中论述道：“合群之义有三，言政则议院，言学则学会，言商则公司，之斯三者而已。然学校不兴，科举不变，民智未开，国是未定，则议院末由开也；例禁未除，人心未定，举国顽嚣，知学者寡，则学会末由开也；若夫商务公司之设，较

① 参见舒新城编《中国近代教育史资料》下册，人民教育出版社1961年版，第156页。

② 参见徐勤《论日本自强之故·地球大势公论一之三》，《知新报》第20册。

二者为易易矣。”①

另有文章论述《论人心不死之可畏》：“列强之迫逼不足患，权奸之窥窃不足怵，土匪之滋扰不足忧，疆域之四分五裂不足惧，国权地宝之被夺不足惜，惟此数百兆之人心不足懵于大义，昧于公论，淡于殊耻，安于危局，外人非笑之不已，转而悲怜之，而身受者亦漠然无所动于中，此真天下之至可危可惧者也。”②

这篇文章深刻地指出，现实最可怕的不是被侵略，而是处于被压迫、被奴役地位的人们不能觉醒，所谓可怜之人必有可恨之处，这归根到底是缺乏教化，缺乏教育，国人就会一直处于混沌、愚昧的状态，所以关键的问题不是给国人治愈身体上的病，而是治愈精神上的病，让国人意识到要改变这种被侵略、被奴役的地位，就必须团结起来反抗敌人的侵略。

与此同时，王觉任发表了《开储材馆议》，论述了人才的重要性：“……今新经大难，创巨痛深，而内讧之势，不可终日，泰西十六国，既环伺垂涎，而英俄法日，四垂交迫，此危急存亡之秋，而非无事之世也。从古中国一统，环列皆小蛮彝，可以鞭捶笞之，今大地既通，忽成诸国角立之势，群雄竞长，厉齿磨牙，稍不自振，危亡立见。故今日当以孤军被围之势为治也，不当以一统垂裳之势为治也。泰西之越万里而来也，士农工商，皆有新学；炮舰兵制，皆有新法，此数千年未有者也。我中国守元明之弊政，百度丛脞，今图自强，当以开创之势为治，不当以守成之势为治也。孤军被围，则集群策群力者甚迫。开创伊始，则求才礼士者甚殷，必不能以年劳之常格，诗字之无用取人矣……程子曰：未能知，说甚行，道必先知而后行。而一人之知，不若众人之知。众人之知，不如合天下之知以为知……储材馆之材，皇上能擢人，王大臣能奏调辟举，九卿科道督抚能奏荐，学政藩臬外道能以书咨送，怀才之人能上书自达，积学之士能著书进呈，引道之儒能以礼征辟，则天下之才莫不咸集矣……”③

① 参见徐勤《拟粤东商务公司所宜行各事》，《知新报》第24册。

② 参见徐勤《论人心不死之可畏》（篇上），《知新报》第107册。

③ 参见王觉任《开储材馆议》，《知新报》第30册。

这些话语里都联系到了当时的现实，指出中国之弱，在于人才不能培养。而刘桢麟发表了《论今日西学当知急务》，再次强调西学的重要性："中国至今日，变法之机急哉。朝日之役使，坐于国无人才，于是推本于学校。变法之议，惩于旧学之痼病，于是归算于西学。刘桢麟曰中国之兴西学，不已久哉。同文方言之馆，水师武备之堂，出洋肄习之举，迭起递兴，朝祷夕颂，盖三十年来矣，然而卒不免于今日何也？且夫今之达识之士，倡论新政，必断断于学者，其意岂不谓昔之学蹈于虚，今之学规于实？昔之学务其末，今之学图其本？盖将以实者本者，拯他日之弊端。"同时他还指出："凡天下治一学，其中必有层累曲折之故，先后浅深之宜，非入其门，履其奥，竭其心思材力以营之，则不能得其近似，而又必假以年月，处以专途，宏以用物，然后乃几于有成……今夫人生之聪明有限，其始误于无用之学，而后乃至所变者固无论，即其自束发问学，徒事于经史掌故，以至于治西学，而经历一切文字美术政法诸途，以底于有成，其间层积渐进，非二十年不能，夫必待二十年以后之人才，而中国乃始取而用之，以为振兴之券。中国之事变，盖已有不可知者矣，何也？中国处今日之势，其为外人之陵辱，亦已甚矣，蔑我主权……攘我利薮，劫我盟约，虐我民庶，割我土地，昌然以野蛮相待，悍然以瓜分为约，其迫不及待之机，虽蒙竖旦知之矣……故中国今日而欲自强，非急变法不可。而欲变法，非急求变法之人不可。然试问此人才者，将求之今日之书院学堂乎，则岂能待我十年教训？不求之书院学堂，则将付之喁喁肉食者之手欤？其又将何以变？此吾所以为本者仍末，实者仍虚，而不得不讲求于治标之说也。"①

（1）中央设立京师大学堂

在兴办学堂的过程中，最重要的莫过于京师大学堂的创办。这是中央最高学府，也是新学堂的代表，而且是戊戌变法失败后，保存下来的唯一的一项改革。京师大学堂的课程设置具有鲜明的时代特色，不但兼顾中学与西学，还在教学管理、考试制度上均有创新，意义不可不谓深远。关于京师大学堂的课程设置，《知新报》载："去岁李

① 此段引文，均见刘桢麟《论今日西学当知急务》，《知新报》第31册。

苾园侍郎奏请推广学校，在京师以及各省，皆设立大学堂一折，奉旨交总署议。七月间，经覆奏，议准先设京师大学堂，交官书局妥议章程，嗣由管局大臣孙燮臣尚书议定，请每月拨款万两。大致办法六条：一曰定宗旨。以中学为主，西学为辅；二曰建学堂。择地建大学堂一区，容生徒百人，附设藏书楼博物院；四周建小学堂四，各容生徒三十人；三曰分十科。一道科，二天文，三地学，四政事，五文学，六武备，七农事，八工艺，九商务，十医学；四曰聘教习。大学堂延中西总教习各二三人，厚币隆礼，以昭慎重；小学堂延中西教习各一人；五曰选生徒。大学堂须选成材、中西学堂俱通者，暂由各馆各学堂咨取举贡生监通西学者投考，分三班，以二十五为度，给薪水。小学生由满汉京外各官子弟中投考，以十五岁为度，不给薪水，递升大学堂；六曰广出身。分为三途，以资鼓舞。一立科目，援礼部算学之例，立时务一科，乡会试由学堂录送，约以四五人取中一人。各省愿应此科者，亦由学堂录科。另场考试，首场试经义史论博古之学，二场试策论通古今专门之学，一体赐出身及第。二曰派差使。不第者给予牌凭，咨送总署，派使署翻译随员及南北洋海防洋务制造各局差遣。三曰养教习。其不愿应举为官者，给予牌凭，充当教习。各省设立学堂，由此间咨取。以上六点为大略办法。孙尚书此折于去岁冬间上闻，久留中不报，闻顷已得旨照办。自今岁正月为始，每月由户部拨款一万两，交官书局举办；并闻西文总教习，拟聘在江南制造局译书之傅兰雅云。此举既成，各行省逖听风声，人才益降辈出矣。”①

由此可见，京师大学堂的设立，其目的已经不再是培养科举人才，而是以实用型人才为主。那么京师大学堂的设立已经不再是单纯的一个学校的建立，而是鸦片战争以来有识之士在开风气、启民智、提倡经世之学的一个总结。京师大学堂的创立，意义是巨大的。首先，在全国树立了一个典范，使全国各地新学的建立有参照。其次，等于是向全国发出了一个信号，那就是新式学堂的建立乃是理所当然，使各地不再徘徊观望。因而对于全国学校的改革以及教育的进步

① 参见《辟雍盛世》，《知新报》第 3 册。

起到了巨大的推动作用。

（2）地方纷纷设立学堂，兴办教育

除了上文所述的书院改学堂之外，各地又纷纷设立了一些新学堂。在广州最为著名的就是康有为主办的万木草堂。戊戌变法期间，湖南风气大开，新式教育起步早，发展迅速。湖南时务学堂的创办把维新运动又向前推进了一大步。1897 年，湖南时务学堂创办于湖南，熊希龄为提调，主持学堂行政事务，梁启超、李维格分任中、西文总教习，成为当时最负盛名的学校。《知新报》上刊登了《湖南时务学堂缘起》："今日之事情岌岌哉，一蹶再蹶，输币赔款，刳肉伺虎。身肉有尽，而虎欲无厌。他日之患害，其十倍于今日者，且出入而未有已也。故不攘彝，则无中国，虽然今之所谓彝者，非若汉唐之间，匈奴回鹘之族。游牧之种，水草之性，无有典章制度才术器械，可以虚威讋而制梃治也。其政治具有条理，其学问具有本末，其富强者皆其外见之迹，而其所以富强，千纲万目，皆经数十国，数百年，数千万人，互为讲求，转相仿效，而始有今日。攘云攘云，盖其难哉？彼日本以攘彝立国者也，庆应末叶，举国之士，裂眦攘臂，以言锁港。及明治维新，幡然改图，广开学校，悉师西法，十年之后，风气大成，遂有今日。而推原功首，则一切更革，皆由尊攘党人为之倡，盖攘彝之道未有善于是者也。吾湘以士气闯天下，通商数十载。西人足迹交遍中国，惟于楚地几不敢越半步，论者谓志气之盛，魄力之厚，视日本之言锁港者，殆将过之。于是海内海外，遂咸以守旧目湘士。……吾湘变则中国变，吾湘立则中国存，用可用之士气，开未开之民智，其以视今日之日本，宁有让焉？……今事变益急，天子宵旰单［惮］虑，惟广立学校，培植人才为自强本计。"①

梁启超在办学过程中起到了重要作用，时务学堂注重灌输西方文明，培养学生的独立思考的能力和人格尊严，培养出了一大批包括秦历山、林锡圭、蔡锷、李炳寰等在当时有一定影响的热血青年，而且时务学堂在很大程度上继承了万木草堂的办学方针，从教员、教材到教学方法、培养目标上都与当时的封建教育划清了界限。

① 参见《湖南时务学堂缘起》，《知新报》第 32 册。

当时各地遵照中央教育改革的政令，纷纷设立新式学堂，添置新式课程，改革教育教学方式，教育改革蔚然成风。《知新报》上记载安徽省新式学堂[①]、广州时敏学堂[②]、苏城中西三等公学堂[③]、江西京师学堂[④]等的开办情况。以上学堂的创立都是在京师大学堂的参照下先后创办，而且办学宗旨也大都仿照京师大学堂。

3. 专门学堂的创办

早在洋务运动期间，伴随洋务事业的发展，社会对各类实用性人才的需求大为增加。语言文字学堂、军事技术学堂、水陆师学堂、农学堂等新式专门学堂随之兴起。先后设立的语言学堂有京师同文馆、上海的广方言馆等。京师同文馆于戊戌变法期间增广条规，《知新报》上作了详细的介绍。[⑤] 当时，西方的农学已经发展成一个专门的学科，对农业的发展起了很大的作用。《知新报》亦指出中国的农业发展迫切需要借助农学这一专门的科学，对其加以引导。[⑥] 当时，维新派大力倡导要鼓励工商业，并企图通过兴办商学，以促进我国工商业的发展，《知新报》亦有介绍。[⑦]

4. 外国人在中国设立学堂

这一时期，除国人在创办学校，兴办教育之外，不乏有西人在中国设立学校，在《知新报》上有一篇《代中国忧》的文章，记录了美国人李佳白在中国办教育的经过。[⑧] 学堂建立之后，制定了《设北京尚贤堂章程》，内容如下："一凡本堂所用之人，所立之法，所办之事，专求有益中国，有利华民。一本堂主在广设善法，调剂于彼此之间，务令中外民教，底于和洽。一本堂期于恢拓学士之志量，演练儒者之才能，俾上行下效，使中人以上之人，知能日增，即资之以变化

① 参见《总署议覆皖抚筹添学堂折》，《知新报》第 24 册。

② 参见《广州创设时敏学堂公启》，《知新报》第 53 册。

③ 参见《创设苏城中西三等公学堂捐启》，《知新报》第 47 册。

④ 参见《江西省义宁县仁义书院变通冬课诗赋改为等论启》，《知新报》第 48 册。

⑤ 参见《增广同文馆章程》，《知新报》第 35 册。

⑥ 参见《福建福安举人张如翰请设农学折》，《知新报》第 72 册；《康工部奏请开农学堂地质局折》，《知新报》第 76 册。

⑦ 参见《论商学堂》，《知新报》第 93 册。

⑧ 参见《代中国忧》，《知新报》第 26 册。

庸众。一凡本堂往来交接之人，总以劝善为本，无论砥砺德行，讲求道艺，期乎扩充旧识，启迪新知。一本堂内拟设一公所，专使中西上等人士往来会面。若缔交既久，则情谊亦亲，中外一气，获益良多。一本堂内拟设一藏书楼，广搜中西古今圣贤所著有关政治学问之书，汇存楼中，以便中西贤士批览讲习，用资实学。一凡时贤所著新策，拟择其妥善紧要者，并本堂随时指示敷陈等篇，皆刊刻布散，以冀维持大局，转移人心。一本堂内拟设格致书院，存西学所用各等器具式样，逐件试验，宣究数理，讲求一切强盛新法。一本堂内拟设一大厅，荟萃中西各国乐器，择日歌诗奏乐，即于此厅招集中西善士，凡道德高深、学问渊博者，相与辩论切磋，并讲济世救人之法。一本堂拟办一切济困扶危各等善事，或医病，或戒烟，或散书，或济贫，总期救民于水火，公登仁寿。"①

其后《知新报》刊登了另一篇文章《西士拟创立学院》，介绍李佳白又创设一万国书院："西五月十五号伦敦温故报云：有美国教士李佳白议创一万国学院于中国，其章程节略，北京各官甚称善。此学院之内，拟立公家藏书一所，博物院一所，鳞罗西国格致工艺所称之珍奇于其中。又拟设闲坐厅数所以优中华上等人与西国各等人等交谈，其间以化彼此畛域之见。又备一策，令中西妇女互相交游，以联宾主之情，此策极善而极要，显有开化华官之大志……此举乃教士匡华之别开生面法也。"②

5. 戊戌政变后维新教育

戊戌政变后，以慈禧太后为首的清政府废除了维新时期的各项新政，新式教育也在劫难逃，最终保留下来的仅有京师大学堂。该报则对清政府的裁撤行为多加报道。如在《论刚毅裁撤江南学堂商局各事》中，对清政府的这种行为进行了批驳。③ 另有《论刚毅裁广雅书院西学堂事》一文称："纪刚子良中堂在京时，最恶西学诸生，目之为汉奸，窃疑告者之过。中堂虽素有硁硁之名，未必拘墟至是也。乃

---

① 参见《英教士李佳白创设北京尚贤堂章》，《知新报》第104册。

② 参见《西士拟创立学院》，《知新报》第92册。

③ 参见《论刚毅裁撤江南学堂商局各事》，《知新报》第99册。

今知广雅之裁西学诸生，然后信其言为不谬矣。夫西学之设，虽始于制府，实则奉旨举行……自维新以来，他省纷纷创作，而粤东无闻，至今岁始建学，招诸生设教。盖深知培养人才为当今之急务，而考求实学，又绝无流弊之可疑也……中堂固以方刚自命，视此等事若必去之而后快者，然同文馆之设，与奏派出洋学生，皆始于曾文正，船政学堂始于左文襄、沈文肃诸大老者，语其信道之笃，操守之正，中堂曾不足以望其肩背，而矫激相反如是。则使中堂与之同时，亦将弹劾阻止，力挠其计，而使之不能行耶；且尔时之举，犹为隔年下种，用备将来，今则七年之病，求三年之艾，苟为不蓄，终身不治。中堂但欲博方正之令名，盍静虑一思耶。或者曰中堂为筹款计，无论学堂奉旨恭建，不能挹彼注兹，而查核堂中，一岁区区费数千金，以归国家，几如太仓之一粟，无所轻重，然则中堂无为国之心，直以私废公耳。"①

6. 新学制的推广

我国近代学制产生于清代末年，经历了变制期（1862—1895）、萌芽期（1895—1901）和创建期（1902—1911）三大阶段。

甲午战后，维新变法运动兴起。1898 年，光绪皇帝设京师大学堂，并设管学大臣，统辖全国学务，这标志着中国近代教育由舆论酝酿进入实践阶段。这一时期的特点是，产生了近代学制的雏形，但无正式学制。注重建立学校系统，如天津设立的二等、头等学堂，均 4 年毕业，二等学堂毕业后可以进入头等学堂。注重整个教育政策，明确新式学堂的办学原则。学校由二级制逐渐改为三级制，并注重拟定课程设置，把课程分为普通与专门两类。光绪二十四年（1898），康有为上书光绪皇帝《请开学校折》②，向光绪皇帝建议："远法德国，近采日，以定学制"，以西方资产阶级学校制度为榜样，"遍令省府县乡兴学"。同时期，西方的各种教育理论、学说，主要通过日本，开始大量、系统地输入进来。康门弟子中的一些人在学习、引介西方教

① 参见《论刚毅裁广雅书院西学堂事》，《知新报》第 111 册。

② 参见陈学恂主编《中国近代教育文选》，人民教育出版社 1983 年版，第 107—109 页。

育制度的同时，结合中国国情，提出了自己的想法。王觉任在《增广同文馆章程议》中论述道："西国学校分为三等，小学自七、八岁，凡国中男女、贵贱皆须入学，至十五岁为小成，但求粗通文算，并凡地球史志等书，兼习他国语言文字，此为初学之事。初学期满，则升中学。入学之期，以十五岁、二十岁上下为度，所穷者如天文、测算、制造、富国、交涉、农商、刑律、声光、化电、矿重、物质、图画等学，学成则升上学。上学以二十一岁、二十六岁上下为度，所事略同中学，第浅深有异耳。"①

在新式学制的设立问题上，徐勤提出了很有见地的观点。他对中国和日本进行比较，从日本的强盛中得出，日本学习西方，建立并推广有效的学校制度。"日本举国分为七大学区"，"自明治四年，立文部省，颁定学制，分设诸校"。既有小学、中学这样的基础层次，又有各种门类的专门学校以及大学等。除此之外，又有"书籍馆、博物馆、新闻纸以广其知识；延西士，聘教习，派游历，以精其业"。他认为这样的学制不仅可以成人才，更重要的是"举国之大，上而士夫，下而妇孺，无学弗有，无人弗学"②。王觉任和徐勤都赞同西方的学制，并主张在中国建立起这一学制，具有进步性，但是他们都没有明确提出适合中国的完整的教育体系，没有就教育制度的建制提出明确的构想。

新式学堂的设立给中国的教育带来了希望，它与旧学堂有着根本的不同，抛弃了旧学堂以科举考试为日的的教育方式，纷纷采用新学制，逐渐向西学靠拢，为教育注入了新的生机和活力。对这些新学制的介绍，可参见《知新报》所载《西学课程》《绍郡中西学堂规约》。③

（二）教育改革的新特色：倡设女学

两千多年的封建社会中，中国的女子一直处于从属地位，地位卑

① 参见王觉任《增广同文馆章程议》，《知新报》第35册。

② 参见徐勤《论日本自强之故·地球大势公论一之三》，《知新报》第20册。

③ 参见《知新报》第7、28册。

微。维新派吸收西方的思想，探寻中国的现实，认为女子应该和男子一样同享“天权”和“人权”，梁启超提出：“欲强国，必兴女学”。[①]女子作为万物的一部分理应有受教育的权利。紧接着又对各国进行对比，指出西方强国的根源，希望中国效法西方的教育方式，倡设女学，提高妇女地位。《知新报》载康同薇《女学利弊说》言道：“波斯印度，耻其国之有女也，不敢以示人；美利坚睹其女之多也，群喜而贺之。夫亦犹是人也，而轻重若此，知男女之轩轾，良有所因；而国家之盛衰，亦非无故也。夫欧美之强，度越前古，而考其制度之美备，人才之众多，智慧之睿发，风俗之敦实，快快乎雄视万国者，胥成于学校。其学校之制，凡男女八岁不入学者，罪其父母。幼学处所，男女并同；及其长也，别为女学以教之。学分三等，循序而升，高等师范，下及百艺，视其性近，乃入专门。由是辅之以女红，广之以女学会，上以蓄德，下及艺事。其教之也，分圣教、闺范、修身、教育、天文、地舆、律法、家政、医算、格致、音乐、书画、女红。各有专门，学成者同得优第。故美法之女，有为臬司者；英美之女，有为天文生者，典吏者；有为传电报，司文案、医师、律师、教授、传教者，类皆与男无异。日本步武泰西，亦重女学。其女学之制，约分十三科，一修身……此西方所以致富强。”[②] 这里对西方准许男女都入学的做法大为赞赏。维新派人士深刻地认识到女子的作用有二：其一，女子占中国人口的一半，如果能够通过教育来发挥其作用，无疑将对挽救民族危亡起到不可估量的作用；其二，女子承担着相夫教子的作用，从长远来说，女子文化水平的高低直接影响到下一代的成长。正如梁启超在《论女学》中所指出：上可相夫，下可教子。近可宜家，远可善种。妇道既昌，千室良善，岂不然哉？[③] 陈荣衮认为学校教育必本于家庭，而妇女不识字者居多，无法承担这一责任。如能提倡女学，则可将小学之权，归于女子，他一生热心创办女子学校，努力创办男女同校，努力倡导妇孺教育，自号为“妇孺之仆”。黎祖

① 参见梁启超《论女学》，《梁启超全集》，第1册，北京出版社1999年版，第35页。

② 参见康同薇《女学利弊说》，《知新报》第52册。

③ 参见梁启超《倡设女学堂启》，《梁启超全集》，第1册，第104页。

建从“胎教为强国强种无上上策”的角度，认为“今中国妇学不讲，针耳刖足，等于戮民。扶阳抑阴，视为玩具，不识一字，则大义不明；全国之邃室，则见闻有限”①，这正是母教与胎教难以实现的根源。康同薇也极力赞成女学：“治外必先乎治内也。且夫福兴有基，邦乱有胎，国之强弱视乎人才，才之良窳视乎幼学。西人蒙塾，多用女师，盖以其专精静细也。然尚不若贤母之益，何则？初生之赤字，天性纯一，其性情嗜好，惟妇人能因其势而利导之，且孩提之童，狎母而畏父，习于父者寡，成于母者多。幼之所学，壮而行焉。引线之差，视乎起点。九层之台，立于初基……少成若天性，习惯成自然。记曰行远自迩，登高自卑。根本之地，顾不重哉？夫女学者，所以端本也。本端则万事理，故太妊胎教，厥产圣子。孟母三迁，乃成大贤，此又人才之关系也。夫孝以事父，贤以相夫，义以训子。大义弗明，三从之道阻矣。”②

《知新报》载《记星架坡女学堂》：“东亚志士林君文庆，邱君菽园，于星坡有女学堂之举……夫支那之当变法，尽人而知之，亦尽人而能之，然支那固扶阳抑阴之旧国也……盖已不知有平权之事，自立之质，舆豕交兽畜无异矣。夫男以此虐女者，女亦以此累男。有家者罔不苦，治家者罔不乱，是天下不得其所也。不有女学，其何以安？若夫蒙学之基础，内助之命淑，其益甚大，斯固然矣。嗟乎，吾国志士，其无攘林、邱二君独为君子也！”③

维新派对女学思想的大力倡导和宣传，触及了时代的主题，女学风气大开，一些知识分子和官僚开始投身到兴办女学的实践中去，各地出现了一些新式女子学堂，女子学校开始慢慢兴起，妇女开始从封建的牢笼中逐渐解脱出来，思想为之一新，对推动妇女解放起了很大的作用。但是维新派的女学思想完全遵从其“保国、保种、保教”的宗旨，他们认为女学只需“上可相夫，下可教子，近可宜家，远可善

① 参见黎祖建《弱为六极之一说》，《知新报》第47册。

② 参见康同薇《女学利弊说》，《知新报》第52册。

③ 参见《记星架坡女学堂》，《知新报》第95册。

种”而已。[①]由此可见，维新派在救亡图存的政治需要下倡兴女学，其实质是唤起女性为“人妻”、为“人母”的“义务意识”，而忽略了女性作为个体的权利，女性并没有从夫权中完全解放出来，这与西方所提倡的“天赋人权”相去甚远。而维新派提出的“通过受教育，让女子摆脱蒙昧状态，而且能使国人无男无女，皆可各执一业以自养，而无或能或不能之别”，则具有相当的进步意义。[②]

（三）创办学会

维新派的另一个教育实践活动是创办了很多倡导科学和教育的学会，提倡和交流自然科学。在《知新报》上多有体现。维新人士在学会中集众讲学，宣传自然科学知识。“南学会即推维新人士皮锡瑞主讲学术，黄遵宪主讲政教，谭嗣同主讲天文，邹代钧主讲舆地。”[③]在维新人士的倡导推动下，“各省学会极盛，更仆难数”[④]，仅湖南一地就有南学会、湘学会、质学会、地学公会等十几个学会，全国学会总计达79个。[⑤]学会的普遍建立，对维新运动的发展起了很大的推动作用，“按中国近两年来风气骤开，颇赖学会之力”[⑥]。湖南自时务学堂、南学会等创办后“民智骤开，士气大昌，各县州府私立学校纷纷并起几小学会尤盛”[⑦]。

总之，《知新报》在中国教育近代化上起了很大的宣传作用，促进了中国教育的近代化。

原载《澳门研究》第52期，2009年

---

① 参见梁启超《倡设女学堂启》，《梁启超全集》，第1册，第52页。

② 参见陈学恂《中国近代教育文选》，人民教育出版社1983年版，第146页。

③ 参见汤志钧《戊戌变法史》，人民出版社1984年版，第279页。

④ 参见梁启超《戊戌政变记》，翦伯赞主编《戊戌变法》，上海人民出版社2000年版，第30页。

⑤ 参见李文海《戊戌维新运动时期的学会组织》，《戊戌维新运动史论集》，湖南人民出版社1983年版，第55页。

⑥ 参见梁启超《戊戌政变记》，第281页。

⑦ 同上书，第143页。

明清时期澳门戏曲与戏剧发展探略

澳门为中西文化交流与荟萃之地，作为中西文化组成部分的戏剧在澳门很早就得到发展。葡萄牙人从明中叶入居澳门至清朝结束，引进了西方戏剧；而广东等地的中国戏曲亦在澳门的华人中间得到了发展。它们互相兼容，共同发展。从目前的研究情况来看，主要成果有郑炜明《澳门的戏剧活动与作品》（《戏剧艺术》1997 年第 1 期），田本相《澳门戏剧散记》（《中国戏剧》1997 年第 11 期），田本相、郑炜明《澳门戏剧史稿》（江苏教育出版社 1999 年版），田本相、宋宝珍《〈澳门戏剧史稿〉前言》（《中国戏剧》1999 年第 12 期），叶农《明清时期中西戏剧传入澳门及其发展》（《文化杂志》2003 年第 47 期），穆凡中《“大三巴”的四百年戏缘——澳门戏剧略论》（《艺术百家》2009 年第 1 期）。从上述研究成果来看，学术界对这个问题还是有待深入的。

一　明清时期澳门戏剧发展的历史背景

澳门戏剧的早期发展，可以分为两个方面：中国戏曲和西洋戏剧。明清时期，澳门所属的香山县戏曲活动很频繁，其戏曲活动主要有三类：节庆戏曲活动、酬神戏曲活动、帮会活动及农民起义时的戏曲活动。除中国戏曲外，明代时，西洋戏剧传入了澳门，亦对澳门地区早期戏剧发展产生了重大影响，使澳门成为中国西洋戏剧的发祥地，并在此开始了东西方戏剧与戏曲的交流，而且这种交流是长时间的，未被中断过。虽然有史料说明，在澳门之前，宁波等地就已经有西洋戏剧上演,[1] 但后来随着葡人在宁波双屿港居留地被明军摧毁,西洋戏剧再没有在中国其他地方上演过。这亦反映出澳门在西洋戏剧传入中国过程中的重要地位。

二 葡人租居初期澳门地区戏剧的发展

明嘉靖三十三年(1554),葡人开始入居澳门,至清代中期(18世纪末),是中西戏剧传入澳门地区的时期。根据现有史料,有下列一些戏曲与戏剧活动可以罗列:

1556年,著名葡国诗人贾梅士(Luís de Camões)来到澳门,在澳门居住过两年。他不但是诗人,同时还是一位剧作家。其主要剧作有剧本《国王塞寮古》《菲卢德姆》《宴会主人》等。[2] 贾梅士为第一位来到澳门的西洋戏剧家。

此后,中国剧作家汤显祖来到澳门,这使澳门与中国的戏曲文学亦有了联系。汤显祖于明万历十八年(1590)贬官为广东徐闻典史,后路经香山,于次年十月中旬曾到过澳门。明万历二十八年(1600),他完成了《牡丹亭还魂记》。在该剧中两次提到了澳门,特别是"大三巴"。第一次是在第六出《怅眺》。其中写到由湖州流落到广州的韩才子在赵陀王台对男主人公柳梦梅说的一段话:"(丑)老兄可知?有个钦差识宝中郎苗老先生,到是个知趣人。今秋任满,例于香山多宝寺中赛宝。那时一往何如?"这句戏实际上是为后面第二十一出《谒遇》埋下的一个伏笔。这便是钦差苗:"(老旦扮僧上)一领破袈裟,香山岙里巴。多生多宝多菩萨。(白)小僧广州府香山县多宝寺一个住持。这寺原是番鬼们建造,以便迎接收宝官员。兹有钦差苗爷

---

① 最早传入地应为浙江宁波地区的双屿港。据葡萄牙旅行家平托(F. M. Pinto)《远游记》之 Liampo(宁波)记载:"安东尼奥·德·法默契亚上了这条兰特伊亚船,在……音乐声中到达码头。""席间还有文艺演出。一出中国戏,一出葡萄牙戏。"其中的"一出葡萄牙戏"应为葡萄牙人表演或引进的西洋戏剧,虽然具体剧种从此未能看出。[葡]平托《远游记》,罗理路(Rui Manuel Loureiro)译,《文化杂志》1997年第31期。

② 参见吴志良、杨允中主编《澳门百科全书》,第274页。

任满，祭宝于多宝菩萨位前，不免迎接。”① 戏文中的“香山岙”系澳门的别称，“巴”可能指澳门的天主教教堂，或指当时最著名的教堂三巴寺。“多宝寺”亦即指在澳门的天主教教堂。具体指哪一座，有待考证。汤显祖在澳门的活动，可以肯定对澳门地区戏曲的发展起到了推动作用。戏中广州府学生柳梦梅来到香山澳。他想：“托词进见，倘言语中间，可以打动（钦差），得其赈援也未可知。”于是以“闻得老大众在此赛宝，愿求一观”为托词见到了钦差。踌躇满志的苗老爷见有人觐见，更加得意，便一一向柳梦梅介绍那些奇珍异宝，这就是《谒遇》。它是《牡丹亭》剧情发展的一个转折点。汤显祖巧妙地把这个情节背景设在澳门，香山澳的秀丽山水、奇异的社会景象使《牡丹亭》更增添了许多诡谲浪漫色彩。②

澳门最早的戏曲活动，目前所知是在1595年之后。当时在广东韶州传教的意大利籍耶稣会士利玛窦曾提到有戏班从澳门来韶州演出，并提到演出的内容涉及演员们在澳门的所见所闻：“有些演员从澳门来到韶州，在市集的日子里，他们绘制广告，并演戏挖苦中国人所看不惯葡萄牙人的每一样东西。他们画的一些东西庸俗不堪，这里且不说他们嘲弄葡萄牙人的短装来极力引起群众哄笑的情况，我们要谈一谈他们怎样挑剔那些归信基督教的人。他们画的人在教堂里数着念珠、皮带上挂着短刀，还画了难看的漫画：仅屈一膝跪拜上帝的人、互相斗殴的人、中国人所憎恶的男女混杂的聚会等等。这就是他们表演的题目，是他们演戏的基调；凡是他们认为可以嘲笑基督教的都应有尽有，一样也没有漏掉。”③

从此可以看出，当时有戏班在澳门演出。从利玛窦的描述，亦可以看出当时的华人对葡人的感受，反映出中华文化与西方文化之间是

---

① 参见田本相、郑炜明《澳门戏剧史稿》，江苏教育出版社1999年版，第9—10页。

② 参见穆凡中《“大三巴”的四百年戏缘——澳门戏剧略论》（《艺术百家》2009年第1期）。此外，汤显祖也留下一些描写澳门的诗篇：有《香山验香所采香口号》《香奥逢贾胡》《听香山译者》（二首）。参见章文钦笺注《澳门诗词笺注·明清卷》，珠海出版社、澳门文化局2003年版，第4—10页。

③ 参见［意］利玛窦、［比］金尼阁《利玛窦中国札记》，何高济等译，第459—460页。

有一定冲突的。

西洋戏剧在澳门的发展，从西洋歌舞剧开始。目前所知最早应是1596年澳门圣保禄书院组织学生演出的戏剧。李向玉说："1596年1月16日的《澳门圣保禄学院年报》描写了一场悲剧演出的盛况，演出非常成功。主要情节用拉丁文演出，为了让不懂拉丁文的观众也能欣赏，他们还特地制作了中文对白：'圣母献瞻节那一天，公演了一场悲剧。主角由一年级的教师担任，其余的角色由学生扮演。剧情叙述信仰如何迫害。演出在本学院门口的台阶上进行，结果吸引了全城百姓观看，将三巴寺前面街道挤得水泄不通……演出如此精彩，毫不逊色于任何大学的水平。因为主要剧情用拉丁文演出，为了使不懂拉丁文的观众能够欣赏，还特意制作了中文对白……同时配上音乐和伴唱，令所有的人均非常满意。'"①

1604年，为了活跃校园生活，圣保禄学院还经常组织学生排演戏剧："1604年1月27日的《澳门圣保禄学院年报》详细地记述了一场喜剧演出的目的及演出的经过：'最后，1604年初，演出了一场对话喜剧，一部分用拉丁文，一部分用当地语言，内容为圣保禄学院的生活。参加演出的都是圣保禄学院的学生，获得大家一致好评。该戏一共演了两个下午，第一个下午演出了三幕，第二个下午演出了最后两幕。每个下午演出五个小时。由于台词是那么虔诚，演员技巧精湛，预先准备充分，引起很大轰动，甚至吸引一些人加入了教会……'"②

英国人芒迪记载："1637年11月12日，在西班牙大帆船船长的寓所前，用脚手架搭了一戏台演戏，他们的表演很吸引人，唱腔如同印度人，和谐一致，台上鼓乐喧天。"这应是土生葡人在演戏。"1637年11月25日，我们船上的指挥官员被邀上岸，去圣保禄教堂看戏……中国小孩按风俗表演了中国舞，舞蹈表现葡人与荷兰之间的战争……另一种是蟹舞，小孩子扮成蟹，并伴随着音乐唱歌表演……最后一个是滑稽表演，表演者非常灵巧。小孩很多，打扮很漂亮，他们

① 参见李向玉《澳门圣保禄学院研究》，澳门日报出版社2001年版，第90—91页。
② 同上。

的父母委托教士教育他们，这些家长很多是有身份的。戏院在教堂。"[①] 这里所谓"中国舞"应是中国儿童在西洋教士训练下的西洋歌舞剧。这里称"戏院在教堂"，应当是指圣保禄教堂前的露天空地。

透过以上零散戏剧活动的记录，可以反映中西戏剧均在这个时期传入澳门地区，并获得初步发展。

三　19 世纪至清朝结束前澳门地区戏剧的发展

从 18 世纪末至清末，随着时间的推移，澳门地区的戏剧事业发展逐渐展现出了清晰的发展脉络。中国戏曲与西洋戏剧这两条主脉已经清晰地摆在了我们的面前。

（一）中国戏曲在澳门的发展

1. 中国戏曲在澳门的发展：从中国戏曲来看，其与广东地区的一样，其活动很有规模，有固定的演出日期，上演相当大数目的剧目；而且很频繁，开支很大。除民间的戏曲活动之外，在澳门的清政府亦有参与演戏酬神活动。《中国丛报》载：

> 在关闸附近的莲花庙，每年三月、五月、七月，上演 22 部戏，所用资金（搭戏台费用另计）……2，200 元
>
> 火神庙［会?］，——6 日…… 600 元
>
> 三月，妈阁庙。18 部或更多，根据到达澳门内港的欧洲船只数。这些戏据说由通译付钱。……2，000 元
>
> 二月，土地庙［会?］，——7 日…… 350 元
>
> 十一月，为世界孤儿神灵赎罪庙［会?］，5 日…… 500 元
>
> 二月二日，河舶［海关］署（在市场内）。在这时候政府条例规定只有每日 12 元支付给官员允许的整个戏班。其班主通常收到大量礼物。

---

① 这两处引文参见［英］芒迪《1637 年的澳门》，［英］博克塞（C. R. Boxer）《三百年前的澳门》，澳门官印局 1942 年版。

在同一日，整个帝国内，能见到各个公共官署都有政府主持的戏曲演出。它持续4日……100元

A-hwang-Kiai，7日……700元

总计，除开搭台费用，________……6，050元[①]

在澳门地区演出的戏班规模亦不小，人数为40人至50人；各种档次的戏班均来澳门演出。"通常在澳门演出的第三级戏曲艺人允许收到每天100元［的报酬］，不包括食物和灯油等。一个戏班包括40至50人。主要表演灵巧武艺的乡村艺人和男孩，只能每天40至50元，但一流的演出家少于每天150元，不包括各种开支，不演。一份每年在澳门的戏曲演出表将帮助读者形成一些一个省，或整个帝国的戏曲表演的一些概念。"[②]

在澳门出现过的戏班有以下（见表1）：

表1　　19世纪80年代至20世纪初澳门戏班一览

班名	所演曲目	备注（包括资料来源）
永丰年	《香花山大贺寿》	《广东戏曲七十年叙略》，第204页
国丰年		《镜海丛报》1894年10月31日，第2年第15号
乐同春与童子班		《镜海丛报》1895年2月20日，第2年第20号
尧天乐	《萍叙莲溪》	《镜海丛报》1895年1月2日，第2年第24号
瑞麟仪		《镜海丛报》，1895年2月27日，第2年第31号
杏棠春（八音班）		《镜海丛报》1895年9月25日，第3年第10号
振天声		《华字日报》1908年8月21日

① *The Chinese Repository*, February 1851, Vol. 20, No. 2, pp. 89 - 90.

② Ibid., p. 90.

续表

班名	所演曲目	备注（包括资料来源）
国中兴		《华字日报》1911 年 6 月 13 日
普天庆		《镜海丛报》1894 年 11 月 28 日，第 2 年第 19 号
瑶台	《六国大封相》	《镜海丛报》1895 年 11 月 27 日，第 3 年第 19 号
保平安		《镜海丛报》1895 年 11 月 20 日，第 3 年第 18 号
琳琅幻境白话戏班（革命志士班）		《华字日报》1911 年 8 月 14 日
优天影新剧团		1907 年创办于澳门

戏曲在澳门有许多演出场所：

包公庙："……凡创建庙宇，如数人捐签完建者，该庙则归此数人管理，今包公庙系阖澳人捐签而成，况且庙成之后，其每年建醮演戏，均由阖澳铺户人等办理，已历七年……"①

永福古寺，清嘉庆十年（1810）《重修澳门永福古寺碑记》载："乙丑年（1810）演戏尚剩银尾银七两二钱四分八厘。"②

新桥戏棚："廿八日，拿获黄亚谦，因新桥戏棚门口有巡捕兵第四旗五十五号之兵，名尼亚士（João Paulino Dias），在此看守，欲将黄亚谦拘拿，而亚谦竟敢拒捕，并欲抢其对面小枪。"③

妈阁庙前地与新渡头："……嗣后凡有搭棚唱戏祭神等事，惟准在马阁庙前及新渡头宽阔之地，余外不准在别处搭棚。其在两城门之

① 参见《澳门政府宪报》，1896 年 11 月 7 日，第 45 号。

② 参见澳门文化局新发现嘉庆十年《重修澳门永福古寺碑记》，由澳门文化局黄文辉先生提供。

③ 参见《澳门政府宪报》，1885 年 11 月 12 日，第 45 号。

外，可以照旧盖搭，但应如旧先报，候官准行……”①

普济禅院：“澳门各庙，年中例有一二次高兴热闹，盛事连天者。如妈祖阁之天后诞，普济禅院之观音诞等高兴异常，或搭棚演戏，或建醮诵经，一时鬓影衣香，香火鼎盛……”②

康公庙、澳门操兵场等处：“澳门杂录：八月十四五六日等为澳门商民庆贺葡萄牙民主之期……康公庙侧海旁则以竹搭戏台壹座演剧……遂欲于操兵地上更搭一戏台演戏，为游人驻足之所。众值理当已奉命再定戏壹班，已兴工建搭戏台矣……”③

草堆街：“普天同庆：十月初十日，为慈禧端佑康颐昭豫庄诚寿，恭钦献崇熙皇太后六旬大庆……草堆街口更有木头戏一台……”④

沙梨头：“是古傩礼：连日澳中按照西俗行嬉春之庆，……于时华人风俗，正届放演花炮之期，沙梨头雇有瑞麟仪名班开演一角膻场，人乐其乐，殊有太平气象……”⑤

莲溪庙：“赛会已成：澳门举行莲溪庙奠土演戏赛会一节，前因商情艰滞，大疫之后，人甫宁居，捐资不甚踊跃，以故将成变更者，约有数番矣。今经议定，番摊围姓各公司先捐数千金作底，余则各商店量车为助，凑成盛举。康公庙提出庙尝二千金，藉襄各事……”⑥

全澳门出会演戏：“粤人好事：出会演戏，至无益之事也……连日省港人众，探闻澳地会期已届，由初九日起，省港火轮到澳，每日载至千余人，客栈商行几无位置处……”⑦

此外，有莲花庙（即莲峰庙）、河舶署、土地庙、呷口孟街、中区市场、新桥、望厦和关闸马路、氹仔与路环等地亦有演戏活动。

---

① 参见《澳门政府宪报》，1851 年 7 月 19 日，第 35 号。另参见王文达《澳门掌故》，澳门教育出版社 1999 年版，第 45—46 页。此外，《镜海丛报》，1895 年 4 月 24 日，第 2 年第 3 号；［法］博尔热（Auguste Borget）《一八三九年的澳门——博尔杰的记叙和绘画》，益友译，《文化杂志》1993 年第 10 期，亦有记载。

② 参见王文达《澳门掌故》，第 57 页。

③ 参见《华字日报》，1911 年 9 月 21 日。

④ 参见《镜海丛报》，1894 年 11 月 7 日，第 2 年第 16 号。

⑤ 参见《镜海丛报》，1895 年 2 月 27 日，第 2 年第 31 号。

⑥ 参见《镜海丛报》，1895 年 10 月 30 日，第 3 年第 15 号。

⑦ 参见《镜海丛报》，1895 年 11 月 27 日，第 3 年第 19 号。

从上述的这些地点来看，华人演戏均系在澳门的华人居住区，这说明中国戏曲主要在华人区上演。目前，还没有史料可以证实，中国戏曲曾在澳门葡人居住区上演过。

此外，澳门出现了专门演出中国戏曲的清平戏院。唐思称："清平戏院历史逾百年。未建戏院前，所在街道及附近一带原是海滩之地，于清同治（五）年（1866）由澳门富绅王绿、王棣父子集资雇工填塞成陆，劈开街道，兴建铺户，发展成为当时澳门繁盛区域。兴建铺户时，王氏父子接纳有关方面建议，建筑一家戏院。该戏院于清同治九年（1870）动工，历时五年才完成。恰逢王绿寿辰，其子王棣为父亲贺嘏，由广东聘请粤剧名班来澳，在新建的戏院演出，并在戏院宴请嘉宾，为寓意娱乐升平，将戏院取名'清平'，而其所处街道，也以'清平直街'命名了……"①

该戏院为澳门最早粤剧专业剧院是不争事实，且在晚清时是华人上流社会主要娱乐场所。清末诗人刘翰棻《偕陈重远博士、冯若霖学士、陈子褒、张玉涛孝廉等澳门清平戏院观剧》诗称："化装粉墨偶登场，人世混如剧一厢。万事尽头都是幻，惟留未济最情长。"②

关于清平戏院创建的时间，均仅见于后人的叙述，而未见征引原始资料，清平戏院于1875年建成说是否可靠？据广东巡抚郭嵩焘1865年奏折称："澳中……又有戏馆一所，每年纳房租一万金。"这一则材料是指澳葡政府对华人征税的情况，则可知这一戏院即华人之戏院，而华人戏院收如此之高的租金，在当时非清平戏院莫属。如此，则清平戏院创建的时间就至少提前10年，应为1865年。③

以后澳门又建了几座戏院。如"吉祥戏园"："大西洋澳门巡捕兵营统领副将施报称：壬午年四初二日……又获罗亚郁为在吉祥戏园偷鞋一对。"④ 有些华人还开设公司，供人们进行演戏等活动："……照得现有华商合伙设立公司，以为畅叙遣兴之所，取名曰宜安公司……

① 参见唐思《澳门风物志》，中国友谊出版公司1998年版。

② 参见（清）刘翰棻撰《花语楼诗草》（1932），第4页。

③ 参见余勇《明清时期粤剧的起源、形成和发展》，博士学位论文，暨南大学，2005年，第141页。

④ 参见《澳门政府宪报》，1882年5月27日，第21号。

宜安公司章程：……三、各友在此畅叙，乃系看新闻纸、看书、弦歌、唱戏及燕饮……”①

2. 澳葡政府对华人演戏活动的监管

由于戏曲业发达，演戏的场所很多，特别是深夜还在演出的习惯，曾影响到澳门市民的夜间休息，以至于要澳门政府出面监管，这亦从一个侧面反映出这种戏曲业发达的程度。这些监管活动有：

（1）在华民政务厅设立官员，管理华人的演戏活动。（2）为了防范火灾等事，划定澳门城内华人演戏之区域。②（3）颁令要求华人在搭棚唱戏前，应申请牌照，缴纳牌费；③且氹仔、路环等地亦不能例外。④（4）颁令禁止深夜的演戏等活动。⑤（5）张贴演戏广告等，

① 参见《澳门政府宪报》，1881 年 6 月 10 日，第 23 号附报。

② “凡有搭棚唱戏祭神等事，惟准在马阁庙前及新渡头宽阔之地，余外不准在别处搭棚。其在两城门之外，可以照旧盖搭，但应如旧先报，候官准行……咸丰元年陆月十九日示。”《澳门政府宪报》，1851 年 7 月 19 日，第 35 号。

③ “从今以后，所有欲搭盖篷棚为唱戏打醮等事，应先赴议事亭领取牌照。此牌由本多署发给，要取牌银一十大圆……咸丰元年四月初三日谕。”《澳门政府宪报》，1851 年 5 月 10 日，第 25 号。

④ “氹仔、过路湾街坊公局章程：第八章：论领执照、搭盖棚厂，以备建造修整屋宇及搭盖棚厂，以为神功建醮等事……第卅四款：凡有神功建醮及婚姻丧祭搭盖篷厂者，须到街坊公局报领准照。”《澳门政府宪报》，1887 年 1 月 27 日，第 4 号。

⑤ “一、每夜自十一点钟起至翌早七点钟，严禁烧烟花起火爆竹等件。附款一：本澳华人庙六所，即妈阁庙、康公庙、沙梨头庙、新桥庙、望夏庙、蓬峰庙，该六庙不在禁内，无论日夜，不拘时候，均可烧烟花起火爆竹等。附款二：如遇华人过新年，于除夕、初一、初二，该三晚不在禁内，并西人岁暮除夕，亦不在禁内。附款三：如华人所居之地或有戏院，或有戏棚演戏时候，均可准其烧烟花爆竹等物。二、如华人或有时演木头戏，今仍准其演，但于城内演木头戏，衹限至晚上十二点钟停止。三、如华人无论何屋，或有人身故，自夜十一点钟至翌早七点钟，亦不准摇钟击鼓、打锣奏乐、诵经喧天等礼，以致扰害邻里，均亦严禁。四、如有人违犯本告示规条，初次则罚银二元至二十元不等。倘有再犯，则罚银二十元，并监禁三日至十五日不等。……癸未年六月三十日示。……加增条款：第一款内第五附款：自华正月初三至廿五日，准各店铺行商由晨早五点钟起至晚十二点钟止，准华人烧放爆竹。第六附款：如有酬神建醮教内各事，并娶亲等件，倘先有禀递议事公局求情，方准自早五点钟至夜十二点钟烧放爆竹。惟要先于廿四点钟之前禀准领照，即将该照转呈巡捕统领查阅画押方可，但所准只一夜耳。”《澳门政府宪报》，1883 年 10 月 20 日，第 42 号；1885 年 11 月 5 日，第 44 号。

需缴纳“印厘”税。①

（二）西洋戏剧在澳门的发展

西洋戏剧此时获得了较大的发展。大量西洋歌剧在澳门上演。“1851 年 10 月 8 日，在原音乐剧院上演抒情剧，共分三幕：《废墟上的穷孩子》、《一部喜剧》和《讲真话与说谎》……1853 年 6 月 30 日，剧院为城市弃婴举行募捐演出……1853 年 10 月 8 日，喜剧《守财奴》和《窘迫的人》在澳门旧音乐堂上演。这是由炮兵营的下级军官们发起为圣·拉匝禄医院募捐而搞的义演。……1866 年 6 月 3 日，法国莫扎特（Maugard）歌剧团再抵澳门演出，带来的节目有贝里尼（Bellini）的《诺尔玛》；罗西尼（Rossini）的《塞维利亚的理发师》和威尔弟（Verdi）的《行吟诗人》……1867 年 4 月 1 日，由彭佩（Pompei）先生率领的意大利歌剧团首次在澳门上演了罗西尼（Rossini）的《塞维利亚的理发师》。此次来澳门的演员有头牌女角 Benchi 和 Marietta Veradi，男高音 Pizzioli，男中音 Reima 和男低音哥伦布（Columbo）等。剧团在澳门一直逗留到 7 月中旬，此间上演了多尼采蒂（Donizetti）的《拉美尔的露契亚》、《宠姬》、《O Dom Pascoal》；威尔弟的《游吟诗人》、《茶花女》、《西西尼晚祷》和贝里尼的《睡美人》。”②

从这段记载可以看出，许多来澳门演出的剧团及演员在欧洲是相当有名的，是有很高的艺术水准的，他们在澳门活动的时间亦相当长；在这里上演的剧目亦多为欧洲的著名剧目。从这些我们可以看到，澳门虽为一弹丸之地，但有这么多高水平的剧团及演员在此演出，有这么多名剧在此上演，可见澳门西洋戏剧发展水平之高，这亦为中国西洋戏剧发展史写下辉煌的一笔。

1861 年 8 月，《华友西报》报道：“我们高兴地了解到 Madame

① “……至于演戏标红内有声明演唱若干日，应要每日纳印厘六十厘士。”《澳门政府宪报》，1891 年 9 月 3 日，第 36 号。

② 参见［葡］施白蒂《澳门编年史：十九世纪》，姚京明译，第 110、117、118、162、167 页。

De Liagre 和 the Herr Wagner 在澳门于上个星期六举行了音乐会，给观众带来了很大的满足。所选择的音乐与演出均极优秀。由于恶劣的天气和两晚前两位葡萄牙官员的戏剧表演，观众不是太多……”①

这些歌剧节目的上演有很多是为了募捐及其他慈善活动而进行的义演。这些义演有以下几类。

一是为学校募捐。“1853 年 6 月 29 日，由若昂·马利来·德·塞格拉·平托、安东尼奥·彼得罗·巴依、若泽·文森特·若热、洛伦索·马格斯和安东尼奥·若泽·德·米兰达等组成的委员会在议事会大厅举办了一次旨在为初级学校筹资的义演。”②

当澳门政府成立教习工艺院时，在澳西方人士亦通过西洋戏剧的义演来为其筹款：“戏而有益：岗顶有西洋戏院，近因澳官创成教习工艺院一年，经费苦不能敷，乃集兵船中水勇，令在院中开演杂剧以娱众志。所收戏资，即拨入工艺院储作经费。廿七晚九点钟开台，十二点钟而止。是晚到者，人多如海，座客咸满……”③

二是为慈善事业募捐。“1853 年 6 月 30 日，剧院为城市弃婴举行募捐演出……1888 年，‘印度号’官兵在该船和澳门检疫站为霍乱病受害者家属演出剧目。”④“为善为乐：廿二晚，岗顶戏院经有西洋官商多人，拟在该院开演西剧，已出礼贴知会矣。所收戏金，拨作罗马教堂女修士养婴经费……同乐其乐：前录岗顶西戏院开演西戏，为女修士集钱一节。是晚甚为闹热，所摆花草亦极精致，有一西女唱声清脆，异等动人。又有一人扮作老者，所说之话无不弹诮入神。是晚香港各西人搭附河南火轮来澳者更繁有徒，演罢即行跳舞，约至天明而散。”⑤

西洋戏剧在澳门演出的剧种，除歌剧、话剧外，还有其他剧种。如“蜡戏”：“神乎其神：岗顶西洋戏园，廿二晚，法国人带有蜡人戏一台，在院开演，极其神妙。各蜡具约有半个人之高，举动灵妙，

---

① *The Friend of China*, April 20th, 1861, Vol. 20; No. 29 (newseries), p. 351.

② 参见［葡］施白蒂《澳门编年史：十九世纪》，姚京明译，第 117 页。

③ 参见《镜海丛报》，1895 年 2 月 27 日，第 2 年第 31 号。

④ 参见吴志良等编《澳门编年史》，第 117、255 页。

⑤ 参见《镜海丛报》，1895 年 12 月 4 日、18 日，第 3 年第 20、22 号。

有同生活。所唱各曲，疑从口中吐出……得未曾有：二十六晚，往看法人蜡戏……所演各目，皆属新奇，莫明其妙。西人以喝采为拍掌，但闻掌声如雷。最妙系黑人宴乐一曲，唱演如生，竟忘其用蜡造就者。”①

如马戏，康有为曾澳门观看过：“香江陆海感苍茫，濠镜山川对夕阳。若问先生果何见，诡奇马戏及蛮装。香港观赛珍会，阅欧戏。遂濠镜观马戏，为见欧俗百戏之始。”②

《镜海丛报》载：“山君伤人：澳之东望洋，来有外国人麦士，以弄虎蛇为戏，经数时矣……”③《华字日报》载：“马戏可观：非利士马戏班前在铜锣环与利普度朗美马戏班合演，经观者，大加赞赏。该班游澳门后再来港，在中环街市对面开演。已由十七晚开演。所演各技均极巧妙，欲新眼界者，不可一观也。”④

澳门的西洋戏剧，最初是在街头、花园或临时找个地方搭台演出。“澳门最早的剧场都是临时找块地方搭个台子而成的。”⑤ 甚至在西式剧院——伯多禄五世剧院（又称岗顶剧院）建成后，仍然有许多剧团在街头、花园演出：“剧院的演奏者们或出于传统，或出于怀旧，或为吸引听众考虑，仍在街头空地、花园等场所上演一些民众喜闻乐见的节目。那都是经过挑选，有一定品位的节目，且每周公布在政府公报上。”⑥

至19世纪中叶，澳门出现了规模很大的西式剧院——伯多禄五世剧院。它的建立经过如下：1857年，澳门市民成立了一个专门委员会，筹备建设该剧院，并进行了募捐、争取批地、设计、建设等工作。“1857年3月7日……澳门一些市民召开了会议，推举若昂·费雷拉·门德斯上校（Joao Ferreira Mendes）、若泽·贝尔纳多·戈拉德

① 参见《镜海丛报》，1894年11月21日、28日，第2年第18、19号。

② 康有为《濠镜观马戏》，载中国第一历史档案馆、澳门基金会、暨南大学古籍研究所编《明清时期澳门问题档案汇编》第6册，第840页。

③ 参见《镜海丛报》，1893年11月28日，第1年第20号。

④ 参见《华字日报》，1911年8月14日。

⑤ 参见［葡］施白蒂《澳门编年史：十九世纪》，姚京明译，第134页。

⑥ 同上。

(Jose Bernardo Goularte)、若泽·马利亚·达·丰塞卡(Jose Maria da Fonseca)等人组成一个委员会，组织一次公众募捐，以集资兴建一所剧院。改变以往能在街头小巷演出的局面……终于4月2日获得圣·奥古斯汀广场附近一处地皮。随后即在澳门、香港发起了筹款活动。俱乐部和彼得罗五世剧院在1858年3月建成，澳门的名医师安东尼奥·路易斯·佩雷拉·克雷斯波(Antonio Pereira Crespo)、彼得罗·马格斯(Pedro Marques)和弗朗西斯科·儒斯蒂亚诺·德·索萨·阿尔文(Francisco Justiniano de Sousa Aovim)在剧院建设中做出了突出努力。剧院的设计、施工等均由澳门土生葡人彼得罗·马格斯(Pedro Marques)主持。"[①] 该戏院建成，并成为澳门重要的演出场所："澳门新俱乐部和伯多禄五世剧院成为上演话剧、音乐会、歌剧的首选场地。"[②]

从上述的这些演出场所来看，除教堂前的空地外，伯多禄五世剧院明确指明系在澳门城内，其余地点亦似应在澳门城内。故从此推测，澳门西洋戏剧主要的上演场所应为澳门城内葡人居住区，这与中国戏曲主要在华人区演出是一致的。

四　中国戏曲与西洋戏剧的兼容及其他

澳门作为中西文化交汇之地，在两者的发展过程中，整体上表现出了一种兼容并蓄、共同发展的局面。但两者由于有不同的文化背景，它们之间是有一定的冲突的。这些冲突的情况，有如下的史料可以证明，首先，见上述利玛窦的记载。其次，龙思泰曾说："就在这个难忘的时代之前，基督教徒使用各种方法，使该城免除那些讨厌的景象。那些景象是澳门的中国人在舞台上和游行中展示出来的。代理主教弗兰西斯·达·罗萨(Francis da Rosa)下令，把中国人正在演戏的舞台推倒了。'对这种挑衅行为表示很不赞成'。1736年，果阿大总督在给议事会的信中这样说，他在信中还'命令教区参议会谴责

① 参见［葡］施白蒂《澳门编年史：十九世纪》，姚京明译，第130页。

② 同上书，第134页。

代理主教，劝告他以后不要干涉类似的活动，并热情地把一些他认为适当的做法告知议事会和总督’。这一有益的劝诫未被采纳。在1758年3月18日的一封信中，宗教裁判所下令不得容忍任何表演和游行。尽管如此，几位认为葡萄牙人不能对中国人行使司法权的主要官员，十分谨慎地默许了中国人短暂的娱乐活动。但在1780年，在一名当时居留澳门的宗教裁判所的代表的煽动下，议事会命令理事官毁掉看台。看台原是在庄严的节日，人们为在该地聚集而建的。理事官的热情受到挫败，因为中国地方官员已经批准增高临时看台，现在毁掉它会引起愤慨。中国人劝告葡萄牙人，不要以无节制的偏激行为来激起公愤。有一位主教，确信城内警察的任何努力，都不能阻止已经准备好的异教节日活动在城内出现，便决定试图向他辖下的教友施加精神影响。查主教阁下发表了一份告诫书，由几位副职神甫在他们各自的教区公布。告诫书发表的日期是1816年4月15日，书中以慈父般的语调劝诫说，所有的基督教徒，为了拯救自己的灵魂，在中国人的游行队伍通过时，不能在街上或透过百叶窗帘偷看，违者革除教籍。但这项惩戒无法实行，因为在基督教徒总人数中，也许不到50名为成年人，他们能够抑制诱惑的冲动。然而，其他人却认为观看是一种享乐。中国人的仪式太隆重了，整整持续了三天。晚上，可以看到市场上灯火通明，正在表演滑稽而有趣的中国戏。”①

但这种文化背景上的冲突并没有引发严重的对抗，双方仍沿着各自的轨道继续发展。

原载《戏剧》2010年第3期

① 参见［瑞典］龙思泰《早期澳门史》，吴义雄等译，第184—185页。

19 世纪后半叶澳门葡萄牙人移居香港考

香港开埠后，出现了大量澳门葡萄牙人移居香港的情况，开始了澳港关系的崭新一页。澳门葡人移居香港的问题，是世界民族史与中国近代史等领域中一个不太被学术界，特别是中国学术界重视的问题。学术界多研究民族问题中的澳门土生葡人族群。① 但是对以土生葡人为主体的澳门葡人迁港问题的研究，却始终没有受到太多的重视。目前的研究成果以白乐嘉父子的著作为主，② 另外，在许多关于香港史的著作中，或多或少地提及葡人在香港的一些情况。近年来，李长森《澳门土生族群研究》（博士学位论文，暨南大学，2005 年）与《明清时期澳门土生族群的形成发展与变迁》（中华书局 2007 年版）中，亦有专门篇章讨论这个问题。关于澳门葡人这个概念，在本文里指在澳门生活的葡人、土生葡人及一些拥有葡国国籍，采用葡人生活方式的其他国籍人士。

---

① 该领域出现过罢剌架（J. P. Braga）、白乐嘉（J. M. Braga）父子，法国传教士热尔韦（Jean François Régis Gervaix）神父、文德泉神父（Manuel Teixeira）这样一批早期研究者，进入 20 世纪 80 年代以后，出现过阿马罗（Ana Maria Amaro）、莱萨（Almerindo Lessa）、贾渊（João de Pina Cabral）、陆凌梭（Nelson Lourenço）、欧卓志（Jorge de Abreu Arrimar）、施白蒂和白妲丽（Graciette Batalha）等研究者，而中国学者则有汤开建、徐杰舜、金国平、吴志良、李长森等。

② 如 J. P. Braga，*The Portuguese in Hongkong and China*：*Their Beginning*，*Settlement and Progress to 1949*，Macau：Fundação Macau，1998；Pioneiros Portugueses de Hong Kong（Portuguese Pioneers of Hong Kong），Macau：Instituto Cultural de Macau，1987；*Hong Kong and Macao*：*A Record of Good Fellowship*，Hong Kong：Graphic Press，1960；等等。

一 19世纪澳门葡人向香港的移民

进入19世纪，澳门地区动荡不安。首先，海盗的骚扰及剿盗战争严重耗费澳门葡人的精力和资源。[①] 其次，政治上处于转型时期，19世纪20年代民主运动，40年代推行夺取澳门管治权行动，特别是总督亚马留（João Maria Ferreira Amaral）1846年4月上任后推行新税收制度、领土扩张等措施，导致了澳门政治动荡，经济萧条，使澳门陷入了困境，严重影响到澳门葡人的生活。他们人心惶惶，到处寻找出路。而鸦片战争后，港英政府在香港进行了大规模城市建设，吸引了人们来港寻求发展。生活在政治与经济动荡中的澳门葡人看到了出路，寻找新生活的渴望驱使他们走出澳门这块多灾多难的是非之地，纷纷迁居香港，成为香港建设的第一批力量。由于当时香港条件恶劣，即使是英国人，亦对香港的前途充满疑虑，不肯迁往香港经营。但从19世纪40年代后期起，港英当局通过改善卫生条件，许多英商开始移居香港。大批澳门葡人由于受雇于这些迁港的英国公司、机构，他们亦随之移居香港。白乐嘉说："在英国公司机构的澳门葡人社区的年轻成员们，伴随英国公司机构，来到在香港……葡人与香港早期历史上的英国开创者一起，忍受香港早期的艰难困苦，与他们一起付出辛劳，为香港的良好未来打下基石。"[②]

1842年，澳门葡人列奥纳多（Leonardo d'Almada e Castro）及其兄弟若瑟（José Maria d'Almada e Castro）等，作为英国对华贸易监理署职员，随该机构迁港，成为第一批赴港定居的澳门土生葡人。[③]

吸引澳门葡人来港原因是香港职位多，工资高，税率低。"1845年，澳门居民兴起向香港（就业易、待遇高）和上海的移民热……共

① 参见李长森《明清时期澳门土生族群的形成发展与变迁》，中华书局2007年版，第257页。

② J. P. Braga, *The Portuguese in Hongkong and China: Their Beginning, Settlement and Progress to 1949*, p. 141.

③ 参见李长森《澳门土生族群研究》，博士学位论文，暨南大学，2005年，第172页。

有97名葡萄牙人（不计算家属）在除却澳门以外的中国各省份居住。大致分布在香港、上海、广州、福州、宁波、厦门。"① "四五十年代他们的年薪在150英镑以上，约为同类华人雇员的三倍。"② 西蒙斯（Rui Simões）亦认为，香港的低税制及地理优势所带来的商机最初吸引了澳门葡人。③

澳督亚马留遭暗杀也是澳门葡人掀起移民香港热潮原因之一。卡莫农（Nigel Cameron）说："1849年晚期澳督亚马留被暗杀，促成了葡人去香港寻求安全保护的浪潮。"④

随着香港贸易的发展，澳门成为香港各机构招聘员工和商业助手的基地，大批澳门葡人为此迁港。白乐嘉说："当香港贸易发展时，澳门的贸易衰落了，但澳门成为香港机构职员与商业助手的招聘之地。"⑤

自然灾害也促使澳门葡人迁往香港。罢剌架认为，1874年在澳门发生的严重台风灾害使澳门葡人家庭财产损失严重，失去生计，从而形成香港开埠后的澳门葡人第二次大规模迁港高潮。

澳门葡人迁居香港有以下的特点：一是家族性：他们往往举家迁移，而且经常是兄弟姐妹甚至其他亲戚联合行动，形成家族性迁徙。以澳门罗沙（Rosa）家族为例，它是澳门的一个葡人大姓，共有6个分支。其中由曼努埃尔（Manuel Vicente Rosa）在澳门建立的分支很有代表性。曼努埃尔于1708年前后来到澳门经商，很快就成为澳门著名富商之一。由于无后代，于1738年10月3日让其侄子西蒙（Simão Vicente Rosa）来到澳门继承其家业，并为其安排婚事，与巴罗斯家族的阿拉乌诺（Maria de Araújo）结婚。西蒙使该家族迅速发

---

① 参见［葡］施白蒂《澳门编年史：十九世纪》，姚京明译，第89、106页。

② 参见余绳武、刘存宽主编《十九世纪的香港》，中华书局1994年版，第358页。

③ Rui Simões, *A Língua Portuguesa e a Educação dos Portugueses de Hong Kong*, *O ensino da Língua Porguesa em Hong Kong*. Direcção e Juventude de Macau, 1997, p. 138.

④ Nigel Cameron, *An Illustrated History of Hong Kong*, Hong Kong: Oxford University Press, 1991, p. 72.

⑤ J. P. Braga, *Pioneiros Portugueses de Hong Kong* (*Portuguese in Hongkong and China*), p. 157.

展，在其后 7 代，便繁衍了 276 人，很快便成为澳门颇具影响的庞大家族。当 19 世纪中叶澳门葡人开始大举迁港时，罗沙家族不甘落后，成为早期迁港家族之一。1852 年 2 月 13 日，其第 8 代佩那吉奥（Pelágio Joséda Rosa）在香港出世，标志着该家族已经在香港定居与发展。二是长期性。不少澳门葡人迁港后，在此安居乐业，长久发展。三是谋生性。在港葡人既非占领者，亦非管治者，而且大多数也不是商业巨子。其中绝大多数人抱着摆脱贫困的目的来港。四是融合性。由于他们在香港属于“打工”一族，他们接触社会下层，容易与华人沟通，在长期与华人交往中不仅掌握了与华人打交道的方法，而且同华人建立了良好的关系。五是无归属感。虽然他们在理性上会认为自己是“葡人”，但迁港更多的是为了生存的需要。因此，他们在香港并无归属感。①

二　迁港葡人的经济生活与社会地位

澳门葡人迁港后，根据自身的特长，从事着与译员有关的工作，因为他们拥有在英语、汉语、马来语及葡萄牙语之间的翻译能力。这些葡人处于香港“白人”社会的最底层，其处境十分艰难。罢剌架描述了早期迁港葡人困境：“居香港之葡人，生活极为艰苦，日间工毕，无娱乐去处，夜里又因城内歹徒横行，不敢外出。他们皆为安分守己、努力工作的人。晚上唯与亲朋团聚在家，共叙天伦，以消磨时间。对外界事，除非必要，则无理睬。此等初期香港的澳门葡人，对开发香港成为要港，居功至大。”②

徐萨斯说：“商行最终和澳门的其他外国公司一样，迁至了香港，随即靠这些商行生活的店主和劳工也都撤出了澳门……一度富裕的澳门家庭那些不幸的后代被迫移民到香港去做低眉下首的小职员，长年累月地辛劳，拿低得可怜的工资，就这样单调呆板地捱日子。英国人利用他们的贫苦和忍让，拼命压榨他们，直至他们死去，而且通常都

① 参见李长森《澳门土生族群研究》，第 216—221 页。

② J. M. Braga, *Hong Kong and Macao. A Record of Good Fellowship*, p. 25.

在工作台上被折磨致死。这一状况终于得到一位医学界人士康德黎（Sir James Cantlie）医生的怜悯。他呼吁英国人要有人道主义情感，痛斥了他称之为现代奴隶制的工作方式，他所指的就是葡籍小职员工作二十五年都没有一天假期，除非有医生证明。”①

（一）充当政府雇员

自1860年开始，香港政府所聘用的澳门葡人已有40人，而为普通英国人工作的则有150人。②“与政务官有别的政府各部门的普通公务人员，如书记员等，一般也由欧籍人士充任，其中以葡萄牙人居多。”③他们之所以能够进入港英政府，原因是“由于澳门土生葡人具有得天独厚的优势，某些方面所表现出来的能力及特点甚至优于初来乍到的欧籍雇员。这使得他们中的一些人成为港英政府管理人员中的佼佼者”。④

他们一般忠诚度很高，长年在同一职位上工作很长的时间。白乐嘉在谈到赴港工作的早期葡人时说：“葡人的忠诚由此而展现在香港历史最早的舞台上，而在过去的一百年里，它持续成为葡人显著的标志。”⑤同样，港英政府亦对葡籍员工的工作相当满意，曾给予高度评价。其中最好的例子便是卡斯特罗兄弟在港英政府的服务。

1836年，他们进入英国对华贸易监督机构工作。在1846年12月30日，兄长列奥纳多被任命为香港立法、行政局职员。其任命状称：“总督与总司令阁下高兴地任命辅政司办公室首席职员列奥纳多先生为本殖民地立法、行政局职员。”⑥

1875年1月15日，列奥纳多去世。2月23日，香港立法局开会

---

① 参见《香港每日新闻》，1896年2月6日，康德黎医生的离别演说。

② 参见郭永亮《澳门香港之早期关系》，“中研院”近代史研究所1990年编印，第121页。

③ 参见余绳武、刘存宽主编《十九世纪的香港》，第358页。

④ 参见李长森《澳门土生族群研究》，第170页。

⑤ J. P. Braga, *Portuguese in Hongkong and China: Their Beginning, Settlement and Progress to 1949*, p. 141.

⑥ *The Friend of China*, January 2nd, Vol. 1, No. 1, 1847, p. 2.

时，专门对其逝世表示哀悼，对其长期的服役表示高度评价，并提供了一笔年金："立法局忠诚地记录下了他在这些重要部门所提供公众服务及完成他承担的职责时的忠诚、巨大的能力、勤勉、慎重的高度评价，并表达对死者个人价值的赞许。本局对其遗孀及家庭表示哀悼……考虑已故列奥纳多先生在超过 30 年为本政府完成任命他的职务时表现出的忠诚、热情及有效，一笔每月 150 元的年金将终身颁发给他的遗孀及女儿。其中 100 元给予其太太，50 元给他女儿。"①

即使如此，葡人对港英政府的忠诚还是受到英国人怀疑的。《华友西报》曾刊登一封署名为"一位英国人"（An Englishman）的读者来信称："我看到了列奥纳多的名字刊登在了上一期的《德臣西报》上，任命他为本殖民地两局职员。我亦听说其 1 名兄弟和 1 名堂兄弟，被任命为辅政司职员。列奥纳多是一名罗马天主教教徒，随时都绝对可能背叛他的誓言。他是罗马教廷宣教部在这里的 1 名代理人……他是 1 名外国人，故不可以接受一项政府任命，即使他归顺入籍，也不能给他。而且，他既不能正确地写，也不能正确地说英语，所以，他不适合此项重要的、机密的机构的职位。"

尽管如此，港英当局认为不宜解雇他们。《华友西报》刊登署名"文德克斯"（Vindex）的读者来信称："你同样看到现在有 6 至 8 名由葡人、意大利人和德国人组成的外国人在政府里获得了月薪 100 至 200 元的雇佣，同时有适合那些职位的许多真正在英国出生者可以担任那些职位，我们立法者应该有更好的政策让他们得到职位。"但该报编辑的回答是："在公共服务中的一些外国人是在没有能够获得英国人助手的时候雇佣的，他们长期忠实地服务。现在不是公平公正地将他们解雇的时候，而且解雇的理由，像文德克斯所说的那样，仅仅是因为他们的出生而获得雇佣。"②

另外，居港葡人为港英政府服务，有时会父子两代，或者多代。

---

① James William Norton-Kyshe, ed., *The History of the Laws and Courts of Hong Kong: From the Earliest Period to 1898*, Hong Kong: Vetch and Lee Limited, 1971, p. 243.

② 《华西友报》三处引文参见 *The Friend of China*, January 13th, 1847, Vol. 6, No. 4, p. 14; November 1st, 1845, Vol. 4, No. 88, p. 976; November 1st, 1845, Vol. 4, No. 88, p. 976。

像前述若瑟的长子路易思（Luiz）就曾任政府雇员，直至去世。但由于他去世较早，其职位没有升到其伯父与父亲那么高。

（二）在商业机构、公司任职员

除出任港英政府的职员外，迁港葡人还多在香港各国商业机构、公司任职。

（三）从业于新闻出版社界

新闻印刷出版界是葡人就职较多的行业。通过《香港年鉴》（*Hongkong Almanak*）可见（参见表1）：

表1　　居港葡人就自己新闻印刷出版业一览

日期	报社		印字馆	
	报社名	人数	印字馆名	人数
1846	《华友西报》《德臣西报》（China Mail）等	12		
1859	《华友西报》《德臣西报》《香港纪录报》等	11	克鲁兹印字馆（Cruz, F. F. de、Ferreira）、罗郎乜印字馆（Noronha, Delfino）	
1861	《德臣西报》《孖剌报》（*Daily Press*）、《香港纪录报》等	19	克鲁兹、古提厄勒兹（Gutierrez, Queirino）、席尔瓦印官馆（Silva, J. M. da）和罗郎乜	
1866	孖剌新闻纸馆	14	今孖些印字馆（Commercial Printing Office）1人；梳沙印字馆（J. J. da Silva e Souza）1人；孖近低印字馆（Mercantile Printing Office）4人；罗郎乜9人	11
1884	士蔑新闻纸馆（Hongkong Telegraph）2人；德臣印字馆2人；孖剌新闻纸馆6人	10	机地士印字馆（Guedes & Co.）12人；葛爹厘印字馆（Gutierrez, R. F.）1人；罗郎乜印字馆14人	27

但到了 19 世纪 90 年代以后，从业者不断减少。

（四）从事医药行业

澳门葡人在港业医者亦较多。白乐嘉说："在香港的葡萄牙早期机构中……可以有兴趣地观察到，在香港开始的几十年里，主要的药剂师是葡人。"[①] 据上述《香港年鉴》，以 1861 年为例，在医疗机构任职的葡人及其机构有：罢刺架药房（Medical Hall Dispensary），罢刺架（J. J. Braga）为业主，葡籍药剂师 5 名；皇后大道药房（Queen's Road Dispensary），索萨（A. de Sousa）为业主，葡籍雇员 1 人；席尔瓦药房（Roberto Duarte Silva）里，业主为席尔瓦（Roberto Duarte Silva），葡籍职员 1 名；白乐嘉诊所（C. J. and V. E. Braga），葡籍业主 2 人，葡籍雇员 1 名。

（五）开设商行，从事经商活动

迁港葡人在香港开设了许多商号，以《香港年鉴》记载为例，1861 年由葡人开设的各类机构有：医疗机构：罢刺架药房、皇后大道药房、席尔瓦药房；保险公司：西尔弗公司（De Silver & Co.，兼营船务）；一般商业机构：利美打士公司（Remedios, J. J. dos）；苏打水制造商：罢刺架汽水公司（Braga, C. J. & V. E.）、柯斯达（Costa, J. P. da）开设的香港苏打水公司（Hongkong Soda Water Co.）、罗扎理欧（Rozario, P. P. do）；船务公司：西尔弗公司、苏亚雷斯（F. P. Soares）开设的苏亚雷斯公司（Soares & Co）。

另外，根据《华友西报》所刊登的广告，在港营商的葡人达 15 人，开设的公司有 4 家，他们经营印刷业、酒店业、食品业、饮料业及拍卖业等。

---

① J. P. Braga, *Portuguese in Hongkong and China: Their Beginning, Settlement and Progress to 1949*, p. 176.

三 在港澳门葡人的社会生活

澳门葡人大量迁居香港，到19世纪末，成为香港西人社区的一个重要组成部分，由于他们特有的生活方式，终于形成了自己的新社区——香港葡人社区。

（一）家庭生活

葡人在香港的生活中，家庭生活相当重要，家庭成员们会经常在一起共同生活。席尔瓦［F. A. （Jim）Silva］说："我们是一个家庭型社群。一个中型家庭，然后是堂亲兄弟，然后是家族和社区，它们绝对超越了更大层面的城市与国家……当我们结婚后，我们待在族群里……这是一个在一个紧密社区里永久天主教式婚姻的例子。与外面的婚姻并不普遍。我们变成了一个内向的族群，我们知道这种有序的生活方式的状况。在这种有价值的舒适与稳定的情况下，我们很少有'向上的动机'。"①

葡人的家庭生活一直是其生活的中心，整体上相当和谐，亦有一些影响整个社会的暴力事件：如澳门船员克里斯帝安在港抢劫案；丈夫杀妻案；水手若昂（João Gareia）杀死"阿科司塔"（Acosta）号船主案；警官卡瓦利奥（Carvalho）试图敲诈华人移民金钱案；詹姆斯（James Costello）挪用瓦克（Walker Borradaile）先生煤炭案；② 居港葡人欧佐利奥（João da Matta Ozorio）谋杀葡人弗朗西斯科（Francisco Xavier de Jesus）案件。③

① F. A. （Jim）Silva, *The Sons of Macao*, *Their History and Heritage*, California: UMA, 1979, pp. 18 – 19.

② *The Friend of China*, December 8th, 1842, Vol. 1, No. 38, p. 151; January 1st, 1851, Vol. 10, No. 1, p. 2; September 14th, 1853, Vol. 12, No. 74, p. 297; February 27th, 1856, Vol. 15, No. 17, p. 67; June 1st, 1861, Vol. 20, No. 35 （newsries）, pp. 423 – 424.

③ James William Norton-Kyshe, ed., *History of the Laws and Courts of Hong Kong*: *From the Earliest Period to 1898*, Vol. 2, pp. 540 – 543.

（二）社区生活

1. 葡人定居区变迁。由于葡人一般是聚族而居，在香港形成了一些葡人社区。他们为了安排生活，开始时是在港岛的半山区形成葡人社区。这个街区被称为“Mato de Moro”（Indian Fields），其取名来自于区里有大型清真寺，其主要街道有卑利街（Peel Street）、坚道（Caine Road）等。①

英国割占九龙半岛之后，因为这里地价便宜，葡人开始迁来九龙地区居住。但由于当时九龙地区疟疾盛行，并不适合人类居住。经葡人努力，使此地变得适合人类居住，他们成为九龙的开发者。② 他们先在尖沙咀定居，后来又经过阿尔维斯（A. M. Alves）、罗郎也等人的努力，开发了油麻地、何文田与九龙塘等地区。③ 为了方便葡人往返港岛与油麻地，罗郎也还购置了汽船“布兰奇”（Blanche）号，开始了第一艘欧式跨海渡轮服务。④

2. 葡人的娱乐活动。葡人在香港的娱乐活动，有赴俱乐部、家庭聚会、婚丧礼等。体育活动是葡人社区的一项重要社会活动，也是他们维系社区的重要手段。白乐嘉说：“在运动领域，早期的葡人并没有实质性的参与。但从第二代开始，葡人在香港的运动生活中所扮演的角色越来越杰出。在个人运动中，他们在射击、桌球、游泳、划船、多项竞技项目及赛马中表现出色；在集体项目，诸如足球、曲棍球、草地球、水球、划船、网球、板球，他们亦出色。由‘葡人俱乐部’成员提供的‘卢梭人’杯赛，是每年春季由香港赛马会举行的香港赛马赛事中的大型年度赛事。”⑤

---

① F. A. （Jim） Silva，*The Sons of Macao*，*Their History and Heritage*，p. 29.

② J. P. Braga，*Pineiros Portugueses de Hong Kong*（*Portuguese Pioneers of Hong Kong*），1930，p. 12.

③ F. A. （Jim） Silva，*The Sons of Macao*，*Their History and Heritage*，pp. 29－30.

④ J. P. Braga，*Pineiros Portueueses de Hong Kong*（*Portuguese Pioneers of Hong Kong*），p. 13.

⑤ J. P. Braga，*Portuguese in Hongkong and China*：*Their Beginning*，*Settlement and Progress to 1949*，p. 162.

戏剧演出："我们在星期一夜晚，从在威灵顿街一家整洁的葡萄牙剧院（Theatrino Particular）的管理层那里获得了一些票，见证了来自没有经验的业余演员们能够期待的、可尊重的表演。获选来演出的剧目，首先是一个三幕喜剧，题目为'Saloja Cidadao'和一个闹剧，名叫'Dr Sovina'……我们所相信的是，这是同类的冬季系列娱乐活动的第一部分。这些活动是我们的葡萄牙居民打算提供给社区的，对此，他们获得了最好的感谢。"①

3. 葡人社团。澳门葡人在香港的社区生活中，一个很重要的内容是他们组成了自己的社团。香港葡人社区生活的中心是葡人俱乐部，它们是葡人首创的香港早期康乐中心，见表2。

表2　　居港葡人社团一览

名称	说明
香港岛"葡人俱乐部"	位于些利街（Shelley Street），创办于1865年，是香港葡人最早的俱乐部。该年12月26日，由澳督亚马留（Joze Rodrigues Coelho do Amaral）来香港主持了其大楼奠基仪式
九龙"娱乐俱乐部"（Clube de Recereio）	年轻人在九龙的运动中心，有草地球、羽毛球、曲棍球和网球
小花俱乐部（Little Flower Club）	由葡萄牙妇女发起与管理的一所妇女社会与宗教活动俱乐部
维多利亚消遣俱乐部（The Victoria Recreation Club）	经常组织诸如游泳、划船等体育活动，并由葡人管理多年
互助会（Associação de Socorro Mútuo）	一个葡人的互助组织，为社区内的许多人提供了资助与奖学金
土生葡人俱乐部（Club Macaense）	1894年时，其地址是额尔金街第35号，主席为雷扎利奥（P. A. do Rezario）

资料来源：［葡］施白蒂《澳门编年史：十九世纪》、郭永亮《澳门香港之早期关系》、F. A. （Jim） Silva, *The Sons of Macao*, *Their History and Heritage*, *The China Directory*, 1894。

① *The Friend of China*, October 6th, 1852, Vol. 11, No. 80, p. 318.

4. 葡文报刊。在港葡人出版了大量的葡文报刊。这些报刊如表3所示。

表3　居港葡人的所办葡人报刊一览

报刊名		说明
葡文名	中文译名	
A Voz de Macista	澳门土生葡人之声报	编者为彼亚度（Manuel Maria Dias Pagado），原在澳门以 *O Procurador dos Macaistas* 为名出版，1845 年 9 月起，在香港出版。政治性周刊，香港第一份葡文报纸，读者为居港澳门葡人
O Echo do Povo	人民回声报	它是新闻、政治、经济周刊，曾一度发行量很大。报馆设在香港摩罗庙街（Mosque Street）。1869 年，文德泉神父认为，它如同其他土生葡人办的报纸一样，由于人身攻击而卷入官司，最终被迫停刊
Verdade e Liberdade	真理与自由报	编者辑为席尔瓦·索扎（José Maria da Silva e Souza），1852 年出版，月刊，土生葡人政治及历史性刊物，在罗郎乜印字馆印刷
O Portuguêz na China	在华葡人报	1860 年开始在香港出版，编者为彼亚度（Manuel Maria Dias Pegado）
O Movimento	运动报	1863 年 1 月 7 日起出版，同年 3 月 12 日停刊。文学周刊
O Impulso às Letras	文学脉搏报	1865 年 10 月 1 日创刊，1866 年 9 月 1 日停刊。文学月刊，每期 24—62 页不等，共出版 12 期
O Amigo do Progresso	进步之友报	大约 1868 年开始出版。文学刊物
O Independente	独立报	编者为若瑟·席尔瓦（José da Silva），1869—1873 年、1880—1882 年在香港出版，其余时间在澳门出版
O Echo da China	中国回声报	1884 年至 1885 年在香港出版
O Extremo Oriente	远东报	其编辑为机地士（Guedes）和弗尔南德斯（M. Fernandes Carvalho）。1889 年、1892 年和 1898 年曾停刊

续表

报刊名		说明
葡文名	中文译名	
O Porvir	未来报	弗尔南德斯任编辑。1902 年以后，由沙勿略（L. M. Xavier）任编辑。1897—1907 年在香港出版。它代表了自 19 世纪 80 年代以来赴港谋生的年轻葡人的利益
O Hongkong Alegre	香港娱乐报	出版者与编辑为雷梅迪奥士（J. d. dos Remedios）。1889—1890 年在香港出版
O Patriota	爱国者报	1900—1911 年出版

资料来源：Manuel Teixeira, *Imprensa Periódica Portuguesa no Extremo Oriente*; Frank H. H. King and Prescott Clarke, *A Research Guide to China-Coast Newspapers: 1822 - 1911*, Harvard University, 1966；李长森《澳门土生族群研究》。

（三）语言问题

迁居香港的葡人，在日常生活中，是多种语言使用者。在他们之间，主要使用的是葡语及一种他们内部使用的特殊语言——Patois。对外，他们主要使用英语等。因此，他们所使用的葡语对香港语言，特别是英语，有许多影响。

早在香港开埠之前，英国人在澳门居住、贸易时，葡语就已经开始影响英语。这种影响，也延续到葡人迁居香港之后，它主要表现在英语对葡语词汇的借用，如葡语“praia/praya”“compradore”“amah, coolie, lascar”等。①

Patois 是一种区分葡人与其他族群的特别标志。它起源于洋泾浜葡语（Pidgin Portuguese），是在葡萄牙贸易商的据点及居留地发展起来的一种用于与当地人交流的简单语言。其基本词汇主要来自葡语。同时，还有许多来自葡人定居点的当地语言，像 sampan、typhoon、bamboo、catty、amah、coolie 和 garoupa。而且，这些词又通过 Patois

① 据 J. P. Braga, *Portuguese in Hongkong and China: Their Beginning, Settlement and Progress to 1949*，编制。

被葡语所采用，从而丰富了葡语。

（四）澳门葡人的饮食

居港葡人，与他们在澳门及其他葡萄牙居留地生活时一样，有其别具特色的食物。其饮食文化的特别之处，不在于其单纯性，而在于其包容性指混合了许多不同的饮食方式。其演化开始于葡萄牙探险者离开家园，在非洲、印度、马来和中国定居那一刻起。这个过程超过了 400 年。尝试与改善是这个过程的主旋律，但真正的关键是早期葡人广泛的旅行，使他们尝试当地风情各异的饮食，并将其纳入到自己的饮食文化中，从而进一步完善促进其葡式饮食文化。①

（五）宗教生活

葡萄牙是一个天主教国家，葡人向香港移居，其信奉的天主教亦传播到了香港。香港天主教活动获得了葡人社区的支持。在香港天主教传教团建立后的半个世纪里，天主教教会的会众是葡人。入读天主教学校的学生也几乎都是葡人。直至 20 世纪，当中国皈依者不断增加和更多的英国、法国和其他国籍天主教徒来承担香港的天主教教职之前，香港的神父们几乎没有葡人以外的朋友。

香港天主教第一次弥撒亦于 1842 年 2 月 26 日举行。② 主持的神父为洛瓦罗（Michael Novarro）神父。早期迁居香港的澳门葡人亦成为香港天主教的基础，他们积极支持香港天主教传教事业的发展。如 1842 年 2 月 26 日，天主教香港区监牧若瑟神父（Mgr. Joset）曾呼吁葡人天主教徒，为支持香港传教计划捐款。在其捐款总额 6012 元中，来自澳门的英国人和葡萄牙人的捐款就有 4466 元，来自香港的葡人和其他国家人的捐款有 107 元。③ 4 个月后，由若瑟神父奠基的砖结构教堂开始兴建，次年，位于威灵顿街（Wellington Street）海边的香港第一座天主教教堂——圣母无原罪堂建成。该教堂后由居港葡人教

① F. A.（Jim）Silva, *The Sons of Macao, Their History and Heritage*, pp. 25 – 27.

② 参见郭永亮《澳门香港之早期关系》，第 123 页。

③ *The Chinese Repository*, June 1843, Vol. 12, No. 6, p. 336.

徒多次捐款扩建。之后，葡人还捐助了许多其他为其服务的教堂，如湾仔圣弗朗西斯小教堂（St. Francis Chapel）、西环圣安东尼堂（St. Antony's Church）等。

同样，葡人亦引进了许多天主教节日与活动，如四旬斋圣像巡游。白乐嘉说："最重要的宗教巡游是每年在四旬斋的第一个星期六与星期日举行的十字架巡游。在这个巡游时，许多信奉者参加，救世主像被抬着在澳门街头游行。近年来，同样的巡游也在香港的主堂、玫瑰堂和其他的教堂举行。"①

（六）慈善活动与机构

1. 为香港的贫穷天主教徒提供安葬服务。白乐嘉说："我在此要提及另一项葡萄牙社区成员们所做的重大贡献，就是……为在香港的天主教贫民提供丧葬服务……在 1919 年，圣拉斐尔会（St. Raphael's Society）由几个圣餐团体与湾仔方济各会组成了。其目的就是，在可行的情况下，为贫穷的人提供免费的基督教安葬。"

2. 组织慈善机构。在澳门，葡人组织了慈善机构——仁慈堂（the Santa Casa da Misericordia）。居港葡人，延续此传统，同样组织了圣拉斐尔会。②

（七）子女教育问题

居港葡人子女的教育问题一开始就与天主教教育和葡语学习联系在一起。居港葡籍父母能够送其子女去上有天主教教育的学校始于 1844 年。两年之后，天主教传教团又开办了 1 所英葡学校，有 18 名葡籍男孩，吉拉德（Pruden Marie Girard）神父任校长。从此，葡人的子弟们多前往这样的学校学习，其家长们也乐意支付这些教会学校收取的合理费用。③

① J. P. Braga, *Portuguese in Hongkong and China: Their Beginning, Settlement and Progress to 1949*, p. 193.

② 两处引文参见 J. P. Braga, *Portuguese in Hongkong and China: Their Beginning, Settlement and Progress to 1949*, pp. 191 – 192。

③ J. P. Braga, *Portuguese in Hongkong and China*, pp. 197 – 199.

1849—1850 年，香港已经有了 3 所为葡籍男孩的学校，教师均是葡人社区里掌握了英语的成员。所有的香港天主教学校均在葡萄牙天主教区派往香港的特别代表费利克斯（Felix McMahon）神父的个人影响与管理之下，并由吉拉德神父协助。它们后由赖蒙迪（T. A. Raimondi）长期指导与管理。①

1860 年 9 月，香港罗马天主教免费男孩学校开学，教育香港的欧洲籍男孩，后发展成了救主书院（St. Saviour's College）。史钊域（Frederick Stewart）报告："救主学校（St Savior's School），在帕默（Palmer）神父监管之下，本年有 110 名学生，主要是葡萄牙籍，也有一些英国及其他国家的孩子……"②

传教团于 1865 年将所有的男校合并到了 1 所学校——救主书院。新学校有 152 名学生。在 1875 年 11 月 15 日，救主书院改名为圣若瑟夫修院（St. Joseph's College）。③

香港葡籍女子教育，始于 1860 年。当时共 6 位热心的卡诺萨（Canossa）姐妹会姐妹来到香港。开办的第一所学校位于香港坚道该会修院附近。第一位学生是罗郎乜长女卡罗莱娜（Carolina）。④ 这所意大利修院女校办得很成功，据赖蒙迪神父在 1872 年的报告中指出，在过去 10 年里，它一共培养了 300 名女生，其中 100 名为非华裔。⑤

在促进葡语教育方面，居港葡人也做过许多努力。他们出版了葡

---

① Geoffrey Robley Sayer, *Hong Kong 1841 - 1862: Birth, Adolescence and Coming of Age*, Hong Kong: Hong Kong University Press, 1980, p. 195.

② Frederick Stewart, "Report on Education for the Year 1872", in Gillian Bickley, *The Development of Education in Hong Kong 1841 - 1897, as Revealed by the Early Education Reports of the Hong Kong Government 1848 - 1896*, Hong Kong: The Chinese University Press, 2002, p. 164.

③ Frederick Stewart, "Report of the Roman Catholic Educational and Charitable Establishment in Hongkong for the Year 1876", in Gillian Bickley, *The Development of Education in Hong Kong 1841 - 1897, as Revealed by the Early Education Reports of the Hong Kong Government 1848 - 1896*, pp. 4 - 6.

④ J. P. Braga, *Portuguese in Hongkong and China: Their Beginning, Settlement and Progress to 1949*, p. 200.

⑤ J. T. , *Dates and Events Connected with the History of Education in Hongkong*, Hongkong: St. Lewis Reformatory, 1877, p. 24.

文报纸，组建了一个图书馆。[1] 港英政府亦曾在由政府资助的官校中，使用过葡语。欧德理（E. J. Eitel）1886 年报告："我们的官校中，有 6 所使用英语，3 所使用葡萄牙语，作为教学媒介。那些教授葡语的学校分为罗马天主教和基督教新教学校。而那些使用葡语，而不是英语的，主要是罗马天主教学校。"[2]

除开天主教传教团创办的学校外，由香港政府创办的公共学校里，也有许多葡籍子弟入读。如维多利亚男校（The Victoria Boys' School），1873 年有 28 名学生，学校里教授英语。[3] 而维多利亚女校（The Victoria Girls's School），学生也主要是葡籍学生。[4]

（八）参与香港公共服务

居港葡人，亦曾参与了为香港社会的公共服务，如为死亡听证会出席做证，[5] 担任法庭陪审团成员。《华友西报》报道，在 1850 年 12 月发生在皇后大道的马尼拉人马迪艾士（Ryhino Marties）谋杀案中，有依纳爵（Ignacio Almeida Pereira）担任陪审员。[6]

原载《世界民族》2010 年第 6 期

---

① J. P. Braga, *Portuguese in Hongkong and China: Their Beginning, Settlement and Progress to 1949*, p. 204.

② E. J. Eitel, *Report on Education for the Year 1881*, p. 190.

③ Frederick Stewart, *Report on Education for the Year 1873*, in Gillian Bickley, *The Development of Education in Hong Kong 1841 – 1897, as Revealed by the Early Education Reports of the Hong Kong Government 1848 – 1896*, p. 166.

④ Ibid., pp. 230 – 231.

⑤ *The Friend of China*, November 28th, 1846, Vol. 5, No. 95, p. 1416.

⑥ *The Friend of China*, December 14th, 1850, Vol. 9, No. 100, p. 398.

前山同知魏恒与晚清社会初探

魏恒是清末社会的小人物，非位高权重之人，亦无经世名作流传，是一个被学界所忽视的人物，虽然担任过前山同知，但在现在的澳门（前山）同知任期表上，却没有一席之地。但是他经历了许多重大的历史事件，亦与许多历史人物有关联，其人生历程反映了小人物在晚清社会大变局中的取舍和作为，可以从中体会到一个底层官员对国家命运的思考和责任感。

魏恒，字叔平，监生，湖南邵阳隆回人，生于1850年左右，卒年当在1902年以后，为清代著名人物魏源（1794—1857）的孙子，其父为魏耆（1820—1880）。他有兄弟三人：魏桂、魏恒、魏繇。[①] 魏恒娶妻陈氏（1856—1928），法名悟证，陈氏为郴州诗人陈起诗[②]的孙女，也是魏恒的姑表妹。主编《湘学新报》的陈为镒（1863—1924）是魏恒的妻弟，晚清才子文廷式是其连襟。其著述，从目前来看，有与周广、郑业煌、郑业崇合辑《广东考古辑要》四十六卷［光绪十九年（1893）还读书屋刻本］。据其序称："……周君韵笙、郑君宗山海苍、魏君叔平，故皆楚产也。或以宦，或以幕，来游海峤者，盖亦有年，乃举吾粤之风土山川掌故，分门别类，纂辑成书。大之关于国典民生，细之于丛祠片石草木虫鱼鸟兽，无不本本元元汇罗

---

① 参见（清）魏源撰《魏源集》下册，中华书局1976年版，第860页。

② 陈起诗（1795—1842），字敦甫，号筠心、云心，郴州雅溪人，其主要著作有《孔子年谱》《四书求是录》《补全唐诗选辑》《罗经图考》《四删诗》。京师士大夫将其与魏源、汤鹏、左宗植并称为"湖南四杰"（http://baike.baidu.com/view/1841763.htm?fr=ala0_1）。

剞辑……光绪十九年岁次昭阳大荒落病月罗浮蜕叟拜撰。”① 还曾监修《光绪揭阳县续志》，因魏恒本人无其他著述流传后世，对魏恒生平事迹的考证主要依据其弟魏繇著《邵阳魏先生遗集》和其子魏勖著《真安（居士）笔记》。

一　初展才干

中法战争爆发，清政府调湘军元老重征沙场，左宗棠督战福建，彭玉麟坐镇广东，魏恒族叔魏光焘帅师参战，族叔魏炳蔚为左宗棠幕府也参与军事，② 魏恒则负责押运军火到电白等沿海港口。魏繇送行赋诗《观湘阴公行师南征八韵》：

羽檄召南征，熊罴旧有名。弓衣收广路，笳角出层城。

其子魏勖称：“光绪甲申（1884）中法之战，先君押运军火，航海赴水东海口。”③

其后于1886年赴广东任职。魏繇有诗赠曰：

野望寄呈叔兄赴广东

侧身南望暗江天，忆旧怀君倍黯然。辟乱昔栖三径僻，哀时今哭五湖前。

风尘海表嗔予问，诗向思烦定子传，闭户著书期异日，山花野鸟素因缘。④

① 参见周广、郑业煌、郑业崇合辑《广东考古辑要》卷1“序”，还读书屋光绪十九年（1893）刻本。

② 参见魏繇撰《族叔魏炳蔚神道碑铭》，沈云龙编《邵阳魏先生遗集》，文海出版社1969年版，第251页。

③ 参见魏勖撰《真安（居士）笔记》，佛学书局1937年版，第37页。

④ 参见魏繇撰《野望寄呈叔兄赴广东》，沈云龙编《邵阳魏先生遗集》，第21页。

魏勖称："余十岁时，即光绪十二年（1886），随侍先君赴粤。"①光绪十四年（1888）四月，魏恒任揭阳知县，一年任期中重修龙湫堤，为百姓解决水患，造福黎民，其弟魏繇代作《重修龙湫堤并序》记述了经过。魏恒还主持监修了《光绪揭阳县续志》，列监修人第二位，官职为候补通判加提举衔署揭阳县。

次年，他即以试用通判身份，来澳门调查广东大米走私澳门的问题。张之洞称："照得粤省耕三渔七，户口殷繁，素有食米不敷之患，每恃南洋米及西米接济，前经访闻有等奸商弊串领照，藉称接济澳门华民，由省运米至澳，即由澳转运出洋，当经饬司拏究在案。复经本部堂派委试用通判魏恒、补用知县李洪毓前往澳门查明，在澳华民共有若干，每年共需食米若干，妥筹办理，以免奸商藉词多运。"②

二　出任前山同知

魏恒于1893年署理前山同知。任内主要处理了下列与澳门有关的事件：

1. 1893年2月处理2名澳门葡萄牙人在香山县白石地方酗酒闹事案件。2月10日夜7时，澳门葡萄牙人李澳拿渡鲜文非利亚（Leão Neto Saul Faria）与弗兰士高真通你澳（França Gonzaga Túlio）2人擅出关闸，在香山县白石地方酗酒闹事，又闯入中方炮台，被拿获。魏恒会同拱北海关税务司贺璧理（Alfred Edward Hippisley），按照《中葡和好通商条约》规定，将2名葡人送交澳葡政府惩处。③

2. 处理澳葡当局向中国水师船勒收人情，图占湾仔的案件。1893年2月26日，中国澄清营前哨兵船一艘，驻泊湾泊海旁向来湾泊之

① 参见魏勖撰《真安（居士）笔记》，第12页。

② 参见（清）张之洞撰《札东藩司查禁粤米漏卮　光绪十三年闰四月初十日》，《张文襄公全集》，转引自中国第一历史档案馆、澳门基金会、暨南大学古籍所合编《明清时期澳门问题档案文献汇编》第6册，第482页。

③ 参见《前山同知魏恒为葡官监禁中国官差违背条约事复澳门理事官卫雅照会》，中国第一历史档案馆、澳门基金会、暨南大学古籍所合编《明清时期澳门问题档案文献汇编》第3册，第477页。

处，被一艘澳葡小轮船前来讨取人情。所谓“讨取人情”，就是向澳葡交费买人情，纯粹敲诈。这遭到了中国兵船的拒绝。前山同知魏恒闻报后，立即就人情费去询问澳葡当局，指出恐怕是有人假借澳葡名义进行敲诈，请予澄清。但澳葡官员玛开春士致函魏恒，公然声称，是澳门管辖范围，澳门船政厅有权不准停泊，只有讨了人情，方能停泊。3 月 26 日，魏恒复函称：“本军民府历查陈案条约，只有澳门埠街暂予贵国专管之说，并无将澳门全海之水概予贵国专管明文……湾仔沙海旁系在澳埠对岸，相距甚远，亦欲讨取人情，乃陈案所无，条约所不载，关系重大，本军民府未便擅自依允。”4 月 24 日，魏恒将此次事件经过呈禀两广总督李瀚章。李瀚章批示称：“湾仔洋面向系该营前哨拖船湾泊处所，葡人辄敢两次索讨人情纸，大属不合，本应照会葡督查究，姑念该丞致复诘责后，该葡人业已知悔，相安无事，暂行免议，以示优容。”①

11 月 4 日，魏恒管下澄清水师前哨拖船 2 艘，驶泊湾仔防营兵厂前海面向来湾泊之处湾泊修理，又被澳葡当局以未讨人情为由，拖走一艘。魏恒闻报后，立即去函澳葡当局。后者只得将被扣船只释放。他又将事情经过呈禀两广总督李瀚章。李瀚章批示称：“葡官因越界向该厅防营停泊湾仔兵船勒取人情纸不遂，辄将该兵船拖去，殊属无理。即经该署函致函诘责，该兵船亦已释回，应即置诸不议。澳甲黄安和辄令伙伴何亚桃往讨人情，实属不合，业将该澳斥革，并将何亚桃枷号示惩，亦均免其置议。”获得批准后，他将擅自同意交纳人情

① 参见《前山同知魏恒为葡人越界勒索我兵船事致两广总督李瀚章禀文》［光绪十九年二月十二日（1893 年 3 月 29 日）］，附件一《前山同知魏恒为请饬查中国兵船被逐事致葡国驻澳大臣布沙信函》［光绪十九年正月十一日（1893 年 2 月 27 日）］，附件二《葡国翻译官玛琪仕为中国各船须由船政厅指泊处所抛锭事致前山同知魏恒信函》［光绪十九年二月初七日（1893 年 3 月 24 日）］，附件三《前山同知魏恒为未便依允湾仔海面归葡国专管事复葡国翻译官玛琪仕信函》［光绪十九年二月初九日（1893 年 3 月 26 日）］，附件四《两广总督李翰章为通饬哨弁务在向来泊船海面事致前山同知魏恒批文》［光绪十九年二月二十一日（1893 年 4 月 7 日）］，《前山同知魏恒为葡人勒取人情案遵批详陈实情事致两广总督李翰章禀文》［光绪十九年三月初九日（1893 年 4 月 24 日）］，载中国第一历史档案馆、澳门基金会、暨南大学古籍所合编《明清时期澳门问题档案文献汇编》第 3 册，第 465—469、472—473 页。

的黄安和革职，而前去讨取人情的何亚桃被枷号示惩。[①]

3. 处理澳葡政府拘禁至氹仔处理民人田租纠纷的香山县差役案件。1893 年 6 月 6 日，澳葡政府以西洋久为管辖氹仔，将前来处理民人欠租案件的香山县差役拘捕。魏恒禀称，租种香山县属南屏村民人林其衡、林瑞云所有氹仔等处田亩的佃客，屡年不交租银，并称系洋人禁阻交租。林其衡乖遂向洋官控告，粮凭租纳，岂得任意拖延，葡官口与心违，佃客仍不肯纳。氹仔等处向系香山县管辖地方，县令杨文骏查明后，即票差刘鸿等人赴氹仔，拘传该佃客人等到案。不料，佃客勾串葡兵，将头役刘鸿，散役邓建、杨泽、刘珍拿押澳门大炮台监禁。后经交涉，被押差役被释放。[②]

4. 负责访查澳门苦力出洋事件。1893 年 7 月，有人在澳门张贴街招，诡称巴西已与中国政府达成协议，准在澳门招工。该招工公司名为“大巴西国京都公司”（Companhia Metropolitanado Rio de Jeneiro），经手人为卑拿威地士（Júlio Benevides）。随后，据前山同知魏恒、前山营都司黎中配派人至澳方查，发现在澳门最为僻静之水手街，开设了两间工所，名为“华利栈”“万生栈”，已招 400 余名，多为新安县属客民。准备载运华工的德国船“地打杜士”（Tetartos）

---

① 参见《前山同知魏恒等为请照会葡官嗣后不得再有勒取人情纸事致两广总督李翰章禀文》［光绪十九年十月二十一日（1893 年 11 月 28 日）］，附件一《前山同知魏恒为请查办葡船越礼肇事致葡国翻译官马奇士信函》［光绪十九年九月（1893 年 10 月）］，附件二《葡国翻译官马奇士为逐走华船详事情覆前山同知魏恒信函》［光绪十九年九月二十八日（1893 年 11 月 6 日）］，附件三《两广总督李翰章为办理葡官越界勒取人情纸事致前山同知魏恒等批文》［光绪十九年十二月一十九日（1894 年 1 月 25 日）］，载中国第一历史档案馆、澳门基金会、暨南大学古籍所合编《明清时期澳门问题档案文献汇编》第 3 册，第 479—483 页。

② 参见《前山同知魏恒为葡人侵占氹仔包揽税课拘禁县差事致两广总督李翰章禀文》［光绪十九年五月初二日（1893 年 6 月 15 日）］，附件一《前山同知魏恒为请迅解头役刘鸿等人事致澳门理事官卫雅照会》［光绪十九年四月二十六日（1893 年 6 月 10 日）］，附件二《前山同知魏恒为葡官监禁中国官差违背条约事复理事官卫雅照会》［光绪十九年五月初一日（1893 年 6 月 14 日）］，《两广总督李翰章为钞录葡国罗大臣照会并复稿事致香山县札文》［光绪十九年五月初八日（1893 年 6 月 21 日）］，《两广总督李瀚章为氹仔租项应由华人按年收取事复葡国罗大臣照会》［光绪十九年五月初八日（1893 年 6 月 21 日）］，载中国第一历史档案馆、澳门基金会、暨南大学古籍所合编《明清时期澳门问题档案文献汇编》第 3 册，第 473—478 页。

号正往泰国运米，回澳门后“将招聚之人装运出洋”[①]。

在任前山同知一年后，与时任两广总督李瀚章不和，辞官赋闲在广州家中。感时局不利，怀才不遇，魏繇有和叔平诗：

> 长铗投何处，聊同退院僧。晚松横宝路，寒日挂金绳。
> 音彻疑传铎，花飞半欲冰。彭阳皆未遇，惟感二毛称。

三　推荐孙中山

光绪十八年（1892），孙中山从香港西医书院毕业后，先后在澳门、广州行医。光绪二十年（1894）初，孙中山怀着“求知当道”的愿望，起草了一篇长达万言的《上李鸿章书》，准备北上天津，求见李鸿章。在这篇上书中，孙中山提出了“人能尽其才，地能尽其利，物能尽其用，货能畅其流”的变法自强主张。上书完稿后，先请陈少白做了一些修改，又商请当时已辞官在广州闲居的魏恒为他写了一封去见盛宙怀的信，内容如下：

> 兹恳者，香山县医士孙先生名文号逸仙，人极纯谨，精熟欧洲掌故，政治、语言、文学均皆精通，并善中西医术；知者甚多，妒者亦复不少。现拟远游京师，然后仍作欧洲之游。久仰令兄观察公（宣怀）德望，欲求一见。知侄与世丈交既有年，谊复世好，又蒙青照有素，特属函恳赐书函於令兄观察公前先容，感激重情，不啻身受矣。

孙中山携带上书及魏恒的信，在陆浩东的陪同下，从广州乘船到上海，如愿以偿地得到了盛宙怀的介绍函，信中特别指出：“顷有沪堂教习唐心存兄之同窗孙逸仙兄，系广东香山县人，精熟欧洲医理；并由广东前山同知魏直牧函托转求吾哥俯赐吹植。”同时还得到其同

---

① 转引自吴志良等主编《澳门编年史》第4卷，第2023页。

乡前辈郑观应的帮助，也修书与盛宣怀，要求盛介绍孙中山去见李鸿章，“一白其胸中之素蕴”，还特别提出要盛氏代求李鸿章转请总理衙门发给孙中山游历泰西各国的护照。正是因为魏恒的介绍，作为一介草民的孙中山才能直达李鸿章上书的途径，才有后来的出国考察的机会。①

而且孙中山与魏勖的交往就是因为这段渊源。魏勖初任清朝邮传部员外郎，后倾向孙中山等革命党，成为同盟会会员，任职于上海国际法学会。② 辛亥革命后，魏勖曾致信孙中山，讨论创办报纸、南北分裂等国是；1912 年 3 月 2 日，魏勖又呈函孙中山，阐述整顿山西计划。

魏恒于 1896 年赴西安，魏勖称：“光绪丙申丁酉年（1896—1897），予侍先君西安旅次。”具体在西安任何职做何事无法考证，可能与军事方面有关，魏繇有诗赠曰：

敬酬叔平新春见赐之什

七年黄埔题襟别，今日重逢岁载阑。岭海风烟非侣替，椒檠采胜且同翰。

斋前积雪留新白，陇上官梅弄小寒。万里伤春戎马逼，劝君聊此卸征鞍。③

1900 年，因义和团事件，八国联军攻入北京，慈禧太后和光绪远避西安，魏恒遣魏勖驰七千里上书言事。“庚子冬，两宫西幸，下诏求言。予乃自羊城至西安上书，从亲命也。”④ 魏繇送别并和魏勖留别诗云：

栖雅流水望家门，招隐何如塞北村。面带风霜行道远，住无

① 参见吴相湘编撰《孙逸仙先生传》上册，上海远东图书公司 1982 年版，第 93—94 页。

② 参见黄彦、李伯新选编《孙中山藏档选编》，中华书局 1986 年版。

③ 参见魏繇撰《敬酬叔平新春见赐之什》，沈云龙编《邵阳魏先生遗集》，第 366 页。

④ 此两处引文，参见魏勖撰《真安（居士）笔记》，第 57、37 页。

车马少尘喧。

从此桃梗分南朔，定有梅花赋梦魂。残腊上书非得已，家邦一线是图存。

魏恒上皇帝书言变政事十六则，不被采用是必然的，慈禧太后虽下诏让各地官员上书，却又要求地方官员严密追查文廷式等维新人物，格杀勿论，魏恒作为文廷式连襟，在此时谈变政事，实在冒相当大的风险。魏勖有诗记载慈禧返京情形：

行在南旋宿潼关大风雨两昼夜骤凉感赋

旅馆淡宵节候凉，如何六月似飞霜。书生一剑酬知己，策上千言意气长。

风雨满城惊画角，河山万里绕沙场。梦魂昨到珠江畔，黄卷青灯夜未央。①

次年，魏勖带妹妹璎珞回广东，魏繇送别诗两首：

其一：

世局尚多难，怀安匪自珍。上书怜祖道，薄宦失家贫。
沪渎华风异，珠江彩气新。倚闾相望久，迎嗷定双亲。

其二：

失母方滋痛，予怀已可知。况当摇落感，又是别离时。
淑德遵闺范，成人仗伯慈。人言小天下，吾尔欲南之。

当时李鸿章任两广总督，魏恒上书论筹饷、缉捕事宜，李鸿章颇为赞赏和采纳。在慈禧太后连章催促李鸿章帅兵北上勤王时，李鸿章

① 参见魏繇撰《行在南旋宿潼关大风雨两昼夜骤凉感赋》，沈云龙编《邵阳魏先生遗集》，第394页。

拒绝照办，而是与两江总督刘坤一、湖广总督张之洞实行东南互保之策，力保广东。李鸿章逝世后，魏繇代魏恒作李文忠公挽诗三章写道："家门佗盛知平生，丹旐泪霑洒日南。"可见魏恒与李鸿章私交匪浅。

因为魏源交游遍天下，作为其嫡孙的魏恒、魏繇跟社会各派都保持了良好的关系，如湘、淮集团实力人物曾国藩、左宗棠的后人与其兄弟交往频繁，魏繇集中有《曾惠敏公挽词》《金陵谒左文襄公祠》，特别是与曾行淦（字蘋湘）相互之间有大量的诗书问答讨论。[①] 维新派的重要人物文廷式、陈为镒是其姻亲，其与洋务派盛宣怀、郑观应为世交，乃至与孙中山等革命党人都有接触。

如其妻弟陈为镒，曾主编《湘学新报》，是维新时期湖南省著名维新人物之一。《湘学新报》是湖南维新派的第一份报刊，1897 年 4 月 22 日，由湖南维新党人创办，旬刊。从第 21 期起，改名为《湘学报》。1898 年 8 月 28 日停刊。陈为镒与唐才常一起担任主编。它以倡导新学、开启民智、培育人才、鼓吹变法为宗旨，系统介绍西方自然科学、社会科学，也宣传湖南新政，传播维新派的主张。

原载《文化杂志》2011 年第 81 期，与欧阳开方合著

① 参见沈云龙编《邵阳魏先生遗集》。

20世纪前期香港葡人的族群认同

在第一次鸦片战争之后，澳门葡萄牙人开始大量迁居香港地区，并在此后的数十年里，其人口不断增加，在香港形成了一个颇具特色的社区——香港葡萄牙人社区。作为香港外国人社区的组成部分，它的社区人数虽然相对香港的人口，比例不是太大，但是在香港还是具有相当影响力的。为了确保居港葡萄牙人的权益，香港葡萄牙人社区的成员们，对于维系他们的社区，是相当积极的。他们是如何进行族群维系与认同的呢？这成为世界族群发展史与中国近代史上一个值得研究的问题。

香港是一个以华人为主体的华洋混杂的多元社会。从19世纪40年代开始，随着英国逐步割占与租借，不同族群的人在这里聚居，形成不同族群的社区，但它们之间却是界限分明，极少交往，这与澳门的情形刚好相反。其原因是港英政府实行种族歧视、种族隔离和分区而居的政策，使香港居民分成泾渭分明的两大族群，即华人族群和西方人族群。西方人族群，习惯上称为洋人社会或欧人社会；而华人族群，习惯上称为华人社会。①

香港的欧人社会，由来自西方国家的居民组成，包括英国、葡萄牙、德国、法国、西班牙、荷兰、意大利及美国人。他们在香港人口中所占的比例并不大，总数一般占全香港人口的2%左右。洋人社会的生活方式、文化传统、民风习俗和行为准则与华人社区明显不同。而其内部，不同国家的居民又各具自身的民族特色，彼此并不混同。

---

① 参见余绳武、刘存宽主编《十九世纪的香港》，第313、326页。

这些迁居香港的澳门葡萄牙人，其主体系澳门的土生葡人。他们的先辈葡萄牙人有16世纪入居澳门以来，不断与异族通婚，家世嬗变。到他们迁居香港时，只有很少的欧洲血统了，他们能操葡萄牙语、英语、粤语，用葡萄牙姓氏，信仰天主教，有别于其他居民。

随着社区的不断发展，到19世纪末，香港葡萄牙人已经成为香港欧人社会中的大族群。据港英政府的人口统计资料，至1848年，居港葡人人数为321人，仅次于英国人；到1897年已达2263人，略多于英国人，约占欧籍人口的38%，其中55%在香港出生，41%来自澳门。①

一　居港葡人社区的形成及其特点

葡萄牙人自16世纪中叶入居澳门以来，长期在此定居，已经在澳门形成了一个独特的族群。他们以葡萄牙人血缘为纽带，以葡萄牙为代表的欧洲文明与亚洲地区文化，特别是中华文化交融所产生的独特文化为代表。数百年来，他们并未大量迁居他处。但是，这种情况，进入19世纪后，发生了根本性的改变。他们得以安居乐业的环境发生了重大变化，迫使他们从该世纪中叶开始，向邻近的香港地区迁居。其原因有：

——澳门地区动荡不安。首先，19世纪以来，广东沿海海盗的骚扰及剿盗战争严重耗费澳门葡人的精力和资源。② 其次，这一时期，澳门政治上处于转型时期。19世纪20年代的民主运动，40年代推行夺取澳门管治权行动，特别是澳门总督亚马留（João Maria Ferreira Amaral）1846年4月上任后推行新税收制度、领土扩张等措施，导致了澳门政治动荡，经济萧条，严重影响到在澳门葡人的生活。他们人心惶惶，到处寻找出路。澳督亚马留遭暗杀也是澳门葡人掀起移民香港热潮原因之一。卡莫农（Nigel Cameron）说："1849年晚期澳督亚

---

① 转引自余绳武、刘存宽主编《十九世纪的香港》，第315页。

② 参见李长森《明清时期澳门土生族群的形成发展与变迁》，第257页。

马留被暗杀，促成了葡人去香港寻求安全保护的浪潮。”①

——鸦片战争后，香港岛被英国割占，港英政府在香港进行了大规模城市建设，吸引了许多人来香港寻求发展。生活在政治与经济动荡中的澳门葡人看到了出路，寻找新生活的渴望驱使他们走出澳门这块多灾多难的是非之地，纷纷迁居香港，成为香港建设的第一批力量。大批澳门葡人由于受雇于迁港的英国公司、机构，他们亦随之移居香港。1842 年，澳门葡人列奥纳多（Leonardo d'Almada e Castro）及其兄弟若瑟（José Maria d'Almada e Castro）等，作为英国对华贸易监理署职员，随该机构迁港，成为第一批赴港定居的澳门土生葡人。②

而且，香港职位多，工资高，税率低。“四五十年代他们的年薪在 150 英镑以上，约为同类华人雇员的三倍。”西蒙斯（Rui Simões）亦认为，香港的低税制及地理优势所带来的商机最初吸引了澳门葡人。③

——随着香港贸易的发展，澳门成为香港各种机构招聘员工和商业助手的基地，大批澳门葡人为此迁港。④

——自然灾害也促使澳门葡人迁往香港。罢辣架认为，1874 年在澳门发生的严重台风灾害使澳门葡人家庭财产损失严重，失去生计，从而形成香港开埠后的澳门葡人第二次大规模迁港高潮。⑤

进入 20 世纪之后，一方面澳门葡人继续迁居香港，成为居港葡人的新生力量；另一方面，居港葡人开始积极参与香港政治。这体现在：居港葡人已经与香港政治生活紧密地联系在一起，一些居港葡人亦曾积极支持孙中山先生领导的民主革命；当香港面临战争威胁时，居港葡人积极参加保卫香港与救济战争灾难；一些居港葡人精英分

① Nigel Cameron, *An Illustrated History of Hong Kong*, Hong Kong, New York: Qxford University Press, 1991, p. 72.

② 参见李长森《澳门土生族群研究》，第 172 页。

③ 参见［葡］施白蒂《澳门编年史：十九世纪》，姚京明译，第 89、106 页；余绳武、刘存宽主编《十九世纪的香港》，第 358 页；Rui Simões, *A Língua Portuguesa e a Educação dos Portugueses de Hong Kong*, *O ensino da Língua Porguesa em Hong Kong*, p. 138。

④ J. P. Braga, *Portuguese in Hongkong and China: Their Beginning, Settlement and Progress to 1949*, p. 157.

⑤ J. M. Braga, *Hongkong and Macao: A Record of Good Fellowship*, p. 25.

子，积极参政，为葡人社区谋求福利。

澳门葡人迁居香港有以下的特点：一是家族性。他们往往举家迁移，而且是兄弟姐妹甚至其他亲戚联合行动，形成家族性迁徙。二是长期性。不少澳门葡人迁港后，在此安居乐业，长久发展。三是谋生性。在港葡人既非占领者，亦非管治者，而且大多数也不是商业巨子，其中绝大多数人抱着摆脱贫困的目的来港。四是融合性。由于他们在香港属于“打工”一族，他们接触社会下层，容易与华人沟通，在长期与华人交往中不仅掌握了与华人打交道的方法，而且同华人建立了良好的关系。五是无归属感。虽然他们在理性上会认为自己是“葡人”，但迁港更多的是为了生存的需要。因此，他们对香港并无归属感。[①] 六是拥有其自身的文化。澳门葡人大量向香港迁居，将他们在澳门定居数百年来所形成的独特文化，也带来香港。这个特殊的社区，有他们自己特色的经济、社会生活，他们有相当固定的居住区，组织了自己的社团，使用着自己独有的语言，他们是在香港居住的一个相当独特的族群。

二　居港葡人的族群认同措施

众所周知，构成族群有两大元素，一是以语文为核心的文化（包括历史、文学、艺术、宗教、风俗、习惯等），一是血统。因此，族群认同感必须同时含有血统与文化两种成分。居港葡人，在香港定居，主要系谋生，因此，他们的族群维系与认同，主要是从文化措施入手。这些措施有：

第一，聚族而居。葡人一般喜爱聚族而居，故在香港形成了一些葡人社区。澳门葡人迁港之初，在港岛的半山区形成葡人社区。这个社区被称为“Mato de Moro”（Indian Fields），其名缘自社区里有大型清真寺，该社区的主要街道有卑利街（Peel Street）、坚道（Caine Road）等。此处原系香港洋人社区。[②] 英国割占九龙半岛之后，因为

① 参见李长森《澳门土生族群研究》，第 216—221 页。

② 参见余绳武、刘蜀永主编《十九世纪的香港》，第 313—314 页。

此处地价便宜，葡人开始迁往九龙地区居住。但当时九龙地区疟疾流行，并不适合人类居住。葡人成为九龙的开发者，经他们努力，此地卫生条件大为改观，变得适合人类居住。① 迁港葡人起先在尖沙咀定居，后来又陆续开发了油麻地、何文田、九龙塘等地区。②

第二，开展娱乐活动。葡人在香港的娱乐活动有体育运动、观看戏剧演出、赴俱乐部、家庭聚会等。体育活动是在港葡人社区的一项重要社会活动，也是他们维系社区的重要手段。白乐嘉说："在运动领域，早期的葡人并没有实质性的参与。但从第二代开始，葡人在香港的运动生活中扮演的角色越来越杰出。在个人运动中，他们在射击、桌球、游泳、划船、多项竞技项目及赛马中表现出色；在集体项目中，诸如足球、曲棍球、草地球、水球、划船、网球、板球，他们亦出色。由'葡人俱乐部'的'卢梭人'杯赛，是每年春季由香港赛马会举行的香港赛马赛事中的大型年度赛事。"③

第三，在港葡人社团。澳门葡人在香港的社区生活中，一个很重要的内容是他们组成了自己的社团。

第四，创办葡文报刊。在他们迁居香港后的一个世纪里，他们先后创办过《澳门土生葡人之声报》（*A Voz de Macista*）、《人民回声报》（*O Echo do Povo*）、《真理与自由报》（*Verdade e Liberdade*）、《在华葡人报》（*O Português na China*）等17种报刊。

第五，使用特定语言。迁居香港的澳门葡人，在日常生活中是多种语言使用者。在他们内部成员之间，主要使用的是葡语及一种他们内部使用的特殊语言——"Patois"。它是区分葡人与其他族群的一种特别的语言标志。它起源于洋泾浜葡语（Pidgin Portuguese），是在葡萄牙贸易商的据点及居留地发展起来的用于葡萄牙人与当地人交流的一种语言。其基本词汇主要来自葡语，还有许多词来自葡萄牙人定居点的当地语言。

---

① J. P. Braga, *Pineiros Portugueses de Hong Kong Portuguese Pioneers of Hong Kong*, 1930, p. 12.

② F. A. (Jim) Silva, *The Sons of Macao*, *Their History and Heritage*, pp. 29－30.

③ J. P. Braga, *Portuguese in Hongkong and China*: *Their Beginning*, *Settlement and Progress to 1949*, p. 162.

第六，保持自有的饮食文化。其饮食文化的特别之处，在于来源众多，混合了许多不同的饮食文化。

第七，其他措施。包括：坚持天主教信仰；继续保持在澳门的传统，在社区成员进行慈善活动。在其子女后代的教育过程中，坚持天主教教育和葡语学习。此外，他们还积极参加参与香港公共服务。

进入 20 世纪之后，居港葡人又有了新的族群维系与认同的方法。那就是通过澳门史研究，来维系居港葡人社区。

三　徐萨斯、罢辣架父子澳门史研究

在 20 世纪上半叶，居港葡人精英人士徐萨斯、罢辣架父子开始了对澳门历史展开学术研究活动，其研究状况如下：

（一）对澳门通史的研究

此领域的代表人物是徐萨斯（Carlos Augusto Montalto de Jesus）。徐萨斯家族的创始人为米格尔·徐萨斯（Miguel de Jesus），18 世纪生于巴西，5 岁来澳门。其第三代安东尼奥·徐萨斯（João António de Jesus）于香港开埠时，即赴香港谋生，为最早迁居香港的澳门葡人之一，曾娶妻 3 次，生下 10 名子女。徐萨斯为其中之一。他在 1863 年 3 月 14 日生于香港，一生未婚，钻研学问，主治澳门史，重要论著有《历史上的澳门》（*Historic Macao*）、《葡萄牙与澳门：经济和政治问题》（*Portugual e Macau: Problemas económicos e politicos*）、《葡萄牙的未来》（*O que sera de Portugal*）、《挽救葡萄牙》（*A Salvação de Portugal*）等。

《历史上的澳门》于 1902 年在香港由别驾洋行公司（Kelly and Walsh）出版，该书长达 358 页，是治澳门史、中外关系史的学者广泛参考使用的史学资料。徐萨斯利用了大量的葡文原始资料，对葡人内部活动情况的描述十分真实、具体。他还努力搜寻和利用已翻译成英文的汉语史料。徐萨斯努力形成一种持久的理解澳门历史的史学方法，他将澳门历史视为一种完全政治性的题材，即“议事会权力”的结构。按照他的看法，是议事会建立和捍卫了澳门的自主。

再版后的《历史上的澳门》，共有 29 章。从澳门历史发展的角度来看，徐萨斯将澳门史分为了两个部分：一是鸦片战争之前的澳门。作者用了 17 章的篇幅，探讨了从葡萄牙人东来抵达中国沿海到 19 世 20 年代澳门的民主运动之间澳门的初期发展史。它包括葡人入居澳门的“驱除海盗说”、澳门议事会的成立与运作、葡萄牙人的海上贸易、荷兰人对澳门的进攻、澳门与葡日贸易、澳门与天主教传教士、康熙年间的礼仪之争、在澳门的司法权、中国政府对澳门的管理、澳门的立宪运动。作者在此部分亦研究了葡英关系，如英国人初次来华、英国军队对澳门的占领。二是鸦片战争之后的澳门。作者用了 12 章的篇幅，探讨了鸦片战争之中的澳英关系、战后澳门葡人夺取澳门的过程、亚马留事件、澳门苦力贸易、中葡条约的签订、20 世纪初的澳门政治现状、澳门衰落与香港繁荣之比较等。在此部分中，透过澳门与香港所反映的葡英关系，是讨论的重点。

（二）澳门断代史研究

在此领域的代表人物是罢辣架之子白乐嘉。他系香港葡萄牙人中的精英。他治史尤重澳门史，治学注重史料收集，他收集了 1000 余种书籍，200 箱手稿，100 多卷各种报刊，数百幅有关澳门、香港、中国内地和葡萄牙的地图，以及 4000 余幅中国、日本的照片，其中涵盖葡萄牙人各个时期在远东活动的历史照片，现大多藏于澳门中央图书馆、澳大利亚国家图书馆。

其著作较多，其中《西方开拓者及其发现澳门》（*The Western Pioneers and Their Discovery of Macao*）为其代表作，与徐萨斯《历史上的澳门》同样享有盛誉。[①] 它由澳门官印局（Imprensa Nacional）于 1949 年出版，1980 年重印；其法文版（*Les pionniers de l'occident et la decouverte de Macao*）由 Maurice Echinard 翻译，西贡的法亚出版社（France-Asie）于 1950 年出版。

---

① Jorge Forjaz, *Famílias Macaenses*, Vol. III, pp. 333 – 334; Manuel Teixeira, *A Imprensa Periódica Portuguesa no Extremo Orienet*, pp. 134 – 144; J. M. Braga, "Breve evocação na sua morte", in *Revista de Cultura*, No. 5, 1988.

它包括下列篇章：前言；“前事及影响”，包括“葡萄牙在 16 世纪的贸易，在亚洲水域的贸易，西班牙带来的噩梦，开拓者”；“地平线延伸”，包括“早期的冒险，远东贸易”；“寻找家园”，包括“与中国的早期关系，不确定性，返回广东，在中国沿海的贸易”；“澳门的建立”，包括“‘阿妈’港，扫清海域，在北京事件之后，澳门的第一批定居者，澳门成为前哨站”；附录，包括注释，五份澳门开埠史重要的葡文信件、论著章节的摘录等。

其他研究著作还有：1.《图片中的澳门》（*Picturesque Macau*, Macao：Po Man Lau，1926）；2.《澳门英国人墓地的墓碑》（*Tombstones in the English Cemeteries at Macao*，Macao：Macao Economic Services Dept.，Publicity Office，1940）；3.《对香港与英葡友谊的特别补遗》（*Special Supplement Dedicated to Hong Kong and Anglo-Portuguese Amity*，Macau：Noticias de Macau，1951）；4.《香港与澳门》（*Hong Kong and Macao：A Tribute to the Memory of Prince Henry the Navigator on the Occasion of the Festivities in His Honour，1951*，Hong Kong：Graphic Press，1960）；5.《澳门印刷业的开始》（*The Beginnings of Printing at Macao*，Lisboa：Centro de Estudos Históricos Ultramarinos，1963，其葡文译本为 *Primórdios da imprensa em Macau*，Macau：Edição do Boletim Eclesiastico da Diocese，1965）；6.《过去之声》（*A voz do passado：redescoberta de a colleccão de varios factos acontecidos nesta mui nobre cidade de Macao*，Macau：Edicão do Boletim Eclesiástico da Diocese，1964）；7.《中国的陷落，1513 年：欧维士航行来华：一些相关资料汇编》（*China Landfall，1513：Jorge Álvares Voyage to China：A Compilation of Some Relevant Material*，Hong Kong：K. Weiss，1965）；8.《香港葡萄牙语教育：其历史的一些解释》（*O ensino da lingua portuguesa em Hongkong：algumas notas sobre a sua historia*，Macau：Imprensa Nacional，1969）。

他增补、修订、注释的他人著作有：1.《澳门早期医疗实践》（*Early Medical Practice in Macao*，Macau：Inspecção dos Serviços Economicos，1935）；2.《在澳门的多明我会修院与教堂》（*The Convent and Church of St. Dominic at Macao*，Hong Kong：University of Hong

Kong，1961）；3. 孟三德著《日本首任赴欧使节》（*Primeira embaixada do Japão à Europa*，Macau：1961）。

编辑的图书有：《澳门》（*Macao：A Short Handbook*，Macao：Information and Tourism Dept.，1963，1968，1970）。编辑的书目有：《博克塞著作书目》（*A Biblioteca do Capitao C. R. Boxer*，Macau：Escola Tipografica do Orfanato，1938）等。

（三）专题史研究

在此领域的代表人物是罢辣架。罢辣架是香港著名的传媒工作者及政治家，曾任香港立法局首位葡籍非官守议员、洁净局非官守局绅以及中华电力主席等职。在二战前的香港，早期葡人在政府及英资机构最多只能出任中高层的职位，薪酬待遇也较差。为争取葡人在香港的权益，他曾参与不少社会活动，要求港府正视社会不公平的问题。他曾经在1921年与其他议员合作，举办活动要求消除种族、阶级及宗教歧视，取得一定的成效。港督金文泰（Sir Cecil Clementi）在1929年，委任他担任香港立法局首位该局葡籍议员。该局早于1880年起已开始有华人议席，但葡人却一直没有代表，以至于其利益未能充分反映。①

他在任立法局议员期间，除了关注香港各项重大议题及九龙地区事务外，又出任过香港广播委员会委员及香港义勇防卫军顾问委员会成员等职，另外还尤其关注新界的农业事务。此外，他居住在九龙，对该处的地区事务相当关注，并且是九龙居民协会的成员。而早在1926年，他就获港府委任以临时局绅身份，出席洁净局会议，至1927年12月更是在没有竞争对手的情况下，自动当选为洁净局绅。他在1933年1月获续任立法局议员之职，至1935年6月3日获英廷奖授大不列颠帝国勋章（OBE）。港英政府为答谢其贡献，1936年特将九龙一条新建街道命名“布力架道”（Braga Circuit）。

罢辣架长年为居港澳门葡人争取权益，在香港及澳门葡人社区中

① Leo de Almada e Castro，*Some Notes on the Portuguese in Hong Kong*，in *Instituto Portuguese de Hongkong Boletim*，No. 2，Setembro，1949，pp. 272－273.

皆甚具声望。1942 年秋天，当他在澳门避难时，受澳门总督戴思乐（Gabriel Mauricio Teixeira）委托，准备写一本有关葡萄牙人在香港和中国内地的历史书。他为此做了整理资料。但由于有关资料皆藏于香港，且因战乱散佚，他只能在澳门重新整理资料。然而这部著作未及付梓，罢辣架就在 1944 年遽然去世。未竟之业，则由长子白乐嘉整理完成，名为《在香港及中国的葡萄牙人》（*The Portuguese in Hongkong and China：Their beginning，Settlement and Progress During One Hundred Years*）。

此书在香港出版，共 206 页；1998 年，澳门基金会将其重印，共 242 页。这部著作共分 12 章，有以下几个方面的内容：

其一，葡萄牙人东来中国。它包括了两章：第一章“早期发现来中国海道的葡萄牙人航海活动”，第二章“葡萄牙人使中国人印象深刻”。这两章主要介绍了亨利王子、达伽马（Vasco da Gama）抵达印度的努力，迪亚哥（Diogo Lopes de Sequeira）抵达马六甲，1517 年葡人首次抵达屯门，葡萄牙人随后在中国沿岸的广东、福建、浙江的活动，1637 年英国人威德尔首次来澳门等内容。

其二，葡萄牙人与耶稣会士来华。它包括两章，第三章“葡萄牙人的护教与在澳门的耶稣会学院”，包括澳门教区、圣保禄书院、大三巴碑坊、利玛窦等传教士来华进京、圣若瑟修院、上海天主教发展，第四章“耶稣会士来华服务及其服从葡萄牙国家利益”，主要介绍明清两代在宫廷服务的葡萄牙籍耶稣会士，他们在中国政局变换中所起的作用，他们所传播、引种的新植物。

其三，澳门所反映的葡萄牙、荷兰、英国三者之间的关系，即第五章“荷兰和英国对葡萄牙人贸易的嫉妒及澳门的英国人与土生葡人族群”。在此章，作者讨论了英国人首次来澳门、荷兰人对澳门的进攻、东印度公司与对华贸易、鸦片输入。特别是作者站在葡萄牙历史学者徐萨斯所持的极端殖民主义立场上，用大量篇幅批评龙思泰在其著作《早期澳门史》中关于葡萄牙人对澳门主权问题的结论。

其四，英国占领香港与葡萄牙人迁居香港，即第六章“中英战争期间英国人与澳门及义律的公告”和第七章“文献记载中的早期香港及义律回国”。它们主要讨论了在鸦片战争中英国人与澳门葡萄牙人的关系及香港开埠初期的情况。作者是站在英国人的立场上来介绍的。

其五，澳门葡萄牙人迁居香港，即第八章至第十二章。在这5章中，作者主要介绍了早期葡萄牙人在香港的定居者、葡萄牙人社区在香港的成长（葡萄牙人充当译员）、港澳早期关系（葡萄牙人在东方航运业的最后日子）、香港土地开发中的葡萄牙人（包括九龙地区的开发者、旧有居港葡萄牙人的一些重要人物）。

其他著作还有：1.《香港的葡萄牙开荒者：九龙的园艺实验》（*Portuguese Pioneers of Hong Kong*: *Horticultural Experiments at Kowloon*）；2.《葡萄牙人的开拓：香港一百年》（*Portuguese Pioneering*: *A Hundred Years of Hong Kong*, Hong Kong: Ye Olde Printerie, 1941）。

四 澳门史研究对居港葡萄牙人族群认同的作用与意义

徐萨斯、罢辣架父子在20世纪上半叶进行的澳门史研究工作，在香港、澳门洋人社区及国际学术界均产生过巨大的影响。对于居港葡人来说，这系通过对澳门历史的研究，从文化的角度来维系在香港的葡萄牙人族群，促进族群内部的认同。

——从他们研究动机来看，这些居港葡人精英，此时有两种身份，一部分在香港出生，他们系英国臣民；一部分人，他们不肯入英国籍，成为英国人管理下的外国籍臣民，因此，他们投入大量精力进行澳门史的研究工作，让在香港定居的葡萄牙人，记住他们来自同一个原居留地，有共同的血统。

他们的祖先曾经有过开辟东来航线、开辟澳门居留地的丰功伟绩。这种丰功伟绩，甚至连向他们提供庇护的英国人也没有过。这使受到英国人歧视的居港葡人，得到极大的心理安慰。因此，对这些丰功伟绩的缅怀，对维系他们的社区，有相当重要的作用。

这些葡萄牙人在澳门居住的时候，就有一个传统，虽然他们中的许多人对其祖国——葡萄牙，已经没有什么印象了，但他们仍然将葡萄牙作为自己想象中的祖国，他们中的许多人甚至连葡萄牙都没有去过，与葡萄牙也没有任何什么关系。当他们迁居香港后，他们就是依靠此信念，而聚族而居，守护相望，形成了自己的独特社区。进入 20 世纪之后，在香港居住的葡萄牙人又繁衍了数代，他们的后代对自己是葡萄牙人的信念，也日益变得淡漠。如何让自己的后代不断地坚持长辈的信念？向他们的后代，讲述祖辈们的丰功伟绩，也是一个有效的途径。

从徐萨斯与罢辣架父子的澳门史著作来看，它们均从葡萄牙人东来、入居澳门开始叙述，然后再探讨澳门城的兴建、发展。通过这些叙述，可以让年轻一代了解他们族群的发展史。

因此，他们的著作一出版，都受到了好评。如《历史上的澳门》出版后，在澳葡政府官员中及大多数葡人中赢得了一片喝彩声，澳门议事会因徐萨斯出版了“迄今为止有关葡萄牙在华居留地的最佳作品”而对他进行了表彰。[①] 在香港的葡萄牙人也兴奋不已。

但是，1926 年，在白乐嘉的主持下《历史上的澳门》再版，徐萨斯同时为该书增补最后三章，详述了葡萄牙人到澳门以后进行殖民地建设的前因后果，并把澳门同香港和上海的繁荣情景进行比较，使读者读后对澳门产生极为负面的印象，此书命运就截然不同了。

徐萨斯认为，这种负面印象的产生是由于葡国政府以及澳葡政府向来对澳门的放任态度及殖民政策的错误所致，他进而对葡国政府和澳葡政府的施政进行了毫无忌讳的批评。澳门的报纸争先将再版的《历史上的澳门》之梗概予以介绍，并在澳门舆论界掀起了强烈的讨论。

由此，葡萄牙上议院议员弗兰西斯科·席尔瓦（Francisco A. da Silva）在澳门《故乡》报上发表文章，对再版的《历史上的澳门》予以强烈抨击，认为该书对葡国及其国民的威信造成极大的伤害。尔后，《故乡》报发表社论，对徐萨斯关于澳门及葡国的意见提出了批评。同年，《历史上的澳门》由澳门慈幼商业印刷公司（Salesian Printing Press and Tipografia Mercantil）再版，页数增至 514 页。鉴于其

---

① 参见吴志良等编《澳门编年史》第 4 卷，第 2110 页。

对澳葡政府的批评，澳门政府于6月15日发布对《历史上的澳门》的禁卖令，并对徐萨斯的住宅和印刷厂进行搜查，没收库存图书，并追回已卖出的图书，公开烧毁。禁卖令的颁布与公开烧毁，从另外一个角度，也说明了这一著作对居港葡人族群的重要影响。

但是尽管如此，该书仍然影响巨大，并被翻译成其他文种，例如香港大学牛津出版社1984年英文版、澳门东方书局1990年葡文版（*Macau Histórico*）、澳门基金会2000年中文版等。①

——从其研究内容来看，上述著作中，涉及澳门史的方方面面，仅以港澳关系为例，来探讨一下它对居港葡人族群认同的作用。首先，在澳门历史发展过程中，英国人在澳门的活动及后来的港澳关系，是澳门史不可回避的内容。从1637年英国人首次抵华以来，英国人在穗港澳地区的活动，就分为两个阶段。在香港被割让给英国人之前，英国人主要在广州与澳门两地活动，而在澳门的葡萄牙人给予了英国人必要的庇护，这是葡萄牙人有恩于英国人。而在香港英占之后，大批葡萄牙人又迁居香港，得到了英国人庇护，这是英国人施恩于澳门葡人。其次，香港开埠之后，澳门随之衰落，虽然其衰落的直接原因并非来自香港，但香港的崛起，是澳门衰落的重要外因，历史学家不会看不到这一点的。再次，最为重要的一点是，它可以教育居港的年轻一代葡萄牙人。在对待香港与澳门的关系上，徐萨斯与罢辣架父子是有不同视角的。

通过《历史上的澳门》，我们可以看到徐萨斯的观点偏向负面。徐萨斯认为，为什么澳门会出现种种困局，这与英国人的所作所为有很大关系。从英国人抵达澳门开始，英国人就处处损害澳门葡萄牙人的利益。他将英国人对澳门葡萄牙人的损害分为两个阶段：第一个阶段在鸦片战争之前。如1637年英国人威德尔率领4艘英国船来澳门，就给在澳门的葡萄牙人带来了大量的麻烦。“上一年威德尔的行为已

---

① 参见 Manuel Teixeira, *Montalto de Jesus o Maior Historiador Macaense*, in *Boletim Eclesiástico da Diocese de Macau*, Vol. LXX, No. 823, 1973, pp. 248 – 256; No. 824, 1973, pp. 333 – 338。张海鹏主编《中葡关系史资料集》下册，四川人民出版社1999年版，第2082页。J. M. Braga, “Breve evocação na sua morte”, in *Revista de Cultura*, No. 5, 1988。吴志良等编《澳门编年史》第5卷，第2437、2451—2452页。

使葡萄牙损失惨重，被喂官员勒索了大笔银两。中国人无法向‘红毛鬼’报仇，就把愤怒发泄到替罪羊葡萄牙人身上，在澳门做生意的中国商人的一个协会流产了，华人对葡萄牙的敌意更浓了。在广州，议事会委派的代表未能就调停一事与中方达成共识。双方对葡商的应付款项进行了无休止的争吵，导致葡萄牙商船被逐出了广州港。”① 在此后的一系列事件中，徐萨斯也将英国人描述成抢夺葡萄牙人利益的抢劫者。如 1802 年及 1808 年英军占领澳门事件中，他评价道：“英国的保护制度取代了西班牙在葡萄牙的统治。为回报葡萄牙割让孟买和丹吉尔作为凯瑟琳那公主的部分陪嫁，查理二世于 1661 年签订条约，规定从此以后英国负有保卫葡萄牙殖民帝国的责任。然而，被保护者发现这些英国人根本不是甚么武侠之士，而是地地道道的伪君子……在英国的煽动下，法国入侵了葡萄牙。英国藉口防御法国，企图占领葡萄牙的几个殖民地，其中包括澳门。”②

在鸦片战争之后，徐萨斯认为在香港的英国人与以前一样，继续处处损害葡萄牙人的利益。这体现在：第一，英国人对定居香港的澳门葡人进行了残酷的剥削：“商行最终和澳门的其他外国公司一样，迁至了香港，随即靠这些商行生活的店主和劳工也都撤出了澳门……一度富裕的澳门家庭那些不幸的后代被迫移民到香港去做低眉下首的小职员，长年累月地辛劳，拿低得可怜的工资，就这样单调呆板地捱日子。英国人利用他们的贫苦和忍让，拼命压榨他们，直至他们死去，而且通常都在工作台上被折磨致死。这一状况终于得到一位医学界人士康德黎（Sir James Cantlie）医生的怜悯。他呼吁英国人要有人道主义情感，痛斥了他称之为现代奴隶制的工作方式，他所指的就是葡籍小职员工作二十五年都没有一天假期，除非有医生证明。”③

第二，澳葡当局拯救澳门、重振澳门的种种措施，都被英国人压制与破坏。以澳门疏浚港口为例，“如果澳门能与香港匹敌，因为它是内陆交通的一扇更为有利的大门，所以澳门势必会吸引香港的大部

① 参见［葡］徐萨斯《历史上的澳门》，黄鸿钊、李保平译，第 77 页。

② 同上书，第 136 页。

③ 同上书，第 277 页。

分船，从而影响香港的繁荣。这样一个打击对英国人来说是不可饶恕的，他们定会想方设法损害葡萄牙的利益来补偿自己的损失。这样的假设概括了香港对澳门命运的压制和摧残。”①

徐萨斯通过上述的研究，表明了香港葡萄牙人的这样一种态度：香港虽然为澳门葡萄牙人在澳门陷入困境时，提供了一个庇护所，香港的英国人也为他们提供了就业的机会，但澳门葡萄牙人在香港欧人社区中，是与香港欧人社区的英国人有别的。将自己的族群与其他族群区分，对维系居港葡人族群，作用亦是相当重要的。

而从罢辣架、白乐嘉父子的《在香港及中国的葡萄牙人》来看，他们的角度与徐萨斯有很大的不同。他们将港澳关系作为一个相当重要的问题来研究，所占的篇幅也多达 5 章。这些章节主要探讨了在澳门历史发展过程中，澳门葡萄牙人迁居香港之后的葡英友好关系、葡萄牙人对香港建设的贡献。

在此可以看出，他们父子二人虽然已经是香港的葡人精英，社会地位很高，居港葡人在英国人的庇护下，也逐渐壮大发展起来，但他们始终大谈特谈葡英友谊与葡人对香港的贡献，这很清楚地说明，在他们心目中，他们并非英国人社区中的一员，他们与英国人是并列的两个族群，是将居港葡人作为香港的一个独立族群来看待的。始终不离开这两个话题，目的也就是要表明此态度。

原载《民族研究》2012 年第 3 期

① 参见［葡］徐萨斯《历史上的澳门》，黄鸿钊、李保平译，第 267 页。